U0959875

权威·前沿·原创

皮书系列为

“十二五”“十三五”“十四五”时期国家重点出版物出版专项规划项目

GREEN BOOK

智库成果出版与传播平台

中国社会科学院创新工程学术出版资助项目

社会保障绿皮书
GREEN BOOK OF CHINA SOCIAL SECURITY SYSTEM

中国社会保障发展报告（2022）

No.12

CHINA SOCIAL SECURITY SYSTEM DEVELOPMENT REPORT (2022)

No.12

新冠肺炎疫情防控中的卫生与医保

主　编／王延中
副主编／单大圣　龙玉其

社会科学文献出版社
SOCIAL SCIENCES ACADEMIC PRESS (CHINA)

图书在版编目（CIP）数据

中国社会保障发展报告．2022．No．12／王延中主编
．--北京：社会科学文献出版社，2022．6
（社会保障绿皮书）
ISBN 978－7－5228－0015－8

Ⅰ．①中…　Ⅱ．①王…　Ⅲ．①社会保障－研究报告－中国－2022　Ⅳ．①D632．1

中国版本图书馆CIP数据核字（2022）第061569号

社会保障绿皮书
中国社会保障发展报告（2022）No．12

主　　编／王延中
副 主 编／单大圣　龙玉其

出 版 人／王利民
责任编辑／周志静
文稿编辑／范　迎
责任印制／王京美

出　　版／社会科学文献出版社·人文分社（010）59367215
　　　　　地址：北京市北三环中路甲29号院华龙大厦　邮编：100029
　　　　　网址：www．ssap．com．cn
发　　行／社会科学文献出版社（010）59367028
印　　装／三河市东方印刷有限公司

规　　格／开　本：787mm×1092mm　1/16
　　　　　印　张：20．75　字　数：311千字
版　　次／2022年6月第1版　2022年6月第1次印刷
书　　号／ISBN 978－7－5228－0015－8
定　　价／178．00元

读者服务电话：4008918866

《社会保障绿皮书》编辑委员会

主编简介

王延中 山东东平人，中国社会科学院民族学与人类学研究所所长、研究员，中国社会科学院大学教授、民族学系主任，中国社会保障学会学术委员会副主任，中国民族学学会、中国民族理论学会会长，中华民族团结进步协会、中国人类学民族学研究会、中华民族共同体研究会副会长。出版《中国的劳动与社会保障问题》、《中国社会保障：公平与共享》（中英文）、《社会保障与社会治理》、《中国社会保障收入再分配状况调查》（主编）、《中国老年保障体系研究》（合著、中英文）、《中国中低收入群体医疗服务与医疗保障研究》（合著）、《民族地区社会保障反贫困研究》（合著）等论著，获国务院政府特殊津贴、“新世纪百千万人才工程”国家级人选、文化名家暨“四个一批”人才、哲学社会科学领军人才等称号。

副主编简介

单大圣　湖北黄梅人，中国人民大学管理学博士，国务院发展研究中心研究员，中国社会保障学会理事、青年委员会委员。主要从事社会保障、教育、医疗卫生方面的政策研究工作。参与中央和有关部委重要文件的起草工作，主持“京津冀教育协同发展”等课题研究，参与省部级以上项目10多项，发表学术论文和理论文章90余篇。

龙玉其　湖南邵阳人，中国人民大学管理学博士，民政部政策研究中心博士后，首都师范大学管理学院副院长、副教授、硕士生导师、学位委员会委员、社会保障研究中心主任。中国社会保障学会理事、青年委员会委员、养老服务分会理事，中国社会学会社会发展与社会保障专业委员会理事，中国医疗保健国际交流促进会健康保障研究会理事，北京市审计学会社会保障审计专业委员会委员。主要从事社会保障理论与政策方面的研究。主持国家社科基金项目3项、北京市社科基金项目2项、北京市社科联青年人才项目1项。入选首都师范大学哲学社会科学研究青年拔尖人才，青年燕京学者培育对象，北京市青年拔尖人才培育对象。作为核心研究成员参与了省部级以上项目近30项。发表学术论文60多篇，出版专著3部，主编教材3部，参编著作13部。

目 录

Ⅰ 总报告

Ⅱ 分报告

Ⅲ 专题报告

Ⅳ 案例报告

皮书数据库阅读使用指南

总 报 告

G.1

新发展阶段中国医疗卫生与医疗保障的改革与发展

王延中　单大圣　龙玉其　侯建林*

摘　要： 2020年召开的党的十九届五中全会，通过了《中共中央关于制定国民经济和社会发展第十四个五年规划和二〇三五年远景目标的建议》，标志着我国从2021年开始进入了第十四个五年规划时期，进入了新发展阶段，即全面建设社会主义现代化国家向第二个百年奋斗目标进军的阶段。在新发展阶段，必须以新发展理念为导向，着力解决发展不平衡不充分问题，努力实现高质量发展，构建以国内大循环为主体、国内国际双循环相互促进的新发展格局。加快发展医疗卫生事业、完善多层次医疗保障体系，是落实新发展理念、着力解决发展不平衡不充分问题的重要内容。本文从医疗卫生事业与医疗保障制度两个方面，全面总结了

* 王延中，中国社会科学院民族学与人类学研究所研究员；单大圣，国务院发展研究中心研究员；龙玉其，首都师范大学管理学院副教授；侯建林，北京大学医学部副研究员。

“十三五”时期的发展成就，分析了依然存在的主要问题与挑战，特别是现阶段暴露出来的一些新问题，提出了“十四五”时期医疗卫生、医疗保障、公共卫生事业发展的思路和建议。

关键词： 公共卫生　医疗保障　疫情防控

新冠肺炎疫情来势汹汹，病源追溯难、感染规模大、持续时间长，治病成本高，防治难度大，影响十分深远。新冠肺炎疫情作为近百年来全球发生的最严重的传染病和重大突发公共卫生事件，对世界各国卫生系统乃至经济社会文化系统的冲击是巨大的，由此也推动了公共卫生体制乃至医疗保障系统的转型。

进入 2022 年，新冠肺炎疫情依然在全球蔓延。根据世界卫生组织 2022 年 2 月 2 日的统计数据，除了 10 个人口极少的海洋岛屿小国尚未报告新冠肺炎疫情，超过 90% 的会员国都或多或少报告了新冠肺炎疫情。

新冠肺炎疫情给世界各国带来的冲击与挑战是巨大的。面对疫情，各国公共卫生系统、医疗卫生服务系统、疫苗及药品研发制造体系、经济社会运行系统乃至整个社会治理体系都不得不进行改革和调整，以适应疫情防控的需要。

一　疫情防控背景下的医疗卫生体制改革

（一）医疗卫生改革取得积极进展

我国公共卫生服务体系是由政府主导并全力支持、由各类专业公共卫生服务机构和医疗机构组成的组织系统。新中国成立 70 多年来，我国逐渐建立起一套相对完善的公共卫生服务体系，并取得了一定的发展成效。

1. 公共卫生机构数量显著增长

从 1952 年到 2019 年，我国建立起了覆盖城乡居民的公共卫生服务体系，专业公共卫生服务机构数由500多个发展到15958个。[①] 基本建立了以疾病预防控制、卫生监督、妇幼保健、应急救治等专业公共卫生服务机构为骨干，以各级各类医疗机构为依托的公共卫生服务体系。我国专业公共卫生服务机构数量总体呈现出增长的趋势。2019年我国专业公共卫生服务机构数为15958个，其中，计划生育技术服务站、疾病预防和控制中心、妇幼保健院、卫生监督所的数量相对较多，分别为4275个、3403个、3071个、2869个。与2010年相比，我国专业公共卫生服务机构数量增长明显，从2010年的11835个增加到2019年的15958个。[②]

2. 基层医疗卫生服务体系不断完善

深化医疗改革以来，中央和地方财政都不断加大对基层医疗卫生机构的补助力度，我国基层医疗卫生机构设施设备水平得到明显的提升。2011～2019年，中央财政累计安排2110.5亿元支持全国14.4万个医疗机构基础设施建设，其中52.5亿元用于10.8万个村卫生室建设，有效改善基层医疗卫生服务体系基础设施条件。2019年，中央财政安排11.04亿元专项资金，用于提升深度贫困地区乡村两级临床服务能力，其中部分资金用于为有需要的村卫生室实施维修改造、配备必要的诊疗设备。[③]

3. 公共卫生人才数量和质量稳步提升

2012～2019年我国专业公共卫生服务机构人员数量总体呈现出增长趋势，由2012年的667299人增加到2019年的896554人。公共卫生人员的学历结构和各类专业技术人员数量可以在一定程度上反映我国公共卫生人才队伍的质量。我国公共卫生机构中执业医师、执业助理医师注册护士、药师和技师数量均保持逐年增长的趋势，其中，执业医师数量由2012年的161772人增加到2019年的212815人，增加了51043人；执业助理医师数量由2012

① 资料来源：《2005年中国卫生事业发展情况统计公报》《中国卫生统计年鉴（2011）》《中国卫生统计年鉴（2016）》《2020年我国卫生健康事业发展统计公报》。

② 数据来源：《中国卫生健康统计年鉴》（2010～2020）。

③ 《国家卫生健康委对十三届全国人大三次会议第5980号建议的答复》，发布日期：2020年10月12日。

年的 188960 人增加到 2019 年的 242188 人，增加了 53228 人；注册护士数量由 2012 年的 129360 人增加到 2019 年的 235220 人，增加了 105860 人；药师数量由 2012 年的 16792 人增加到 2019 年的 22601 人，增加了 5809 人；技师数量由 2012 年的 51753 人增加到 2019 年的 69018 人，增加了 17265 人。

4. 疾病预防控制取得积极成效

我国在传染病防治领域不断取得重大突破。1979 年消灭了天花；2000 年实现无脊髓灰质炎目标；2006 年后连续 13 年实现无白喉报告病例；麻疹、乙脑和流脑发病率降幅达 99%；风疹发病率较最高年份下降 96%；百日咳下降 95%；5 岁以下儿童乙型肝炎病毒感染率下降至 1% 以下，且摘掉了“乙肝大国”的帽子①；2008 年中国在全球率先消灭丝虫病；2012 年世界卫生组织宣布中国消除孕产妇及新生儿破伤风；2021 年 6 月，世界卫生组织宣布中国彻底消灭疟疾。② 妇幼保健成效显著：1950 ~ 1980 年，中国婴儿死亡率的年平均下降速率在 5% 以上；1990 ~ 2020 年，孕产妇死亡率由 88.8/10 万下降至 16.9/10 万，新生儿死亡率由 33.1‰下降至 3.4‰，婴儿死亡率由 50.2‰下降至 5.4‰，5 岁以下儿童死亡率由 61.0‰下降至 7.5‰。③

5. 积极推进公共卫生监测系统与信息化建设

中国建成了国家级的疾病预防控制数据中心，采用集中信息管理方式，辐射全国 6 万多个医疗卫生单位。该系统主要包括以个案监测为基础的法定传染病、专病/单病、传染病预警等疾病监测信息管理系统，以事件监测为基础的突发公共卫生事件监测系统，以疾病预防控制基本信息为主的基础疾

---

① 傅卫、张植晟、王秀峰、张毓辉：《新中国 70 年卫生改革发展的道路与展望》，《中国卫生政策研究》2019 年第 9 期，第 1 ~ 4 页。

② 《中国获消除疟疾认证　我国卫生事业史上又一座里程碑》，http：//www.gov.cn/xinwen/2021－07/10/content_5623932.htm。

③ 资料来源：《中国的儿童状况》白皮书、《中国妇幼健康事业发展报告（2019）》、中国妇幼健康监测网站（http：//www.mchscn.cn/BirthDefectMonitoringResults－30/44.html）及各年《我国卫生健康事业发展统计公报》。

病预防控制信息系统等业务系统，每天接收传染病报告个案2万余件。新医改后，信息化建设思路从以疾病预防控制自我业务管理向以全民健康保障服务为核心转变；以中国疾病预防控制中心数据中心建设为依托，积极推动三级平台试点应用，在技术上实现了平台互联互通和数据共享交换；促进电子病历与电子健康档案的公共卫生应用；推动居民电子健康档案、电子病历与网络直报系统的互联互通；开展信息化新技术应用试点，积极推进疾控数字化建设。

6. 公立医院改革取得积极进展

一是破除以药补医，改革成果得到进一步巩固。2017年，公立医院综合改革全面推开，在取消药品加成及耗材加成的同时，药品审评审批制度、药品集中采购制度、短缺药品供应保障制度、高值医用耗材阳光采购管理办法等举措有序推进，药品价格明显下降。

二是医院收入结构逐步改善。2015年，全国医疗总费用中，门诊药费占48.3%，住院药费占36.9%。2019年，门诊药费占门诊总花费的40.6%，相比2015年下降了7.7个百分点；住院药费占住院总花费的27.5%，相比2015年下降了9.4个百分点。病人药费的下降促进了整体医疗费用的下降，公立医院医疗费用的不合理增长得到有效控制。

三是人事薪酬制度改革加快推进。2017年，我国开始在52个地级城市160多家公立医院开展公立医院薪酬制度改革试点工作，从合理确定水平、优化薪酬结构、落实分配自主权等方面进行探索。

四是现代医院管理制度正在探索中。2017年7月，《国务院办公厅关于建立现代医院管理制度的指导意见》，表明现代医院管理制度的改革正式启动；2019年12月，《国家卫生健康委办公厅关于印发公立医院章程范本的通知》，进一步推动了现代医院管理制度的建立。

（二）医疗卫生体制存在的主要问题

1. 公共卫生财政投入不足、结构不合理

虽然各级政府对公共卫生的绝对投入不断加大，但医疗卫生支出在地方财政总支出中占比较低，公共卫生支出在医疗卫生支出中占比更低的问题始终存在。20 世纪 80 年代后，医疗卫生工作重点，很大程度上从“重预防”转移到“重医疗”，各类大型医院设备投入、设施建设水平明显提高与公共卫生服务体系建设投入低、进展缓慢形成了鲜明的对比。开展疾病预防监测、检测等所需费用紧张。公共卫生经费投入方式单一，除公共卫生财政投入外，其他重大专项、社会捐助等资金投入不足也是公共卫生发展资金始终紧缺的原因之一。此外，地区间公共卫生投入不均衡的问题也值得关注，中央财政在卫生事业投入中占比较低，大部分来自地方各级财政。欠发达地区、农村地区公共卫生投入更加不足，公共卫生服务能力难以得到提升。2010 年，公共卫生机构经费支出占各类医疗卫生机构经费支出的 7.42%，2019 年下降至 6.43%，这在一定程度上反映了公共卫生领域投入相对不足。2010 年疾控中心总经费支出占各类医疗卫生机构总经费支出的 2.45%，到 2019 年其比例下降至 1.70%。疾控中心总经费支出占专业公共卫生服务机构总经费支出的比例快速下降，从 2010 年的 33.03%下降至 2019 年的 26.40%，表明疾控中心总经费支出增长速度慢于专业公共卫生服务机构。

2. 公共卫生人才队伍建设不足

我国公共卫生人才队伍的梯队建设、专业能力配置及管理长期缺乏系统规划，不能满足发展的需要。事业单位改革后，专业公共卫生服务机构被划分为公益一类事业单位，不得再从事经营活动，因此专业公共卫生服务机构人员收入水平普遍下降，人员流失严重，使得公共卫生人员更为短缺。截至 2018 年年末，全国专业公共卫生服务机构公共卫生人员中公共卫生类别执业（助理）医师共 11.4 万人，在各类别执业（助理）医师中占比仅为 3.2%。[①] 截至 2020 年，我国每万人口配备的专业公共卫生机构人员仅为 6.5 人，未能达到《医药卫生中长期人才发展规划（2011—2020 年）》中提

① 何鸿、屈伟、廖礼奎、刘毅：《新形势下基层公共卫生人才发展现状与对策研究》，《中国卫生事业管理》2021 年第 5 期，第 357 ~ 361 页。

出的2020年每万人口配备专业公共卫生机构人员8.3人的目标。《关于疾病预防控制中心机构编制标准的指导意见》提出，每万人口需配备疾病预防控制中心卫生技术人员1.75人，而2020年我国每万人口配备疾病预防控制中心卫生技术人员仅为1.36人。[①]

3. 基层医疗卫生服务体系薄弱

目前基层医疗卫生机构存在对公共卫生服务认识不足、基层公共卫生服务工作量超负荷、补助不到位、乡村医生技术不足、由于设备和人员缺乏而无法开展项目等诸多问题。医疗卫生资源分布不均的问题不仅体现在基层医疗卫生机构与大医院之间，在城乡基层医疗机构之间也存在明显差距。部分村、社区公共卫生资源匮乏，基础设施差，缺乏独立用房，生活与医疗用房不分，房屋简陋、狭小，平均业务用房达不到国家要求的独立三室（诊室、治疗室、观察室）不少于60平方米的要求，无法正常承担当地预防保健和一般医疗服务工作。基层医疗卫生机构还普遍存在专业技术人员匮乏、人员学历和整体业务素质偏低的问题。高学历、高职称人员少，大多数村卫生室以中专毕业的卫生技术人员为主，人员专业水平较低。多数基层医疗卫生机构靠创收维持生存，大部分乡镇卫生院靠医疗收入发放医务人员工资，由于技术、设备、房屋等条件差，城乡居民对其信任度不高。

4. 公立医院补偿机制有待完善

其一，财政投入总量依然不足。近年来，政府对公立医院的投入虽有所增加，但在公立医院总收入中的占比仍处于一个较低的水平。2012～2018年，财政补偿收入占公立医院总收入的比例虽然整体上呈现上升的趋势，但比例均在10%以下；而以德国为代表的社会医疗保险制度政府的财政补偿占医院总收入的约27%，以英国为代表的卫生服务保障制度政府的财政补偿高达约85%。由此可见，差距相当大。其二，财政补偿方式不明确，缺乏具体标准。目前并没有对公立医院设置专门的补偿政策，虽然将公立医院

① 《2020年我国卫生健康事业发展统计公报》，http：//www.gov.cn/guoqing/2021－07/22/content_5626526.htm。

基本建设及大型设备购置、重点学科建设、人才培养、离退休人员费用、政策性亏损、支边支农六大公共服务纳入财政保障范围，但是缺乏具体的资金拨付标准。其三，补偿方式比较单一，资金运行效率低。政府对公立医院的财政补偿机制运行缺乏有效的监管机制和考核机制，造成财政补偿资金使用方式单一、运行效率低下，一些医院将大量的财政补偿资金投入医院的硬件建设以及设施设备更新上，而没有用于人员培养方面。

5. 现代医院管理制度还不完善

现代医院管理制度是公立医院改革的核心目标。我国在探索建立现代医院管理制度的过程中，还有许多制度和框架上的问题，其中最迫切需要重视的是公立医院的章程建设问题。我国迄今为止尚未出台有关医院章程制定、实施的法律法规，《国务院办公厅关于建立现代医院管理制度的指导意见》和国家卫生健康委员会、国家中医药管理局联合印发《关于开展制定医院章程试点工作的指导意见》只提出了章程制定框架，而没有具体的要求和指导，“无法可依”导致医院在操作时只有大概框架而没有具体依据和方向。公立医院章程制定是由各利益相关方相互协商与调整的过程，既需要政府部门的审批，也需要医院的配合与调动。在实践中，由于医院办医主体多为其上级卫生健康主管部门，如国家卫生健康委、市卫生健康委等，且医院的资金投入管理、人力资源管理、医疗服务收费定价管理等，均受制于公立医院外部的治理结构，主要是由政府相关部门负责。有限的话语权和缺乏真正的经营自主权，导致公立医院的经营命脉由外部治理机构把握，在一定程度上制约和阻碍了公立医院的章程建设。

6. 医疗卫生体系对新冠肺炎疫情防控的不适应

面对新冠肺炎疫情防控，医疗卫生体系中存在的短板弱项和难点问题被充分暴露。局部地区发生了医疗卫生体系对疫情防控的不适应现象。其一，传染病信息报送滞后。在疫情最初阶段并未及时发挥预报和预警作用。其二，应急物资供给不足。出现疫情后，各行各业对口罩、药品和消毒产品等产生大量需求，造成了短期内供不应求的情况。其三，公共卫生服务与医疗服务、疾病控制与临床治疗在协同、衔接上还不够顺畅。有些医疗机构因为对防疫的严防死守政策理解上不到位、执行上有偏差，减少了普通医疗服务的提供，或者人为提高了普通民众看病的门槛和难度，引发了一些其他疾病的“看病难”问题。

二　医疗保障制度的改革与发展

（一）主要进展

1. 不断完善城镇职工基本医疗保险制度

1998 年，《国务院关于建立城镇职工基本医疗保险制度的决定》，意味着城镇职工基本医疗保险制度正式建立，明确了“社会统筹与个人账户相结合”的制度模式，强调城镇所有用人单位及其职工都要参加基本医疗保险。在筹资方面，实行责任共担的筹资机制，城镇职工和单位共同缴费，具体的筹资和待遇支付办法由各地自行规定。探索建立健全职工基本医疗保险门诊共济保障机制。职工医保参保人数持续增加，2020 年，参加职工医保的人数达 34455 万人，比上一年增加 1530 万人，增长 4.6%，其中在职职工 25429 万人，退休职工 9026 万人。基金收支规模基本稳定。2020 年，职工医保基金（含生育保险）收入 15732 亿元，支出 12867 亿元；职工医保统筹基金收入 9145 亿元，支出 7931 亿元，当期结存 1214 亿元，累计结存 15327 亿元；职工医保个人账户收入 6587 亿元，支出 4936 亿元，当期结存 1651 亿元，累计结存 10096 亿元。①

2. 实现居民基本医疗保险制度的城乡统筹

2003 年 1 月 16 日，《国务院办公厅转发卫生部等部门关于建立新型农村合作医疗制度意见的通知》，意味着新型农村合作医疗制度的正式建立，强调政府组织、引导和支持，农民自愿参加，以大病统筹为主，实行个人缴费、集体扶持和政府资助相结合。2007 年，《国务院关于开展城镇居民基本

① 数据来源：《2020 年全国医疗保障事业发展统计公报》。

医疗保险试点的指导意见》提出，在有条件的省份选择2～3个城市启动试点，逐步覆盖全体城镇非从业居民，逐步建立以大病统筹为主的城镇居民基本医疗保险制度。2016年1月，国务院印发《关于整合城乡居民基本医疗保险制度的意见》提出，推进城乡居民基本医疗保险和新型农村合作医疗制度的整合，建立统一的城乡居民基本医疗保险制度。2020年，参加全国城乡居民基本医疗保险的人数为101676万人，基金收入9115亿元，支出8165亿元，基金当期结存950亿元，累计结存6077亿元；居民医保人均筹资833元；参保人员共享受待遇19.9亿人次。[①]

3. 建立和完善城乡居民大病保险制度

为进一步完善城乡居民医疗保障制度，提高重特大疾病保障水平，减轻城乡居民的重特大疾病医疗负担，2012年8月，发改委等6部委发布了《关于开展城乡居民大病保险工作的指导意见》，采取向商业保险机构购买大病保险的方式探索建立城乡居民大病保险制度，从城乡居民医保基金、新农合基金中划出一定比例或额度作为大病保险资金，保障对象为城乡居民医保、新农合参保（合）人。力争避免城乡居民发生家庭灾难性医疗支出，大病保险的实际支付比例不低于50%。2015年7月，国务院办公厅印发《关于全面实施城乡居民大病保险的意见》，旨在进一步推动城乡居民大病保险制度的完善与实施，强调完善筹资机制、提高保障水平、加强制度衔接、规范承办服务、严格监督管理。国家医疗保障局成立后，从三个方面推动城乡居民大病保险制度的改革和完善：一是加快推动大病保险制度整合，优化医疗保障制度体系的整体框架；二是明确大病保险的筹资渠道，提高筹资水平，城乡居民基本医疗保险新增财政补偿的50%用于大病保险，从而使得城乡居民大病保险的人均筹资水平提高了35元；三是在倾斜保障的基础上，普惠性降低大病保险的受益门槛、提高保障待遇。将大病保险起付线调整为城乡居民人均收入的50%，同时提高政策范围内大病费用的报销比例，全面取消贫困人口的补偿封顶线。

① 数据来源：《2020年全国医疗保障事业发展统计公报》。

4. 充分发挥医疗救助制度的反贫困作用

为进一步减轻城乡贫困家庭的就医负担，各地分别建立了城乡医疗救助制度。2003 年 11 月，民政部、卫生部、财政部发布《关于实施农村医疗救助的意见》；2005 年 3 月，《国务院办公厅转发民政部等部门关于建立城市医疗救助制度试点工作意见的通知》，意味着城乡医疗救助制度的建立；2013 年 12 月，财政部、民政部联合印发《城乡医疗救助基金管理办法》，旨在推动医疗救助基金的城乡统筹管理与使用；2015 年 4 月，《国务院办公厅转发民政部等部门关于进一步完善医疗救助制度全面开展重特大疾病医疗救助工作意见的通知》，强调各地要在 2015 年底前整合城乡医疗救助制度，同时全面开展重特大疾病医疗救助。在反贫困过程中，注重发挥医疗救助作用，减轻贫困人口的医疗负担。2020 年，全国医疗救助基金支出 546.84 亿元，9984 万人获得基本医疗保险资助，实施门诊和住院救助 8404 万人次，全国平均次均住院救助、门诊救助分别为 1056 元、93 元；中央财政投入医疗救助补助资金 260 亿元，另外安排 40 亿元补助资金专门用于提高“三区三州”等深度贫困地区农村贫困人口医疗保障水平，安排 15 亿元特殊转移支付医疗救助补助资金；2020 年全国农村建档立卡贫困人口参保率稳定在 99.9% 以上；2018 年以来各项医保扶贫政策累计惠及贫困人口就医 5.3 亿人次，助力近 1000 万户因病致贫家庭精准脱贫。①

5. 积极推动商业健康保险的发展

国家在注重基本医疗保障制度发展的同时，也积极推进商业健康保险的发展。2015 年 11 月，财政部、国家税务总局、保监会印发《关于实施商业健康保险个人所得税政策试点的通知》，对试点地区个人购买符合规定的商业健康保险产品的支出，按照 2400 元/年的限额标准在个人所得税前予以扣除。自 2017 年 7 月 1 日起，将商业健康保险个人所得税试点政策推广到全国范围实施，调动了个人在补充医保中的积极性，有助于提高群众医疗保障

① 数据来源：《2020 年全国医疗保障事业发展统计公报》。

水平、满足多层次健康需求。商业健康保险保费收入连年递增，从2010年的573.57亿元增长到2020年的8173亿元，年均增长率为28.58%，略高于整体商业保险保费收入28%的增速。商业健康保险的赔款和赔付支出也逐年增加，近几年增速稳定在30%左右。①

6. 医疗保险基金总体运行良好

医疗保险基金收入从2015年的11192.9亿元上升到2020年的24638.6亿元，年均增长17.28%，其中2017年增速最快，达到了37.0%，2016年和2018年也在18%左右。受疫情影响，2020年基金收入增长率急剧下降，仅有0.8%。医疗保险基金当期结余数额不断增长，但是增长速度不断下降。医疗保险基金累计结余逐年增长，从2015年的12542.8亿元增长到2020年的31373.4亿元，年均增长19.83%。医疗保险的报销比例不断提高。2018～2019年城镇职工基本医疗保险政策范围内各类医疗机构住院报销比例均在80%以上，2019年为最高值，三级、二级、一级及以下医疗机构分别为85.0%、87.2%、89.3%，2020年政策范围内报销比例总体有所下调。实际住院费用支付比例2018～2019年不断上升，2019年三级、二级、一级及以下医疗机构分别为75.6%、73.7%、85.2%。城乡居民基本医疗保险政策范围内支付比例全国平均值由2018年的65.6%上升到2020年的70.0%。② 医疗保险基金的支付范围正在不断扩大，医保支付的药品种类数量不断增多，以西药和中成药种类为例，西药种类从2017年的1297种增长到2020年的1426种，中成药也从2017年的1238种增长到2020年的1374种。药品总量从2017年的2535种增加到2020年的2800种，4年共计增加药品种类265种。③ 为确保医保基金的安全、公平、高效，国家积极加强医保基金监管，不断完善医疗保险基金监管体系，使之发挥良好作用。

---

① 数据来源：2010～2018年数据来源于EPS全球统计数据/分析平台，2019年和2020年数据来源于中国银行保险监督管理委员会网站。

② 数据来源：历年《全国医疗保障事业发展统计公报》。

③ 数据来源：历年《全国医疗保障事业发展统计公报》。

（二）主要问题

我国医疗保障制度的改革与发展总体效果良好，为减轻城乡居民看病负担、提升城乡居民的健康水平发挥了重要作用。然而，受诸多因素影响，我国医疗保障体系依然存在不少问题，有待于进一步推进改革。

1. 基本医疗保险尚未实现人群全覆盖

总体来看，我国基本医疗保障制度保持着较大的覆盖面，基本实现了全覆盖，但是依然有少部分人尚未参加基本医疗保险，尤其是部分城乡居民。2020 年参加全国基本医疗保险的人数为 136131 万人，参保率稳定在 95% 以上，其中参加城乡居民基本医疗保险的人数为 101676 万人，比上一年减少 0. 8% 。[①] 可见，我国基本医疗保险参保方面依然存在漏洞，参保人数略有减少，主要是城乡居民基本医疗保险尚未实现全覆盖。基本医疗保险参保扩面面临三方面的难题：一是部分低收入人群或相对贫困人口因为缴费能力不足而不能参保；二是部分农村劳动力外出务工、流动性较大，未能及时参保；三是由于城乡居民医疗保险的自愿参保原则、日益上涨的个人缴费和定额缴费的不合理性导致部分人群产生逆向选择行为而不愿参保。因此，未来基本医疗保险参保扩面面临稳定参保和实现全覆盖的双重任务。

2. 基本医疗保险制度发展不平衡

由于制度相对分散、制度设计不完善，基本医疗保险制度发展不平衡比较明显，从而影响基本医疗保险制度的公平性和收入再分配作用的发挥，主要体现为城镇职工医保与城乡居民医保之间、不同地区之间基本医疗保险发展不平衡。从不同类型医保制度的待遇水平来看，2020 年，城镇职工基本医疗保险政策范围内住院费用基金支付 85. 2% ，城乡居民基本医疗保险政策范围内住院费用基金支付 70. 0% [②]，城镇职工与城乡居民的基本医疗保险待遇差距明显。由于经济发展水平和财政实力的差异，各地医保制度的发展

---

① 数据来源：《2020 年全国医疗保障事业发展统计公报》。

② 数据来源：《2020 年全国医疗保障事业发展统计公报》。

水平也存在明显差距。以城乡居民基本医疗保险的财政补贴为例，上海市对居民基本医疗保险财政补贴最高达到每人每年6000元，北京市在4000元左右，而大多数西部地区采取的是国家最低标准，每人每年约400~500元，地区差距较大。[①]

3. 大病保险制度定位不明确

由于缺乏清晰明确的制度定位，使得大病保险制度在保障少数人的大病治疗还是令多数参保人普遍受益、向贫困人口倾斜还是提供普惠性补偿、属于应由财政主要负责的救助制度还是全体参保人互助的社会保险等关键问题上摇摆不定、做法不一。一些统筹地区将大病保险视为基本医保的二次补偿，坚持普遍受益，结果导致大病保险补偿了较多低费用段患者，并使支付能力较强、医疗服务利用较多的高收入人群更多受益[②]；一些统筹地区将大病保险设定为提供托底保障的制度，在大病保险政策宣传和实施中做出过高承诺，导致参保人员过度利用医疗服务、大病保险基金收不抵支；一些统筹地区认为，大病保险只是一项过渡性措施，因此对制度的发展缺乏长期规划和稳定预期；一些统筹地区基于委托商业保险机构承办的特点，将大病保险制度等同于商业健康保险，因此放松了地方政府在筹资、运行、监管等方面应当承担的主导责任。[③]

4. 商业健康保险发展滞后

目前我国的医疗保障体系主要依赖于基本医疗保障制度，制度层次相对比较单一，不利于满足不同人群多样化的医疗保障需求。相比而言，基本医疗保险的发展成就更加显著，补充医疗保障和商业健康保险发展严重不足，慈善医疗也没有引起足够重视。从国际角度来看，中国卫生健康和医疗保障的公共筹资比重为68%，已超过OECD成员国高收入国家组6个

---

① 宁波市人力资源和社会保障局：《关于基本医疗保险有关政策调整的实施意见》。

② 戴伟：《政策精准治理视角下我国大病保险定位与发展研究——基于四省大病保险试点运行数据的分析》，《社会保障研究》2019年第5期，第42~51页。

③ 黄国武：《我国医疗保障从"无感增长"到"有感发展"的路径研究》，《社会保障研究》2014年第2期，第93~103页。

百分点，而这些国家的人均 GDP 却高出中国 3～4 倍。中国的商业健康保险仅占筹资结构的 4%，大大低于绝大部分发达国家，甚至低于低收入国家组和世界平均水平。[①] 为鼓励居民个人投保商业健康保险，我国出台了以一定金额在税前扣除的措施，但是税收优惠力度较小，与税延商业健康保险投保复杂的操作流程相比，产品吸引力不大。目前我国商业健康保险存在发展不充分，竞争不完全，保险密度偏低，保险深度不足，区域发展不平衡等问题。

5. 医疗保险基金管理运行机制不完善

主要体现在：一是医疗保险基金的筹资机制不完善。城镇职工与城乡居民医疗保险筹资水平差异较大，城乡居民基本医疗保险尚未建立稳定的筹资增长机制。二是医疗保险基金统筹层次过低。主要停留在市县两级，较低的统筹层次不利于发挥医保基金互助共济的作用，并且地区差异较大，削弱了医保制度的效率性、公平性。三是医疗保险基金的滚存结余过大。2020 年我国社会医疗保险基金滚存结余为 31373.4 亿元，以当年的医疗费用支出 20949.3 亿元计算，可以支付 18 个月，远远超过了国家指导的基金结余保证支付 6～9 个月的要求。四是医疗保险基金支付的次均住院费用持续升高，给医疗保险基金运行带来风险。五是医疗保险基金的监管机制有待完善。近年来，一些地方在医疗保险基金的管理、使用方面存在诸多问题，骗取、欺诈、浪费医保基金的现象时有发生，严重损害了医疗保险基金的安全。如何科学地加强医保基金管理，确保医保基金安全、高效使用，是未来医疗保障治理的一项重要任务。

三　新发展阶段深化医疗卫生与医疗保障改革的政策建议

中国已经确立了到 2035 年基本实现现代化，进而到 2050 年全面建成社

① 郑秉文：《“十四五”时期医疗保障可持续性改革的三项任务》，《社会保障研究》2021 年第 2 期，第 3～14 页。

会主义现代化强国的宏伟目标，其中，完善医疗卫生与医疗保障体系、全面提升人民健康素质是一项基础性的工作。我们看到，在百年未遇的重大疫情冲击下，中国公共卫生和医疗保障体系表现出极强的韧性，但是也暴露出了一些问题和风险，新发展阶段深化医疗卫生与医疗保障改革的任务仍然艰巨，本文拟提出如下建议。

（一）以提高公共卫生突发事件应急处理能力为重点，深化公共卫生服务体系改革

突如其来的新冠肺炎疫情再次警示我们，我国进入新发展阶段，各类突发公共卫生事件中可以预料及难以预料的风险挑战将日益增多，必须进一步强化公共卫生服务体系建设，提高应对突发公共卫生事件的能力。

一是加大公共卫生资源投入。各级政府应切实改变“重医轻防”的观念，强化公共卫生财政支出责任，积极发挥医疗保障的常态化保障与应急保障作用，建立多渠道筹资途径，形成稳定长效投资机制。提高应急医疗物资保障能力，建立“中央应急物资储备中心和区域物资储备分中心”的中心—节点型储备网络，设立国家重点医疗物资保障调度平台，优化物资动态管理，完善紧急征用机制，加强科学调配，有效满足重特大突发公共卫生事件应对处置需要。在省域范围内建设若干家重大疫情救治基地，有序开展公共设施平战结合改造。

二是加强公共卫生人才保障。转变公共卫生人才培养模式，建立健全高校与专业公共卫生服务机构间的协同育人机制，培养满足公共卫生风险防范与识别、疾病治疗和应急处理需要的多学科复合型人才。科学核定专业公共卫生服务机构编制，动态足额配备公共卫生人才，完善准入、使用、待遇保障机制，提高政策倾斜力度。建立公共卫生人才薪酬激励机制、职称评审机制和社会认同机制，全面推行公共卫生首席专家制度，实行与其专业技能相匹配的年薪制，保障公共卫生领域顶尖人才的存量与增量。

三是完善重大疫情应急处置机制。要围绕防范和应对重大疫情，完善应急指挥与决策系统，打破部门和区域的界限，理顺中央与地方政府的关

系，探索在各省设立中央直属的公共卫生监督派驻机构，以协调跨区域、跨部门的事项。加强居民基础防疫、居民健康监测（电子病历）、医保社保、医院药品器械采购、战略储备物资等数据之间的共享，形成风险联合研判、评估、决策、通报、防控协同等全流程机制。在突发疫情等紧急情况时，要坚持三医联动、协同应对，统筹各类医疗资源、人力资源和物资准备，强化区域协作，完善医疗救治费用保障机制，在基本医疗保险基础上，发挥大病保险与医疗救助的保障功能，构成“三重”综合保障制度。定期开展区域公共卫生突发事件联合响应演练，加强临床医生应急知识培训。

四是提高应对突发公共卫生事件的综合能力。要坚持预防为主、关口前移，进一步优化各级疾病预防控制机构职能设置，着力加强县级及以下基层医疗卫生机构能力建设，重点加强基础设施建设，完善分工协作机制。扎实开展爱国卫生运动，发挥基层社区的社会动员、宣传教育、资源整合等优势，完善防治结合、联防联控、群防群治的工作机制。加强法治保障，完善传染病防治、突发公共卫生事件应急等法律法规建设，加强监督执法，增强全民守法意识。

（二）以完善制度机制为重点，深化医疗保障制度改革

医疗保障是保障病有所医目标的基础性制度安排，也是应对重大疫情的可靠物质基础。我国已经建成覆盖全民的基本医疗保障制度，进入新发展阶段，要完善制度机制，着力解决好医疗保障发展不平衡、不充分的问题。

一是优化基本医保制度模式。要围绕法定医疗保障制度更加成熟定型的目标，进一步优化各类医保制度模式。改革职工医保筹资机制，逐步形成职工与单位平均分担缴费责任的机制，建立退休人员参保缴费制度；改革城乡居民医保定额缴费制度，探索按人均可支配收入的一定比例缴费；积极推进个人账户改革，探索个人账户的家庭共享机制，继续做小个人账户甚至取消个人账户；完善医疗救助制度，探索对相对贫困

人口实行分类分层阶梯式救助；积极探索各类医保制度的衔接和整合，缩小待遇差距。

二是提高基本医保基金管理能力。基金是医保制度运行的重要载体，要围绕确保基金安全高效、提高基金使用效率，改进医保基金管理。完善医保准入谈判制度、医保目录动态调整制度、医保协议管理制度。深化医疗保险支付方式改革，健全以按病种付费为主的多元复合式医保支付体系；优化基金支出结构，积极向门诊统筹、慢性病治疗、预防保健支出、罕见病用药等延伸，探索个人自付费用封顶的支付制度。加强基金预算绩效管理和风险评估、预警机制建设，完善基金监管体系，创新监管方式。加强医保经办机构的设施、人员投入，建设数量适度、专业化的经办服务队伍。加强医保信息化、标准化的顶层设计，利用大数据、区块链等信息技术，完善医保基金全过程监管。

三是完善基本医保管理体制和运行机制。要围绕推进医疗保障决策科学化、制度法定化，加快医疗保障法制建设，及时修订《社会保险法》，积极推进医疗保障单独立法。以落实医疗保障待遇清单制度为抓手，规范各级政府医保决策权力、责任、程序，促进医保基本制度、政策的全国统一。扎实推进基本医保基金地市级统筹，积极推进省级统筹。合理配置医保经办服务能力，力量配备向基层窗口倾斜。推进医保经办机构的法人化发展，加强医疗保障公共服务标准化、规范化建设。建立医保跨区域管理协作机制，完善异地就医即时结算制度。

四是大力发展补充医疗保障制度。要围绕推进多层次医疗保障体系发展，加强政府引导和行业监管，鼓励商业保险机构扩大差异化、个性化产品供给，满足中高收入者的医疗保障需求。落实税收优惠、费用减免等政策，积极推动慈善医疗和互联网平台互助健康发展。推动不同层次医保制度的合理分工，促进制度功能、筹资水平、补偿水平等协调和衔接。

（三）以建立现代医院管理制度为重点，深化公立医院综合改革

公立医院是卫生服务体系的主干，也是应对重大疫情、保障国民健康的

压舱石。进入新发展阶段，要以建立现代医院管理制度为目标，进一步深化公立医院综合改革，为改善卫生健康绩效提供有力支撑。

一是切实转变政府职能。政府要按照政事分开、管办分离原则，合理区分医疗机构举办职能和医疗行业管理职能。在举办职能方面，政府要根据区域卫生规划和群众需求变化，合理确定政府举办公立医院的规模布局、层次结构，在此基础上提供充足的财政保障。在行业管理职能方面，政府要强化区域卫生规划、政策引导、监督管理等职能，减少对公立医院不必要的行政干预，落实和扩大公立医院在机构设置、人员聘用、内部收入分配等方面的自主权。

二是完善公立医院法人治理结构和治理机制。坚持和完善党委领导下的院长负责制，健全议事规则与决策程序，完善内部约束和监管机制，扩大职工参与。推动各类公立医院依法制定章程，探索建立医院理事会，形成社会支持和监督医院发展的有效实现形式。探索实行院长聘任制，推进院长职业化、专业化建设。探索专家治医的有效途径，充分发挥专家在医务、药事管理中的核心作用。

三是加快公立医院薪酬制度改革。适应医疗卫生行业教育年限长、工作压力大、不可替代性强等特点，按照“两个允许”（允许医疗卫生机构突破现行事业单位工资调控水平，允许医疗服务收入扣除成本并按规定提取各项基金后主要用于人员奖励）要求，切实提高医务人员薪酬水平。进一步改革薪酬支付方式，参照国际经验，提高固定工资在薪酬构成中的比例，建立完备的生活补贴和工作补贴制度，切断医生个人收入与业务收入之间的利益联系。重视非现金性和非经济性薪酬对医务人员的激励作用，探索育儿假、灵活工作时间等，提高医务人员的职业认同感。[①]

四是扩大社会参与和行业自律。扩大公立医院信息公开，探索建立医院主动发布年度报告制度，建立健全基于公益性导向的考核评价制度，

---

① 王延中、侯建林：《我国公立医院薪酬制度存在的问题及改革建议》，《中国卫生经济》2015 年第 1 期，第 5 ~8 页。

鼓励智库等第三方机构对医院运行进行独立评估。探索公立医院与科研院所、社会团体的资源共享，以此提高服务社会能力。积极发挥行业协会、专业学会等各类社会组织在公立医院治理中的作用，强化行业自律和职业道德教育。鼓励社会力量以多种形式参与公立医院改革，加强社会监督。

（四）以强化基层医疗卫生服务体系为重点，促进医疗卫生服务体系合理分工

我国医疗服务供给能力总体适应人民群众就医需求，但是医疗卫生服务体系内部分工不合理、基层医疗服务能力弱的问题十分突出，为应对重大疫情挑战造成隐患。进入新发展阶段，必须下大力气加强基层医疗卫生服务体系建设，多管齐下推进优质医疗资源有序下沉。

一是科学规划医疗资源布局。根据人口数量和结构、疾病谱变化、城镇化发展水平等情况，科学、动态地制定区域卫生规划，强化规划的约束力，促进有限医疗卫生资源的合理布局，既保证医疗卫生服务的可及性，又抑制超标准建设的不合理需求。重点控制三级综合医院投入规模，新增经费投入更多向县级公立医院、基层医疗机构倾斜。综合运用经费投入、绩效考核、医保支付、干部管理等手段，引导各级各类医疗机构合理定位。

二是强化基层医疗卫生机构条件保障。通过标准化建设和底部攻坚等措施，尽快解决基层医疗卫生机构基础设施不足的问题。通过定向培养、订单式培养、进修培训、继续教育等方式，加大基层全科医生人才培养，提高基本医疗和公共卫生服务能力。多措并举，提高基层医疗卫生机构人员薪酬和社会保障待遇水平。鼓励通过对口支援、医师多点执业、定期巡诊等方式，提高基层医疗卫生机构服务能力。

三是积极推进分级诊疗体系建设。坚决落实基层首诊、双向转诊制度，完善基层签约服务制度和全科医生制度，强化医保的限制性和差异化支付政策的约束作用，有效引导医疗卫生资源下沉基层。鼓励基层医疗卫生机构积

极为老年人、慢性病患者、孕产妇、婴幼儿等人群提供护理、康复、家庭病床等服务。加强不同层次、类别医疗卫生机构之间的协调、衔接，促进有序转诊、急慢分治，推进医疗机构与专业公共卫生服务机构、康复机构、长期照护机构的合理分工，促进医疗资源高效利用。

四是有序推进医疗联合体建设。围绕构建区域内医疗卫生机构分工协作机制，进一步扩大县域医共体和城市医疗集团试点，积极探索医疗联合体的有效实现形式，统筹推进医保支付方式改革与医疗联合体建设。医疗联合体要力求实效，通过合理的管理机制设计，有利于提升基层医疗卫生服务能力，有利于推动基层首诊、双向转诊，有利于内部资源共享和高效利用，有利于从整体上提高区域疾病防治水平。

五是加大优质医疗资源共享。要通过政策引导，打破医疗卫生人才合理流动的体制障碍，鼓励支持医师到基层医疗卫生机构以及医疗资源稀缺地区多点执业，提高管理质量，加强监督管理。充分利用互联网、大数据、人工智能等，积极发展能够提供远程医疗、健康管理服务的互联网医院，推动优质医疗资源和健康信息的共享，同时要强化医疗质量监管。

（五）探索适应中国国情的卫生服务与医疗保障管理体制

随着卫生和医疗保障事业的快速发展，我国医改已经进入系统集成、协同高效的阶段，必须抓紧研究适宜的卫生服务与医疗保障管理体制，确保各项改革形成整体合力，真正有效应对各种风险挑战。我们认为，应抓好以下几个关键环节。

一是建立医防融合的公共卫生服务体制。要在建立国家疾病预防控制局的基础上，进一步健全以各级疾控中心、专科疾病防治机构为骨干的疾控体系，形成上下联动的协作机制[①]，与公立医院、基层医疗卫生机构、城乡社区形成平急结合的联动工作机制。公立医院和基层医疗卫生机构要守土有

① 马晓伟：《完善重大疫情防控体制机制 为维护人民健康提供有力保障》，《学习时报》2020年7月8日，第1版。

责、守土负责，强化医防融合，加强重大疫情诊治相关专科建设，提高重大疫情和突发公共卫生事件应对能力。

二是尽快实现医疗卫生资源的全行业管理。要打破因行政隶属关系、投资主体、经营性质、所有制不同造成的体制分割，按照属地原则，下决心将所有医疗机构统一纳入当地卫生行政部门的全行业管理，统一准入、统一规划、统一监管。完善以卫生行政部门为主的卫生行业综合监管体系，强化全过程监管，积极发挥医疗机构自我约束、行业自律、社会监督的作用。

三是完善医保决策体制。改革开放以来，我国医疗保障决策重心逐步下沉，形成了分级决策、以统筹地区政府为主的体制，这既带来了活力与创新，也造成了医保制度、政策的碎片化，容易引起地区间的攀比，也不符合现代市场经济和国家治理的要求。改革的方向是以提高制度、政策的科学性以及增强统一性为目标，上移医保决策的重心，对地方政府决策权限进行有效约束，兼顾实际需要，在尽可能大的范围内实现医保制度、政策的统一。同时要完善医疗保障决策的支撑体系，充分发挥智库机构和专业机构的作用，完善咨询研究对卫生与医保决策的支撑作用。扩大社会参与，将公众参与、专家论证、风险评估、合法性审查作为决策法定程序。加快建设卫生与医保基础信息数据库，加强第三方评估体系建设，促进医保决策的不断优化。

四是统筹卫生服务和医疗保障体系。2018 年国家医疗保障局成立，成为国家健康领域尤其是医疗服务领域费用支出的总管，承担着国家基本医疗服务总买单的职责，其作用进一步向医药和病人行为监管等环节延伸。① 这也意味着医保的任何决策，已不单单着眼于医疗费用的补偿，而必须从卫生服务体系以及整个医药卫生体制全局考虑。这不仅是理念的转变，还要求从管理体制上统筹卫生服务和医疗保障体系，以克服单部门决策导致片面追求

① 王延中：《推进社会保障管理体制与治理体系改革》，《社会发展研究》2018 年第 2 期，第 100 页。

局部、中间绩效的倾向，更加注重总体绩效和制度的可持续发展。随着改革向纵深推进，这个问题将越来越制约改革的整体绩效。我们建议更高层次的中央单位在下一轮机构改革中对这个问题进行认真研究，对各种方案进行科学评估，提出适合我国国情的改革思路。

分 报 告

G.2
公共卫生服务体系建设的成效、问题与对策

侯建林　李云超*

摘　要： 我国公共卫生服务体系由各类各级公共卫生机构组成，是由政府主导并全力支持，为人民群众提供公共卫生服务的组织系统。良好的公共卫生服务体系可以改善与健康相关的自然和社会环境，提供预防保健和必要的医疗服务，培育公众的健康素养，达到预防和控制疾病、促进全民健康的目的。新中国成立以来，我国公共卫生事业经历了起步、改革、后SARS、新医改四个阶段的发展，建立起了一套较为完善的公共卫生服务体系，取得了天花等传染病基本消灭、地方病得到显著控制、妇幼死亡率极大降低等诸多举世瞩目的公共卫生事业成就。然而，公共卫生服务体系仍旧滞后于经济和其他社会事业的发展，存在财政投入占比低、公共卫生人员不足、基层公共卫生服务体系薄弱、信息化水平仍较

* 侯建林，北京大学医学部副研究员；李云超，北京大学医学部2017级本硕博连读学生。

低、新发传染病和慢性病形势严峻等问题，无法满足人民日益增长的健康需求。我国公共卫生服务系统总体是有效的，但也暴露出一些问题，未来仍需要长期加大对公共卫生服务体系的投入，加强公共卫生人才队伍建设，强化基层公共卫生服务体系功能，提高公共卫生服务系统信息化水平和突发公共卫生事件应急处理能力。

关键词： 公共卫生服务体系　突发公共卫生事件　新医改

公共卫生是指通过国家和全社会共同努力，改善与健康相关的自然和社会环境，提供预防保健和必要的医疗服务，培养公众健康素养，创建人民共享健康的社会，达到预防和控制疾病、促进人民健康的社会公共事业。我国公共卫生服务体系是由政府主导并全力支持、由各类专业公共卫生服务机构和医疗机构组成的组织系统。新中国成立以来，我国逐渐建立起了一套相对完善的公共卫生服务体系，取得了一定的发展成效，但仍然存在一些问题亟待解决。对我国公共卫生服务体系的发展历程、建设成效进行总结和探讨，结合最新的新冠肺炎疫情，有利于发现公共卫生服务体系中存在的不足之处，并据此加以完善。

一　我国公共卫生服务体系的发展历程

（一）我国公共卫生服务体系的发展历程

我国公共卫生服务体系 70 多年的发展可大致分为起步、改革、后 SARS 和新医改四个阶段。从新中国成立后的福利卫生政策到改革开放时期的产业模式卫生政策，再到新医改后的公益卫生政策，在不同政策下，公共卫生服务体系经历了曲折—变化—完善的发展历程（见图 1）。

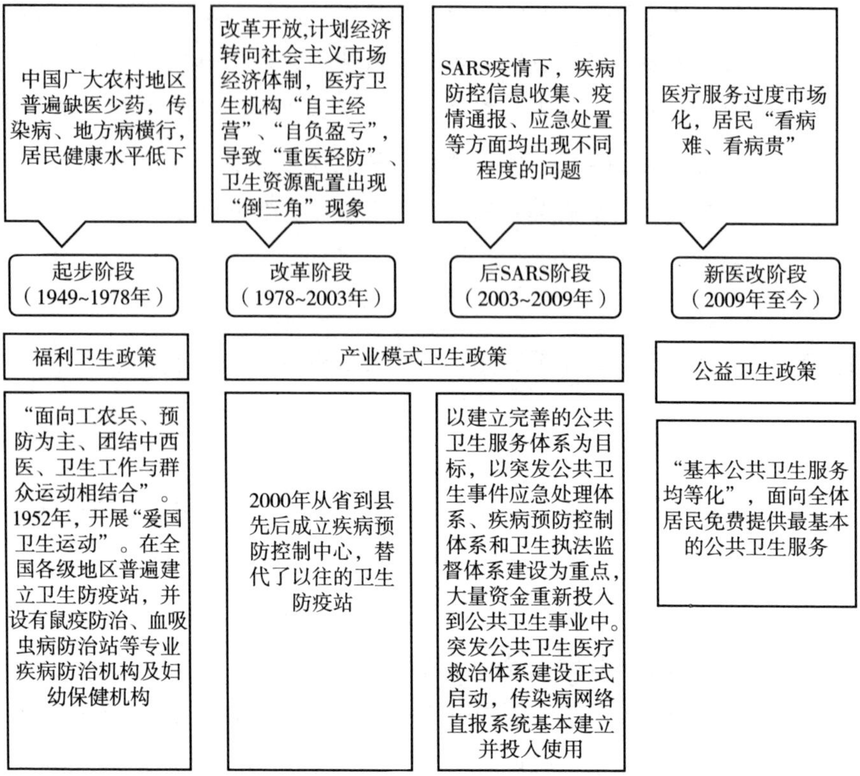

图1　我国公共卫生服务体系发展历程

（二）现阶段我国公共卫生服务体系的组成及其职能

现阶段我国公共卫生机构主要包括三类：专业公共卫生服务机构、基层医疗卫生机构和医院。上述三类机构根据职能定位，在公共卫生服务提供中发挥着相应的作用。其中，专业公共卫生服务机构包括疾病预防控制机构、卫生执法监督机构、采供血机构等。疾病预防控制机构设置国家级、省级、市级和县级四级。各级疾病预防控制机构在同级卫生行政部门的领导下开展职能范围内的疾病预防控制工作，承担上级卫生行政部门和上级疾病预防控制机构下达的各项工作任务。其主要职能包括疾病预防与控制、突发公共卫生事件应急处置、疫情报告及健康相关因素信息管理、健康危害因素监测与干预、实验室检测分析与评价、健康教育与健康促进、技术管理与应用研究指导。卫生执法监督机构同样分国家、省、市、县四级，负责公共卫生、医疗卫生、计划生育综合监督，监督检查卫生法律法规的落实情况，查处违法行为。乡镇（街道）不设置独立的卫生监督执法机构，而由乡镇卫生院、社区卫生服务机构承担卫生监督协管工作。村（居）计生专干兼任卫生计生监督信息员，承担区域信息收集和报告工作。各级各类医疗机构依法承担职责范围内的传染病疫情和突发公共卫生事件报告、传染病隔离治疗、院内感染控制等疾病预防控制工作，在必要时协助疾病预防控制机构开展流行病学调查和标本采集。基层医疗卫生机构则在上级疾病预防控制机构的管理指导下，承担基本公共卫生服务和基层其他疾病预防控制工作。①

二　我国公共卫生服务体系建设的成效

新中国成立初期，我国公共卫生服务体系十分薄弱，1949 年仅有 11 个专科防治所和 9 个妇幼保健院，公共卫生事业形势严峻。从 1952 年到 2019 年，我国建立起了覆盖城乡居民的公共卫生服务体系，并不断发展和整合，形成了较为完善的组织架构。专业公共卫生服务机构数由 500 多个发展到 15958 个，专业公共卫生服务机构人员也由 2500 多人增加到 89.65 万人。通过 70 多年来的不懈努力，我国传染病、地方病防治都取得了举世瞩目的成就，妇幼保健工作同样成果显著。随着社会的发展和进步，疾病谱发生了改变，慢性病预防和控制也开始受到越来越多的重视。同时，新医改使得医疗卫生服务可及性得到显著改善，基本公共卫生服务均等化水平明显提高。

（一）机构建设

经过数十年的发展，我国已经建立起覆盖城乡居民的公共卫生服务体系。近年来通过不断地发展和整合，在机构组成上有较大的调整。2005 ~

① 王培玉：《预防医学》，北京大学医学出版社，2019。

2020年，疾病预防控制机构由3585所减至3384所，卫生执法监督机构由1702所增至2934所（见表1）。

表1　2005～2020年我国专业公共卫生服务机构情况

单位：所

机构	2005年	2010年	2015年	2020年
疾病预防控制机构	3585	3513	3478	3384
专科疾病防治院(所/站)	1502	1274	1234	1048
健康教育所(站)	134	139	166	…
妇幼保健院	3021	3025	3078	3052
急救中心	141	245	345	…
采供血机构	577	530	548	…
卫生执法监督机构	1702	2992	2986	2934
计划生育技术服务机构	…	117	20092	2810
总计	10662	11835	31927	13228

说明："…"表示数据不详。

资料来源：《2005年中国卫生事业发展情况统计公报》《中国卫生统计年鉴（2011）》《中国卫生统计年鉴（2016）》《2020年我国卫生健康事业发展统计公报》。

（二）人力资源队伍建设

我国专业公共卫生服务机构人力资源队伍建设也取得了长足的发展。专业公共卫生服务机构卫生人员由2005年的52.55万人增至2020年的92.50万人（见表2）。

表2　2005～2020年我国专业公共卫生服务机构人力配置变化

单位：万人

年份	卫生人员	卫生技术人员	执业(助理)医师	注册护士
2005	52.55	40.58	20.77	7.12
2010	64.09	49.82	18.55	11.52
2015	87.68	63.92	23.09	17.83
2020	92.50	72.70	…	…

说明："…"表示数据不详。

资料来源：《2005年中国卫生事业发展情况统计公报》《中国卫生统计年鉴（2011）》《中国卫生统计年鉴（2016）》《2020年我国卫生健康事业发展统计公报》。

（三）疾病预防控制成就

1. 传染病预防和控制

新中国成立70多年来，我国在传染病防治领域不断取得重大突破。1979年消灭了天花；2000年实现无脊髓灰质炎目标；2006年后连续13年实现了无白喉报告病例；麻疹、乙脑和流脑发病率降幅达99%；风疹发病较最高年份下降96%；百日咳下降95%；5岁以下儿童乙型肝炎病毒感染率下降至1%以下，且摘掉了乙肝大国的帽子[①]；2008年在全球率先消灭丝虫病；2012年世界卫生组织宣布中国消除孕产妇及新生儿破伤风；2021年6月，世界卫生组织宣布中国彻底消灭疟疾，成为我国公共卫生事业发展史上又一座里程碑[②]；血吸虫病防治也取得了很大成绩（见表3）。

表3　血吸虫病防治情况

年份	流行县（个）	达到消除县（个）	阻断传播县（个）	传播控制县（个）	感染人数（万人）
2000	413	243	…	…	69.48
2010	453	…	269	104	32.58
2020	450	337	98	15	2.95

说明：“…”表示数据不详。

资料来源：《2000年卫生事业发展统计公报》《2010年卫生事业发展统计公报》《2020年我国卫生健康事业发展统计公报》。

2. 地方病防治

经过不懈的努力，我国碘缺乏病、克山病、大骨节病和氟中毒等病区在不断缩小，患病人数显著减少（见表4、5、6、7）。

---

① 傅卫、张植晟、王秀峰、张毓辉：《新中国70年卫生改革发展的道路与展望》，《中国卫生政策研究》2019年第9期，第1～4页。

② 《中国获消除疟疾认证　我国卫生事业史上又一座里程碑》，http://www.gov.cn/xinwen/2021-07/10/content_5623932.html。

表 4　2000～2020 年我国碘缺乏病防治情况

年份	病区县(个)	消除县(个)	现症病人(万人)
2000	2452	1661	…
2010	2798	…	34.03
2020	2799	2799	…

说明："…"表示数据不详。

资料来源：《2000 年卫生健康事业发展统计公报》《2010 年卫生健康事业发展统计公报》《2020 年我国卫生健康事业发展统计公报》。

表 5　2000～2020 年我国克山病防治情况

年份	病区县(个)	消除县(个)	现症病人(万人)
2000	319	248	4.67
2010	327	257	3.83
2020	330	330	0.45

资料来源：《2000 年卫生健康事业发展统计公报》《2010 年卫生健康事业发展统计公报》《2020 年我国卫生健康事业发展统计公报》。

表 6　2000～2020 年我国大骨节病防治情况

年份	病区县(个)	消除县(个)	现症病人(万人)
2000	351	154	102.52
2010	366	217	66.09
2020	379	379	17.80

资料来源：《2000 年卫生健康事业发展统计公报》《2010 年卫生健康事业发展统计公报》《2020 年我国卫生健康事业发展统计公报》。

表 7　2000～2020 年我国地方性氟中毒防治情况

年份	病区县(个)	控制县(个)	氟斑牙病人(万人)	氟骨病人(万人)
2000	1306	184	4066.33	260.32
2010	1326	223	3724.57	332.76
2020	1212	1124	36.30	23.10

资料来源：《2000 年卫生事业发展统计公报》《2010 年卫生事业发展统计公报》《2020 年我国卫生事业发展统计公报》。

3. 妇幼保健

新中国成立前，妇幼健康服务极度缺乏，孕产妇死亡率高达1500/10万，婴儿死亡率高达200‰，广大妇女儿童的生命健康无法得到保障。新中国成立后，妇幼健康事业面貌焕然一新，妇女儿童健康水平不断提高。1950～1980年，中国婴儿死亡率的年平均下降速率在5%以上。20世纪90年代以来，婴儿死亡率和5岁以下儿童死亡率年平均下降速率则分别达到了6.50%、5.85%。由表8可见，1990～2020年，我国孕产妇死亡率由88.8/10万下降至16.9/10万，新生儿死亡率由33.1‰下降至3.4‰，婴儿死亡率由50.2‰下降至5.4‰，5岁以下儿童死亡率由61.0‰下降至7.5‰。

表8 1990～2020年我国孕产妇、新生儿及婴儿、5岁以下儿童死亡率

年份	孕产妇死亡率(/10万)	新生儿死亡率(‰)	婴儿死亡率(‰)	5岁以下儿童死亡率(‰)
1990	88.8	33.1	50.2	61.0
2000	53.0	22.8	32.2	39.7
2010	30.0	8.3	13.1	16.4
2020	16.9	3.4	5.4	7.5

资料来源：《中国的儿童状况》白皮书、《中国妇幼健康事业发展报告（2019）》、中国妇幼健康监测网站（http://www.mchscn.cn/BirthDefectMonitoringResults-30/44.html）及历年《我国卫生健康事业发展统计公报》。

4. 慢性病预防和控制

随着我国经济社会发展和卫生健康服务水平的不断提高，居民人均预期寿命不断提升，加上城镇化、工业化进程的加快和行为危险因素流行的影响，慢性病高发成为老龄化社会的一大挑战。2019年，我国因慢性病导致的死亡占总死亡的88.5%，其中心脑血管疾病、癌症、慢性呼吸系统疾病死亡占比为80.7%，防控工作面临着越来越大的挑战，受到了越来越多的重视。我国慢性病防控工作最早可追溯到20世纪50年代末河南林州食管癌防治研究基地的建立和上海肿瘤防治网的建设。随着高血压和心脑血管疾病患病率的不断上升，20世纪60年代我国启动了多项心脑血管疾病流行病学调查和病因学研究，70年代建立了一批心脑血管病和肿瘤防治基地，如江西靖安农村宫颈癌防治基地、江苏启东“肝癌早诊早治示范基地”等。1984 年，我国明确防控重点为高血压、脑卒中、冠心病、恶性肿瘤，开展“四病防治”；1991 ~2000 年，北京、上海、长沙开展社区人群脑血管病综合干预研究；1997 年，卫生部确定在北京等 17 个地区建立社区慢性病综合防治示范点，后扩展到 34 个；1999 年，制定了慢性病防治指南；2002 年，开展全国居民营养与健康状况调查；2005 年，启动中央财政转移支付癌症早诊早治项目。面对人群慢性病危险因素流行情况的日益严重，我国慢性病防控重点从关注疾病逐步转化为关注危险因素；2007 年，发起了针对危险因素控制的“全民健康生活方式行动”，至 2009 年全国共创建全民健康生活方式行动示范点 292 个，在 64 个城市和 97 个农村地区建立了慢性病监测系统；2011 年创建国家级和省级慢性病综合防控示范区。2012 年，卫生部等 15 部门印发《中国慢性病防治工作规划（2012—2015 年）》，积极推进慢性病综合防治策略，慢性病综合防控成效初显，但全社会对慢性病防控的重视程度仍然较低、群众自我保健意识薄弱、慢性病防治形势依然严峻。2017 年，国务院办公厅再次印发《中国防治慢性病中长期规划（2017—2025 年）》，明确了今后 5 ~10 年做好慢性病防治工作总体思路和具体工作指标。2020 年，我国接受健康管理的 65 岁及以上老年人为 12718. 9 万人，按照规范要求进行高血压患者健康管理的有 10912. 1 万人，按照规范要求进行 2 型糖尿病患者健康管理的有 3573. 2 万人。

（四）公共卫生监测系统与信息化建设

20 世纪 80 年代，计算机开始应用于卫生防疫工作。① 伴随时代进步和信息技术的发展，中国公共卫生信息化建设从无到有、由弱到强，基本实现了跨越式发展。其中，第一个发展阶段是 2003 年 SARS 疫情暴发之后，疾病预防控制机构启动了以传染病网络直报系统为核心的中国疾病预防控制信

① 马家奇、赵自雄：《“十三五”时期中国疾病控制信息化建设成效与展望》，《中国卫生信息管理杂志》2021 年第 3 期，第 314 ~318 页。

息系统，2004 年正式运行。[①] 2005 年，结核病、艾滋病等单病/专病报告子系统启动。2006 年，健康危险因素监测等子系统启动。目前已经建立国家级疾病预防控制数据中心，采用集中式信息管理方式，辐射全国 6 万余家医疗卫生单位。该系统主要包括以事件监测为基础的突发公共卫生事件监测；以个案监测为基础的法定传染病、专病/单病、传染病预警等疾病监测信息管理系统；以疾病预防控制基本信息为主的基础疾病预防控制信息系统等业务系统，每天接收传染病报告个案 2 万余例。该系统在汶川地震、芦山地震、手足口病防控等一系列重大事件和卫生应急工作中发挥了重要作用。第二个发展阶段是新医改后，信息化建设思路从以疾病预防控制自我业务管理向以全民健康保障服务为核心转变。以中国疾病预防控制中心数据中心建设为依托，积极推动三级平台试点应用，在技术上实现了平台互联互通和数据共享交换。第三个发展阶段是促进电子病历与电子健康档案的公共卫生应用。一是推动居民电子健康档案、电子病历与网络直报系统的互联互通。临床医生做出传染病诊断后，仅需在医生工作站点击一次，即可将报告信息实时传输至网络直报系统，将疫情报告时间从以往的几小时缩短到几秒钟，极大地提高了信息报告的及时性、准确性和完整性。二是开展信息化新技术应用试点。例如，一些省建立了覆盖全省的疾控业务应用云平台，实现了省内跨地域的预防接种信息服务，大幅提升了人民群众对疾控工作的获得感和满意度。三是积极推进疾控数字化建设。例如，上海、济南、深圳、厦门等市积极发挥区域优势，整合信息资源，打造数字化疾控中心。[②]

（五）基本公共卫生服务均等化建设

我国从 2009 年起实施基本公共卫生服务项目，建立了世界上覆盖人口

① 赵自雄、苏雪梅、戚晓鹏：《我国公共卫生信息化进展与展望》，《中国数字医学》2012 年第 10 期，第 2～5 页。

② 马家奇、赵自雄：《“十三五”时期中国疾病控制信息化建设成效与展望》，《中国卫生信息管理杂志》2021 年第 3 期，第 314～318 页。

最多的公共卫生干预项目。财政补偿渠道也进一步健全，人均基本公共卫生服务经费补助标准从2009年的15元提高到2020年的74元，服务内容不断扩大、项目逐渐丰富。根据2019年国务院办公厅印发的《医疗卫生领域中央与地方财政事权和支出责任划分改革方案》，基本公共卫生服务包括主要由基层医疗卫生机构承担的建立居民健康档案、健康教育、预防接种、0~6岁儿童健康管理、孕产妇健康管理、老年人健康管理、高血压和2型糖尿病等慢性病患者健康管理、严重精神障碍患者管理、肺结核患者健康管理、中医药健康管理、传染病和突发公共卫生事件报告和处理、卫生监督协管等12类项目以及从原重大公共卫生服务和计划生育项目中划入的地方病防治等19类项目（不限于基层医疗卫生机构实施）。

三　公共卫生服务体系存在的主要问题

尽管我国公共卫生服务体系经过70多年的建设和发展，成效显著，但仍然滞后于经济发展和其他社会事业的发展。公共卫生财政投入占比低、结构不合理，公共卫生人员队伍不稳定，基层公共卫生服务体系薄弱，现有的公共卫生资源不能满足人民日益增长的健康需求的矛盾仍较为突出。一些传统传染性疾病和公共卫生问题尚未得到有效控制，而很多新发传染病和慢性病等新的公共卫生问题又不断出现。

（一）公共卫生财政投入不足、结构不合理

虽然政府对公共卫生的绝对投入不断加大，但医疗卫生支出在地方财政总支出中占比较低，公共卫生支出在医疗卫生支出中占比更低的问题长期存在。[①] 20世纪80年代后，医院的发展明显快于专业公共卫生服务机构的发展，大型医院高投入、设备设施建设明显改善，与专业公共卫生服务机构建设投入

---

① 张颖熙：《疫情下的中国公共卫生服务体系：严峻挑战与改革路径》，《黑龙江社会科学》2020年第5期，第45~50页。

低、进展缓慢形成了鲜明对比。[①] 此外，开展疾病预防监测、检测等所需费用紧张，公共卫生经费投入方式单一，除公共卫生财政投入外，其他重大专项投入、社会捐助等形式少也是公共卫生发展资金紧缺的原因之一。此外，地区间公共卫生投入不均衡的问题也值得关注。由于地方公共卫生投入主要来自当地财政，决定了各地人均公共卫生事业费用与财政收入高度相关。不发达地区、农村地区公共卫生投入更加不足，公共卫生服务能力也难以得到提升。[②]

（二）公共卫生人员不足

我国公共卫生人才队伍的梯队建设、专业能力配置及管理长期缺乏系统规划，难以满足发展的需要。截至 2018 年末，全国专业公共卫生机构人员中公共卫生类别执业（助理）医师为 11.4 万人，在各类别执业（助理）医师中占比仅为 3.2%。[③] 截至 2020 年，我国每万人口配备专业公共卫生机构人员数仅为 6.5 人，未能达到《医药卫生中长期人才发展规划（2011—2020 年）》中提出的 2020 年每万人口配备公共卫生人员 8.3 人的目标。《关于疾病预防控制中心机构编制标准的指导意见》中提出，每万人口需配备 1.75 名疾控人员，而 2020 年我国每万人口配备疾病预防控制中心卫生技术人员仅为 1.36 人。[④]

（三）基层公共卫生服务体系薄弱

目前基层医疗卫生机构还存在对公共卫生服务认识不足、基层公共卫生

---

① 王绍光：《中国公共卫生的危机与转机（上）》，载于吴敬琏《比较》第 7 辑，中信出版社，2003，第 52 ~ 90 页。

② 何鸿、屈伟、廖礼奎、刘毅：《新形势下基层公共卫生人才发展现状与对策研究》，《中国卫生事业管理》2021 年第 5 期，第 357 ~ 361 页。

③ 何鸿、屈伟、廖礼奎、刘毅：《新形势下基层公共卫生人才发展现状与对策研究》，《中国卫生事业管理》2021 年第 5 期，第 357 ~ 361 页。

④ 《2020 年我国卫生健康事业发展统计公报》，http://www.gov.cn/guoqing/2021-07/22/content_5626526.htm。

服务工作量超负荷、补助不到位、乡村医生技术水平不高、由于设备和人员缺少而无法开展项目等诸多问题。① 此外，由于基层公共卫生管理工作受到人口分散、信息不通畅、缺乏卫生人力资源、监督体系不完善、宣教工作落实不到位等因素的影响，导致群众不愿意建立健康档案参与管理、资料信息收集不全或采集错误、上报工作效率低等问题。

（四）公共卫生服务体系信息化水平仍较低

现有的信息系统多是围绕特定领域和范围建设的，属于相对封闭的系统，缺失能够满足互联互通、信息共享的信息平台，也无法满足全生命周期健康管理服务需求。② 信息安全与信息公开之间的平衡尚未有明确的制度安排，公民的健康隐私保护与信息公开惠民服务建设之间也缺乏明确的政策。此外，信息化建设资金投入不足、渠道单一。同时，具有医学、公共卫生和信息学等多重背景的复合型卫生信息化人才明显缺乏，人才引进政策也相对乏力。

（五）传统传染病尚未得到完全控制，新发传染病和慢性病形势严峻

我国公共卫生服务体系依然面临着严峻的传染病防控形势。截至 2020 年，全国仍有 67 万余肺结核患者，且其中有相当多的人已产生抗药性。病毒性肝炎情况也不容乐观，发病率始终居高不下，2020 年发病人数仍有 113 万多人，位居甲乙类传染病发病数第一位。本来已经消灭的各种性病，如淋病、梅毒又死灰复燃，发病人数较多。自 1985 年中国发现第一例艾滋病，每年感染人数以 30% 的速度上升③，截至 2019 年 10 月底全国报告艾滋病存活感染者达 95.8 万人，每年死亡人数居甲乙类传染病第一位。

---

① 张建刚、孙艳芳：《新形势下基层公共卫生服务体系建设中的问题及对策》，《中国公共卫生管理》2009 年第 3 期，第 225～227 页。

② 王坤、毛阿燕、孟月莉等：《我国公共卫生体系建设发展历程、现状、问题与策略》，《中国公共卫生》2019 年第 7 期，第 801～805 页。

③ 王绍光：《中国公共卫生的危机与转机（上）》，载于吴敬琏《比较》第 7 辑，中信出版社，2003，第 52～90 页。

随着老龄化、城镇化、工业化进程的加快和行为危险因素流行的影响，我国慢性病防控也面临着越来越大的挑战。2019 年我国因慢性病导致的死亡占总死亡的 88.5%，其中心脑血管病、癌症、慢性呼吸系统疾病死亡占比为 80.7%。居民不健康生活方式普遍存在，居民超重肥胖问题不断凸显，城乡各年龄组居民超重肥胖率持续上升，有超过一半的成年居民超重或肥胖，6～17 岁、6 岁以下儿童青少年超重肥胖率分别达到 19% 和 10.4%。高血压、糖尿病、高胆固醇血症、慢性阻塞性肺疾病患病率和癌症发病率与 2015 年相比有所上升。同时，精神疾病、心理卫生健康问题也不容小觑。随着经济和社会的快速发展，人们的生活节奏、工作压力都在明显加大，心理行为问题和精神障碍人群逐渐增加，民众心理健康问题日益凸显。根据 2019 年数据显示，我国抑郁症患病率达到 2.1%，焦虑障碍患病率为 4.98%。①

四 完善公共卫生服务体系的对策建议

（一）加大公共卫生服务体系的财政投入，优化投入模式

中央和地方政府都应加大公共卫生财政投入占比，形成长效投资机制。从顶层设计的角度，明确中央和地方政府的筹资责任，将公共卫生应急体系纳入政府支出专项资金；优化财政投入模式，建立多渠道筹资途径，可通过专项国债、福利彩票等方式融资。地方财政也可以通过专项债券、PPP 等方式吸引社会融资，形成以政府财政投入为主体、社会融资为辅助的多元化公共卫生服务体系筹资渠道。

（二）加强公共卫生领域专业人才队伍建设

为了培养更多的公共卫生专业人才，首先要加强相关学科的人才培养力

① 《中国居民营养与慢性病状况报告（2020 年）》，http：//www.gov.cn/xinwen/2020－12/24/content_ 5572983.htm。

度，鼓励建设高质量的公共卫生学院，促进医学、经济学、管理学等多领域交叉培养多元化复合型人才。在现有公共卫生教育中增加应急预防、应急管理领域的专业课程。设立若干国家级公共卫生应急人才培养基地与培训项目，培养一批突发公共卫生事件应急管理和重大疫情防治领域的专业骨干人才。同时，完善公共卫生人才准入、使用、待遇保障和激励机制，增加政策倾斜，吸引更多高端人才。基层公共卫生人才队伍建设的重点在于完善薪酬制度、绩效考核制度、激励和流动机制，调动基层人员的积极性，提高人才队伍的整体素质。①

（三）强化基层公共卫生服务体系功能

预防为主、关口前移，应着力加强县级及以下基层医疗卫生机构能力建设。对于县级疾病预防控制中心，应重点提升疫情发现和现场处置能力，加强基础设施建设，完善设备配置，满足现场检验检测、流行病学调查、应急处置等需要。在基层医疗卫生机构，合理建设一定数量的发热门诊，防止交叉感染风险。同时，基层医疗卫生机构医务人员也应加强公共卫生服务能力的培训，提高公共卫生服务意识和卫生应急能力。

（四）加快公共卫生服务体系信息化建设

1. 建立公共卫生服务大数据系统

公共卫生服务大数据系统，不仅要包括现有的传染病和突发公共卫生事件网络直报系统，还应包括居民基础防疫数据、居民健康监测数据（电子病历）、医保社保数据、应急物资储备数据等。

2. 建立公共卫生信息和储备信息共享平台

应增强区域公共卫生风险意识，在信息共享基础上加强风险联合研判、评估、决策、通报、防控协同等全流程机制，不断推进治理关口前移。可选

① 张颖熙：《疫情下的中国公共卫生服务体系：严峻挑战与改革路径》，《黑龙江社会科学》2020 年第 5 期，第 45～50 页。

择区域公共卫生临床中心为公共卫生信息枢纽，完善整个区域的公共卫生数据采集聚合，推进大数据分析。在区域应急管理信息大平台中可专门开辟战略储备物资信息模块，确保区域内物资的动态平衡保障，危机应对期间快速开展针对性的物资调配和互助。

（五）提高公共卫生突发事件应急处理能力

1. 完善传染病与突发公共卫生网络直报系统

针对预警系统本身的缺陷，可用基于大数据的条件模型替代已知结果的规则模型，加强对新型传染病的侦测与鉴别。引入区块链方式，将各级医院电子病历、检测报告等内容同步到区块链中，通过智能合约的方式触发上报。建立统一的应急管理数据共享交换平台，推动相关数据和病例资料的开放共享。取消逐级审核机制，改为直接由临床医师根据诊断结果上报，为避免误报可事后由相关人员补充资料。完善问责和奖励机制，尤其是对能提前预报疫情的医生给予相应的奖励。

2. 完善疫情应急指挥与决策系统

构建反应及时、信息透明、统一部署、职责明确的应急指挥与决策系统。理顺中央与地方的关系，明确职权范围；建立集中统一高效的重大突发事件领导指挥常设机构，在各省设立中央直属的公共卫生监督派驻机构，协调跨区域跨部门的力量，提升对公共卫生突发事件的应对处理能力。

3. 建立统一的应急物资保障体系

建立“中央应急物资储备中心和区域物资储备分中心”的中心—节点型储备网络，设立国家重点医疗物资保障调度平台。成立储备领导协调指挥机构，建立储备资金保障制度、健全国家战略物资储备的法律法规，优化物资动态管理，完善紧急征用机制，建立起统一调拨、区域协调、科学完备、高效节约的应急物资保障体系。[①]

---

① 张颖熙：《疫情下的中国公共卫生服务体系：严峻挑战与改革路径》，《黑龙江社会科学》2020 年第 5 期，第 45 ~ 50 页。

4. 建设重大疫情救治基地，促进公共设施平战结合改造

依托综合实力强，特别是感染性疾病、呼吸、重症等专科优势突出的高水平医院（含中医医院），按照人口规模、辐射区域和疫情防控压力，结合国家公共卫生应急体系建设，各省（区、市）建设1～3所重大疫情救治基地，承担危重症患者集中救治和应急物资集中储备任务，在重大疫情发生时快速反应，提升危重症患者治愈率、降低病死率。借鉴方舱医院和人防工程改造经验，提高大型体育场馆、展览馆（会展中心）等公共设施建设标准，在相关设施新建或改建过程中充分考虑应急需求，完善场地设置、通风系统、后勤保障设计，预留管道、信息等接口和改造空间，使其具备快速转化为救治和隔离场所的基本条件。①

5. 加强区域公共卫生突发事件联合响应演练

公共卫生服务体系应联合其他机构定期组织开展频次更高、场景更多元的联合处置演练活动。可通过模拟重大传染性疾病流行暴发场景，选择在省（区、市）交接区域模拟公共卫生突发事件应急管理的真实场景，按照风险研判、预警、响应、处置等步骤进行全流程的实战操作，检验通过区域应急管理平台进行联合调度、防控处置的规范性、有效性和顺畅度，同时促进各省（区、市）卫生应急人才队伍的业务交流。加强临床医生的传染病防控和公共卫生应急知识培训，提高其前哨预警意识和能力。组建卫生应急救治专业技术队伍，形成预防、治疗、康复和护理有机衔接的重大传染病应急救护模式。②

6. 加大传染病实验室建设

支持国家、省、市、县四级疾病预防控制中心实验室建设，加强菌毒种库、实验室等业务用房建设和设备配置，提升疫情发现、现场处置、实验室核酸检测、传染病检测“一锤定音”能力和突发传染病防控快速响应能力。

---

① 张颖熙：《疫情下的中国公共卫生服务体系：严峻挑战与改革路径》，《黑龙江社会科学》2020年第5期，第45～50页。

② 张颖熙：《疫情下的中国公共卫生服务体系：严峻挑战与改革路径》，《黑龙江社会科学》2020年第5期，第45～50页。

G.3
医疗保障制度的发展回顾与未来展望

龙玉其*

摘　要： 改革开放以来，我国逐步探索医疗保障制度改革，形成了与市场经济体制相适应、具有中国特色、覆盖全民的现代医疗保障制度体系。改革开放以来，我国医疗保障制度改革与发展可以划分为改革探索、建立制度框架、体系完善与城乡统筹发展、全面深化改革与追求高质量发展四个阶段。我国医疗保障制度改革与发展取得了积极进展和重要成就，同时也存在不少问题，面临诸多挑战。未来应该实现医疗保障的公平、有效、高质量、可持续发展，从数量扩展走向质量提升，从医疗保障走向健康保障，从责任失衡走向责任优化，从分散独立走向协同整合，从常态保障走向兼顾应急保障。

关键词： 医疗保障制度　健康保障　责任优化　常态保障

医疗保障是社会保障体系的重要组成部分，事关个人健康与家庭幸福。改革开放以来，我国积极探索医药卫生体制改革，不断推动医疗保障制度的改革与发展，为减轻家庭就医负担、实现“病有所医”目标发挥了重要作用。同时，伴随经济社会环境和城乡居民健康需求的变化，医疗保障制度在一些方面还存在不适应性等诸多问题，有待进一步推进改革，以便更好地满足城乡居民的健康需求。

---

* 龙玉其，首都师范大学管理学院副教授。

一　中国医疗保障制度的发展与改革历程

改革开放以来，我国逐步探索医疗保障制度改革，形成了与市场经济体制相适应、具有中国特色、覆盖全民的现代医疗保障制度体系，其改革与发展过程可以分为四个阶段：改革探索阶段（1978～1997）、建立制度框架阶段（1998～2008）、体系完善与城乡统筹发展阶段（2009～2017），全面深化改革与追求高质量发展阶段（2018 年以来）。

（一）改革探索阶段（1978～1997）

医疗保障制度改革探索是在改革开放大背景下进行的。改革开放以来，我国逐步推进经济体制转轨与社会转型发展。改革开放初期，我国就着手对“文化大革命”时期中断的各项事业进行恢复，并结合经济体制改革进行改革探索。

20 世纪 80 年代初，我国拉开了经济体制改革的大幕。推动企业改革，增强企业活力与效率是经济体制改革的重要任务。在此背景下，我国开始探索对传统的医疗保障制度进行改革，主要围绕医疗费用控制、建立责任共担的社会医疗保险制度进行。改革探索采取自下而上、逐步推进的方式。80 年代初，部分企业和单位以医疗费用控制为核心推进自发改革，采取医疗费用定额包干的做法，“剩余归己，超支自理”。之后，一些地方政府逐步开始介入医疗保障制度改革，探索离退休人员医疗费用的社会统筹和大病医疗统筹，为约束医疗费用支出，开始要求个人自付一定比例。自 1989 年起，中央政府开始主导医疗保障制度改革，在公费医疗制度、劳保医疗制度方面进行了一系列改革探索。

1993 年是医疗保障制度改革探索的重要年份，《中共中央关于建立社会主义市场经济体制若干问题的决定》明确了“统账结合”的制度模式，为医疗保障制度的后续改革探索指明了方向和路径。1994 年，国务院决定在江苏镇江、江西九江进行“统账结合”医疗保险制度改革试点。此后，各地陆续推进“统账结合”医疗保险制度改革试点。在改革探索过程中，出现了不同的“统账结合”模式，主要包括“两江”（江苏镇江与江西九江）的“三段通道”模式，海南、深圳的“板块”模式，青岛、烟台的“三金”模式。

在农村医疗保障制度改革方面，农村合作医疗制度迅速走向衰落。全国实行合作医疗的行政村（生产大队）比例由1976年的90%猛降到1986年的4.8%。[①] 20世纪90年代，为减轻农民日益沉重的医疗负担，保障农民的健康，国家积极推动农村合作医疗制度的恢复和重建，陆续出台了一系列政策文件。但是，受诸多因素影响，收效甚微。1998年，农村自费医疗比例高达87.44%[②]，农民医疗负担沉重，因病致贫、因病返贫的现象时有发生。

这一阶段主要是为了推动和适应经济体制改革而推进医疗保障制度的社会化改革，遵循自下而上、从地方到中央的改革路径。改革的主要内容包括：积极推进公费医疗与劳保医疗制度改革，加强医疗费用控制，探索医疗费用社会统筹，建立责任共担的医疗费用分担机制，明确“统账结合”的医疗保险制度模式。在改革过程中，注重调动地方积极性，充分开展试点探索，形成了多样化的改革模式，为下一阶段医疗保障制度的建立和完善奠定了重要基础，为经济体制改革的顺利推进发挥了重要作用。

（二）建立制度框架阶段（1998~2008）

基于前一阶段的改革探索，自20世纪90年代末开始，我国逐步建立和完善医疗保障制度体系，初步形成了与市场经济体制相适应、具有中国特色的基本医疗保障制度框架。

在城镇职工基本医疗保险制度方面，1998年，《国务院关于建立城镇职工基本医疗保险制度的决定》，正式确定了城镇职工基本医疗保险制度框

① 朱玲：《政府与农村基本医疗保健保障制度选择》，《中国社会科学》2000年第4期，第89~99页。

② 王延中：《建立农村基本医疗保障制度》，《经济与管理研究》2001年第3期，第15~19页。

架。强调城镇所有用人单位，包括各类企业、机关、事业单位、社会团体、民办非企业单位及其职工，都要参加基本医疗保险。实行社会统筹与个人账户相结合的制度模式，职工和单位共同缴费，个人缴费全部计入个人账户。

在农村居民医疗保障制度方面，2003 年的“非典”推动了新型农村合作医疗制度的建立。针对薄弱的农村医疗卫生服务体系和日益上涨的医疗费用，解决农村居民“看病难”“看病贵”问题，提高农民健康水平，国家决定建立新型农村合作医疗制度。2003 年 1 月，新型农村合作医疗制度正式建立，实行个人缴费、集体扶持和政府资助相结合，农民个人每年的缴费标准不低于 10 元，有条件的乡村集体给予适当扶持，地方财政资助不低于人均 10 元，中央财政对中西部地区除市区以外的农民按人均 10 元安排补助资金。新型农村合作医疗制度的建立，弥补了传统农村合作医疗制度衰落而导致的农民医疗保障制度空缺，减轻了农民的医疗负担，推动了农村医疗卫生服务体系的发展。

在城镇居民基本医疗保险制度方面，为了填补城镇非就业居民医疗保障的空白，国家探索建立城镇居民基本医疗保险制度。2007 年，《国务院关于开展城镇居民基本医疗保险试点的指导意见》，强调逐步建立以大病统筹为主的城镇居民基本医疗保险制度。资金筹集以家庭缴费为主，政府给予适当补助，对低保对象、丧失劳动能力的重度残疾人、低收入家庭老年人等困难居民参保所需家庭缴费部分给予补助。

在医疗救助制度方面，为进一步减轻城乡贫困家庭的就医负担，国家分别建立了城乡医疗救助制度，作为最低生活保障制度的配套措施。主要针对城乡居民最低生活保障对象中未能参加医疗保险，或者参加了医疗保险后个人医疗费用负担仍然较重的困难群众。2003 年和 2005 年，分别建立了农村、城市医疗救助制度。城乡医疗救助制度的资金主要来源于地方财政，同时还有少量专项彩票公益金和社会捐赠资金。医疗救助制度主要针对贫困居民的大额医疗费用支出，在医疗保险的基础上给予一定的支持。医疗救助制度是城乡居民医疗保障的底线，有利于进一步减轻贫困居民的就医负担。

这一阶段的主要任务是在建立和完善社会主义市场经济体制过程中不断

加强制度建设，针对不同群体的特点和需求建立不同的基本医疗保险制度，初步形成与市场经济相适应、覆盖城乡居民的基本医疗保障制度框架，为减轻城乡居民的医疗负担提供了重要的制度保障。

（三）体系完善与城乡统筹发展阶段（2009 ~2017）

2009 年 3 月，《中共中央、国务院关于深化医药卫生体制改革的意见》，对深化医药卫生体制改革做出了全面部署，其中强调加快建立和完善多层次医疗保障体系。此后，医疗保障体系的改革步伐进一步加快，积极推进医疗保障制度整合与城乡统筹发展。

一是建立和全面实施城乡居民大病保险制度。为进一步完善城乡居民医疗保障制度，提高重特大疾病保障水平，减轻城乡居民的重特大疾病医疗负担，2012 年 8 月，发改委等 6 部门发布了《关于开展城乡居民大病保险工作的指导意见》，采取向商业保险机构购买大病保险的方式探索建立城乡居民大病保险制度，从城乡居民医保基金、新农合基金中划出一定比例或额度作为大病保险资金，保障对象为城乡居民医保、新农合参保人。2015 年 7 月，《国务院办公厅关于全面实施城乡居民大病保险的意见》，进一步推动大病保险制度的完善与实施，强调完善筹资机制、提高保障水平、加强制度衔接、规范承办服务、严格监督管理。

二是积极推进制度整合与城乡统筹发展。为了增强基本医疗保障的公平性，相关部门积极推进基本医疗保障的城乡统筹发展。在医疗救助制度整合方面，2013 年 12 月，财政部、民政部联合印发《城乡医疗救助基金管理办法》，推动医疗救助基金的城乡统筹管理与使用。2015 年 4 月，《国务院办公厅转发民政部等部门关于进一步完善医疗救助制度全面开展重特大疾病医疗救助工作意见的通知》，强调各地要在 2015 年底前整合城乡医疗救助制度，在政策目标、资金筹集、对象范围、救助标准、救助程序等方面加快推进城乡统筹。同时，全面开展重特大疾病医疗救助。在基本医疗保险制度整合方面，自 2016 年起，逐步推进城乡居民医疗保险制度整合，推动医疗救助与大病保险的衔接。

三是积极推进基本医疗保险支付方式改革。2012年，人社部、财政部、卫生部联合发布《关于开展基本医疗保险付费总额控制的意见》，要求全面推行医保付费总额控制。同年，卫生部、国家发展改革委、财政部发布《关于推进新型农村合作医疗支付方式改革工作的指导意见》，要求推进新农合支付方式改革，门诊费用以总额预付为主，住院按病种付费、按床日付费等支付，鼓励各地参照疾病诊断相关分组（DRG）付费。

四是积极推进基本医疗保险异地就医即时结算。2016年12月，人社部、财政部印发《关于做好基本医疗保险异地就医住院医疗费用直接结算工作的通知》，正式启动异地就医住院费用的直接结算工作，不断规范和完善直接结算工作，并且从异地就医住院费用的直接结算迈向兼顾异地门诊费用的直接结算。

（四）全面深化改革与追求高质量发展阶段（2018年以来）

党的十九大以来，出台了一系列政策举措，全面推进医疗保障制度改革，优化制度设计与治理结构，推动医疗保障的高质量发展。

一是医疗保障制度改革的顶层设计日益清晰。2020年《中共中央、国务院关于深化医疗保障制度改革的意见》的发布，是新时代全面深化医疗保障制度改革的纲领性文件，强调要加快建成覆盖全民、城乡统筹、权责清晰、保障适度、可持续的多层次医疗保障体系。2021年9月15日，国务院常务会议审议通过“十四五”全民医疗保障规划，对“十四五”时期医疗保障制度的改革与发展做出了部署。

二是医疗保障管理体制改革取得重大进展。党的十九大以后，在深化党和国家机构改革的过程中，积极推进医疗保障管理体制改革，并取得了重大进展。在2018年的机构改革中，成立了国家医疗保障局，整合了原来由人社部、国家卫计委、国家发改委、民政部等部门的医疗保障管理职责，统筹推进“三医联动”改革。

三是充分发挥医疗保障的反贫困作用。在反贫困过程中，注重发挥医疗保障的作用，减轻贫困人口的医疗负担，防止“因病致贫”“因病返贫”现象的发生。2018～2020年，国家相关部门连续发布多项医疗保障反贫困的政策文件，提出了一系列推进医疗保障反贫困的举措。

四是不断加强和完善医保基金监管。为确保医保基金的安全、公平和高效，国家积极加强医保基金监管。2018年11月，国家医疗保障局、财政部办公厅出台了《欺诈骗取医疗保障基金行为举报奖励暂行办法》。2020年6月，国务院办公厅发布《关于推进医疗保障基金监管制度体系改革的指导意见》。2020年12月，国务院第117次常务会议通过《医疗保障基金使用监督管理条例》，对使用医疗保障基金监督管理做出了更加具体的规定，提出了一系列具体思路和举措。

五是完善医疗保障待遇补偿机制。主要体现在五个方面：第一，探索建立医疗保障待遇清单制度。确定了基本医疗保障的内涵，厘清了待遇支付的边界，明确了政策调整权限，规范了医疗保障决策制定流程。第二，深入推进支付方式改革。全面推行以按病种付费为主的多元复合式医保支付方式。第三，不断完善异地就医即时结算工作。2019年5月，《国家医保局、财政部关于切实做好2019年跨省异地就医住院费用直接结算工作的通知》。2021年4月，《国家医保局、财政部关于加快推进门诊费用跨省直接结算工作的通知》。第四，推动完善“互联网+”医疗服务的医保支付政策。2019年8月，《国家医疗保障局关于完善“互联网+”医疗服务价格和医保支付政策的指导意见》。2020年10月，《国家医疗保障局关于积极推进“互联网+”医疗服务医保支付工作的指导意见》。第五，建立健全职工基本医疗保险门诊共济保障机制。2021年4月，《国务院办公厅关于建立健全职工基本医疗保险门诊共济保障机制的指导意见》，强调建立完善职工医保普通门诊费用统筹保障机制。

六是积极发挥医疗保障在疫情防控中的作用。为应对突如其来的新冠肺炎疫情，积极推动疫情防控，充分发挥医疗保障在疫情防控中的重要作用，相关部门出台了一系列政策文件。2020年1月，《国家医疗保障局、财政部关于做好新型冠状病毒感染的肺炎疫情医疗保障的通知》，强调确保患者不因费用问题影响就医。2020年2月，《国家医保局、财政部、税务总局关于阶段性减征职工基本医疗保险费的指导意见》，对职工医保单位缴费部分实行减半征收，减征期限不超过5个月。此外，国家医疗保障局等部门发布了相关政策文件就疫情期间优化医疗保障经办服务、开展“互联网+”医保服务提出了具体要求。

七是在医疗保障治理现代化方面取得了积极进展。推动医疗保障的信息化、标准化建设，医疗保障信息平台建设工程项目进入了实施阶段，完成了15项医保信息业务编码标准制定工作，开通了“医保信息业务编码标准数据库动态维护”窗口。①

二　医疗保障制度发展面临的问题与挑战

在未来的改革进程中，需要正确认识和解决医疗保障制度存在的问题，积极应对面临的挑战，推动医疗保障制度的公平、有效、高质量、可持续发展。

（一）存在的问题

1. 尚未实现人群全覆盖，部分人群的参保依然存在问题

总体来看，我国基本医疗保障制度保持着较高的覆盖面，基本实现了全覆盖，但是依然有少部分人尚未参加基本医疗保险，尤其是部分城乡居民。2020年参加全国基本医疗保险的人数为136131万人，参保率稳定在95%以上，其中参加全国城乡居民基本医疗保险的人数为101676万人，比上一年减少0.8%。② 可见，我国基本医疗保险参保方面依然存在漏洞，参保人数略有减少，主要是城乡居民基本医疗保险尚未实现全覆盖。基本医疗保险的参保扩面面临三个方面的难题：一是部分低收入人群或相对贫困人口因为缴费能力不足而不能参保；二是部分农村劳动力外出务工、流动性较大，未能

① 郑功成：《“十四五”时期中国医疗保障制度的发展思路与重点任务》，《中国人民大学学报》2020年第5期，第2～14页。

② 数据来源：国家医疗保障局：《2020年全国医疗保障事业发展统计公报》，https://www.cn-healthcare.com/articlewm/20210610/content-1230517.html。

及时参保；三是由于居民医疗保险的自愿参保原则、日益上涨的个人缴费和定额缴费的不合理性导致部分人群产生逆向选择行为而不参保。因此，未来基本医疗保险的参保扩面面临稳定参保人群和实现全覆盖的双重任务。

2. 基本医疗保险制度模式不完善，个人账户存在诸多问题

“统账结合”的基本制度模式在实践中试图兼顾公平与效率，但是效果不太理想，尤其是个人账户在实践中既没有体现出公平性，影响制度的互助共济性，也没有体现出效率性。基本医疗保险中的“基本”定位不明确，长期以来，基本医疗保险主要是“保大病”“保住院”，而忽视了“保小病”“保慢性病”“保门诊”，影响了基本医疗保险制度的保障效果。个人账户的定位不明确，资金的管理和使用比较混乱，导致了个人账户资金的使用不规范和低效率。个人账户在实践中引起了诸多争议，甚至有不少声音建议取消个人账户，全部实行社会统筹和现收现付。因此，制度模式的完善和个人账户的改革将成为未来基本医疗保险制度改革的一项重要任务。

3. 基本医疗保险制度发展不平衡，公平性与再分配作用不足

由于制度相对分散、制度设计的不完善，基本医疗保险制度发展不平衡比较明显，影响基本医疗保险制度的公平性和收入再分配作用。主要体现为职工医保与居民医保之间、不同地区之间基本医疗保险的发展不平衡。

从不同类型医保制度的待遇水平来看，2020 年，城镇职工基本医疗保险政策范围内住院费用基金支付 85.2%，其中二级、一级及以下医疗机构政策范围内住院费用基金支付分别为 86.9%、88.7%，分别高于三级医疗机构 2.6 个、4.4 个百分点。城乡居民基本医疗保险政策范围内住院费用基金支付 70.0%，按医疗机构等级分，政策范围内住院费用基金支付分别为：三级 65.1%、二级 73.0%、一级及以下 79.8%。其中二级、一级及以下医疗机构政策范围内基金支付共为 74.6%，比三级医疗机构支付比例高出 9.5 个百分点。[①] 可见，城镇职工与城乡居民的基本医疗保险待遇差距明显。不同人群基本医疗保险的待遇差距较大也体现在筹资水平的差异方面。农民、

① 数据来源：《2020 年全国医疗保障事业发展统计公报》。

城乡居民、城镇职工三类人群基本医疗保险的筹资水平约为1∶2∶8，如果考虑机关、事业单位职工所享有的公务员医疗补助，则农民、城乡居民、企业职工、公务员的基本医疗保险筹资水平比大约为1∶2∶8∶12。①

从不同地区之间基本医疗保险制度的发展来看，由于经济发展水平和财政实力的差异，各地医保制度的发展水平也存在明显差距。以城乡居民医保的财政补贴为例，上海市对居民基本医疗保险财政补贴最高达到每人每年6000元，北京市在4000元左右，而大多数西部地区采取的是国家最低标准（400～500元），地区差距较大。在实践中，由于种种原因，各地基本医疗保险的实际费率差异较大，高低相差悬殊，有的实际费率是统筹地区规定费率的近2倍。比如，宁波市用人单位缴费率曾高达11%。② 城乡、地区之间的医疗服务资源差异较大，影响了基本医疗保障的公平性。

4. 基本医疗保险的筹资机制不完善，责任分担不合理

筹资与待遇直接关联，也直接影响基本医疗保险的公平性与可持续性，主要体现在以下几个方面。

一是筹资模式不完善。目前基本医疗保险“以收定支”的筹资模式难以有效应对人口老龄化的挑战，在参保对象医疗需求不断增长、待遇水平不断提高的背景下，更是影响制度的可持续发展。

二是单位与个人的缴费责任分担不合理。在目前的职工基本医疗保险缴费中，名义上单位与个人缴费率分别是工资额的6%和2%，实际上一些地方的单位缴费早已突破了6%，个别地方提高到了9.5%甚至更高；在农村居民医疗保险缴费中，政府补助与个人缴费之比从2003年的2∶1，发展到目前的3∶1至4∶1，个别地方甚至达到10∶1。③ 郑秉文教授经过对2020年116个城市医保缴费率的整理发现，职工医保用人单位缴费率的简单平均值

---

① 何文炯：《建设更加公平可持续的医疗保障制度》，《中国行政管理》2014年第7期，第21～24页。

② 宁波市人力资源和社会保障局：《关于基本医疗保险有关政策调整的实施意见》。

③ 郑功成：《从政策性文件主导走向法治化：中国特色医疗保障制度建设的必由之路》，《学术研究》2021年第6期，第80～89页。

为7.2%，高于规定的6%，职工个人缴费率的简单平均值为1.94%，低于规定的2%，单位与个人的缴费比值平均为3.7∶1。[①]

三是地区之间的筹资水平差距较大。不同地区职工医保的筹资差异较大，比如，东莞市职工医保的单位缴费比例仅为缴费基数的2%左右，而北京市职工医保的单位缴费比例为12%。[②]

四是居民医疗保险定额缴费不科学。居民医保采取的是定额缴费方式，个人缴费多少与收入缺乏关联性，容易导致个人缴费负担偏重的问题，影响个人缴费和参保的积极性，近年来，各地农民对新型农村合作医疗个人定额缴费不断上涨的问题反映比较突出，认为个人缴费偏多影响了获得感，进而在一定程度上影响了参保的积极性。

5. 医疗保障的治理能力依然不足，距离治理现代化存在差距

由于诸多方面的原因，目前我国医疗保障的治理能力依然不足，距离治理现代化还有明显差距，主要体现在以下几个方面。

一是医疗保障的信息化、标准化建设有待继续加强。虽然目前在这方面取得了积极进展，但依然不充分，难以满足医疗保障的发展需求，整体规划不足，全国统一、与相关系统关联共享的医疗保障信息系统和标准化建设仍处于推进阶段，还很不成熟，信息壁垒问题依然明显。大数据、人工智能、互联网等现代信息技术手段在医疗保障筹资、给付、服务、监管等方面的运用依然不够充分。

二是医疗保障的法律法规不完善。目前我国医疗保障的法制化还非常欠缺，还没有专门的医疗保障法律法规，只是在《社会保险法》中有一些涉及医疗保险的原则性规定，而且相关内容已经滞后于实践发展。而医疗保障制度体系的定型与成熟、管理运行、相关主体权利义务关系的规范均有赖于医疗保障法制建设，未来亟需推进相关建设。

---

① 郑秉文：《“十四五”时期医疗保障可持续性改革的三项任务》，《社会保障研究》2021年第2期，第3～14页。

② 吕国营：《新时代中国医疗保障制度如何定型?》，《社会保障评论》2020年第3期，第39～46页。

三是医疗保险经办服务能力落后。这是制约医疗保障制度发展的重要因素之一，主要体现为管理服务体制不顺、经办机构定位不清、经办能力与经办效率不足等方面。医疗保险的经办服务机构大多数属于政府部门的附属机构，行政性与官僚色彩明显，缺乏独立性与专业性，制约经办服务效率与质量的提升。在医疗保障管理体制变革和医疗保险覆盖人数较多的背景下，医疗保险经办服务能力建设不足，硬件设施、人力资源、业务规范等方面还不完善，经办服务压力较大。有学者根据相关统计数据整理发现，全国经办机构工作人员编制数与参保人数配置比在 1∶1.33 万左右，某些省份甚至达 1∶4 万。① 一些地方的经办机构工作负荷较重，不得不临时聘用一些人员，影响经办服务的专业性和质量。

四是基本医疗保险的统筹层次偏低。长期以来，我国基本医疗保险处于较低的统筹层次，尤其是居民医疗保险，大多数处于县、市级统筹状态，不同人群制度分割、不同地区制度分散，加剧了医疗保险的碎片化，使得各地筹资和待遇水平差异较大，分散了有限的医疗保险资源，不利于基本医疗保险制度的公平与可持续发展。

五是基本医疗保险基金的管理与使用问题频发。近些年来，一些地方在基本医疗保险基金的管理、使用方面存在诸多问题，骗取、欺诈、浪费医保基金的现象时有发生，严重损害了基本医疗保险基金的安全。在每年的医保基金治理中均发现了不少问题，2020 年全年共查处违法违规违约医药机构 40.1 万家，其中解除医保协议 6008 家、行政处罚 5457 家、移交司法机关 286 家；各地共处理违法违规参保人员 2.61 万人，其中暂停结算 3162 人、移交司法机关 2062 人；全年共追回资金 223.1 亿元。② 如何科学地加强医保基金的管理，确保基金安全、高效使用，成为未来医疗保障治理的一项重要任务。

---

① 华颖：《中国医疗保险经办机制：现状评估与未来展望》，《西北大学学报》（哲学社会科学版）2020 年第 3 期，第 157～166 页。

② 数据来源：《2020 年国家医疗保障事业发展统计公报》，https：//www. cn - healthcare. com/articlewm/20210610/content - 1230517. html。

6. 医疗保障制度改革的协同性与联动机制不完善

医疗保障制度改革是一项十分复杂的系统工程，与之关联的因素较多，尤其是涉及管理服务体制、医疗服务体系、药品采购等重要方面。在目前的改革过程中，往往各自为政，就医保谈医保，相对忽视了医疗保障与医疗服务、药品流通与采购等方面的联动改革，影响和制约了改革的整体效应。医疗、医保与医药是维护公民健康的“三驾马车”，目前这三个方面归属于不同的部门管理，到目前为止尚未形成科学的“三医联动”机制，医药卫生体制改革有待继续深化。就医疗保障在“三医联动”改革中的作用而言，其作用发挥仍不充分，医疗保障对医疗服务和医药市场约束力有限。比如，分级诊疗试图以医保的价格杠杆引导患者向基层流动，但在不同级别医疗机构医疗资源配置悬殊、健康守门人制度缺乏、民众就医观念不改变的背景下，医保对医疗服务的撬动和引导作用仍难以有效发挥。[①] 因此，仅仅着眼于医疗保障的改革或单一层面的改革，难以取得理想的效果。

7. 多层次医疗保障制度体系不成熟

目前我国的医疗保障制度层次相对比较单一，不利于满足不同人群多样化的医疗保障需求。相比而言，基本医疗保险的发展成就更加显著，2020年，我国参加基本医疗保险的人数达到136131万人，参保率稳定在95%以上，全国基本医保基金（含生育保险）总收入24846亿元，占当年GDP比重约为2.4%，总支出21032亿元，占当年GDP比重约为2.1%；全国基本医保基金（含生育保险）累计结存31500亿元，其中职工基本医疗保险个人账户累计结存10096亿元。[②] 当然，如前所述，基本医疗保险依然存在不少问题，尚未实现定型与成熟发展。与之相比，补充医疗保障的发展更为滞后。目前我国的补充医疗保障和商业健康保险发展严重不足，慈善医疗也没有引起足够重视。

---

① 仇雨临、王昭茜：《我国医疗保险制度发展四十年：进程、经验与展望》，《华中师范大学学报》（人文社会科学版）2019年第1期，第23～30页。

② 数据来源：《2020年全国医疗保障事业发展统计公报》，https：//www. cn - healthcare. com/articlewm/20210610/content - 1230517. html。

基本医疗保障制度的不完善是制约医疗保障体系多层次发展的重要原因，目前我国的基本医疗保险的保障功能定位不清，存在保障过度与保障不足并存的问题，既增加了政府财政负担，又没有充分利用市场和社会的保障资源，不利于其他层次医疗保障制度的发展。从国际比较的角度来看，中国卫生健康和医疗保障的公共筹资比重为68%，已超过 OECD 成员国和高收入国家组 6 个百分点，而这些国家的人均 GDP 却高出中国 3 ~4 倍。中国的商业健康保险仅占筹资结构的4%，大大低于绝大部分发达国家，甚至低于低收入国家组和世界平均水平。①

基本医疗保险、大病医疗保险、医疗救助等制度的衔接不够，也在一定程度上影响了多层次医疗保障体系的发展。基本医疗保险中的“基本”定位不够明确，其中政府、单位、个人的责任划分不尽合理。医疗保障中基本保障与补充保障的界限不够清晰。基本医疗保障中的大病保障功能与大病医疗保险的关系不够明确，大病医疗保险与医疗救助的衔接不顺畅。

（二）面临的挑战

未来医疗保障体系的发展不但要充分把握并解决以上这些问题，而且要充分审视医疗保障制度未来发展面临的压力与挑战，在实践中迎难而上，积极应对挑战。

一是人口快速老龄化将带来快速增长的医疗保障需求和压力。人口老龄化不仅带来较大的养老压力，同时也带来较大的医疗保障压力。根据历次全国人口普查数据，我国人口老龄化呈现加速推进的趋势，已经进入了老龄社会，并将快速进入超老龄社会。由于老年人口生理机能的减弱，患病率随着年龄而上升，尤其是高龄老人，患病率更高，医疗支出压力更大。老年人口数量的快速增加意味着日益增长的医疗保障需求。而目前医疗保障制度设计还存在不少问题，筹资机制、补偿机制和管理服务机制均不理想，迫切需要

① 郑秉文：《“十四五”时期医疗保障可持续性改革的三项任务》，《社会保障研究》2021 年第 2 期，第 3 ~14 页。

进一步改革完善医疗保障体系，应对人口老龄化带来的挑战。在现行制度规定中，退休职工不需要纳缴医疗保险费，职工医保的“系统老龄化”问题更值得高度重视。①

二是城乡居民对健康的需求水平日益升级，对医疗保障制度提出更高要求。随着经济发展水平与生活水平的提升，劳动者与城乡居民的医疗保障需求也在不断升级。在新发展阶段，人们对美好生活的追求意味着对健康的需求和医疗保障的需求也在升级，尤其体现在从医疗需求向健康需求的转变，通过实现健康需求的满足进而提升个人生活质量与幸福程度。重视疾病预防，减少疾病的痛苦，成为大多数人的意愿。城乡居民对健康需求的升级意味着对医疗保障制度的改革与发展提出了更高要求，未来需要实现更高质量的医疗保障。

三是疾病谱的变化增加了医疗保障的复杂性与压力。在我国城镇化、工业化进程加快推进的过程中，人们的健康风险与伤害风险也随之日益增长，疾病谱发生了明显变化，即从传统的传染性疾病为主向慢性病为主转变，重大疾病也更加常见。恶性肿瘤、脑血管病、心脏病、呼吸系统疾病、糖尿病等慢性非传染性疾病成为居民死亡和患病的主要疾病种类，根据相关统计，我国的慢性病患者已超过3亿人，慢性病致死人数占到全国因病死亡人数的80%，导致的疾病负担占到总疾病负担的70%。② 以往慢性病患者以老年人为主，近些年来有年轻化的趋势，尤其是高血压、糖尿病在年轻人中比较常见。可见，疾病谱的变化增加了医疗保障的复杂性与压力，而目前医疗保障在推进慢性病防治、减轻慢性病患者医疗负担方面还不够理想，需要推动医疗保障制度的改革与完善，确保实现“病有所医”的目标。

四是就业形态的多样化与人口快速流动对医疗保障带来冲击。就业形态

① 何文炯：《建设更加公平可持续的医疗保障制度》，《中国行政管理》2014年第7期，第21～24页。

② 《我国慢病患者已超3亿人　专家：慢病治疗不应依赖某种药物》，中国网财经频道，http://finance.china.com.cn/news/20170512/4210999.shtml。

日趋多样化，灵活就业、非正规就业已经成为众多劳动者的选择，数字经济、共享经济和新业态的兴起是经济社会发展的重要趋势，与之相关的社会保险政策需要进行调整与完善。以共享经济为例，由于政策上无法判定劳动者与平台之间是否存在雇佣关系，所以导致整个社会保险制度面临着巨大挑战。① 在互联网经济下，“一仆多主”“无主用工”“租赁员工”“共享员工”等多种劳动就业方式并存，以标准就业或正规劳动关系为基本依据的职工基本医疗保险面临挑战。② 在大力推进工业化与城镇化的过程中，人口流动日益频繁，2017 年，我国流动人口总量超过 2 亿人，占总人口的比重接近 18%。③ 人口的快速流动对于基本医疗保险的参保扩面、缴费筹资、待遇补偿、管理服务等方面均带来了压力和挑战。

三 完善医疗保障制度的思路与对策

（一）目标思路

党的十八大以来，我国不断深入推进包括医疗保障在内的医药卫生体制改革，不断强化医疗保障的顶层设计，未来改革与发展的目标思路基本清晰。2020 年 2 月，《中共中央、国务院关于深化医疗保障制度改革的意见》的发布，成为未来医疗保障制度改革与发展的重要依据。

从医疗保障管理运行的角度来说，未来应该实现医疗保障的公平、有效、高质量、可持续发展目标。公平是推进共同富裕背景下医疗保障制度发展的必然要求，需要进一步改革完善医疗保障的筹资机制与待遇补偿机制，

---

① 吴清军、张艺园、周广肃：《互联网平台用工与劳动政策未来发展趋势——以劳动者身份判定为基础的分析》，《中国行政管理》2019 年第 4 期，第 116～123 页。

② 郑功成：《“十四五”时期中国医疗保障制度的发展思路与重点任务》，《中国人民大学学报》2020 年第 5 期，第 2～14 页。

③ 数据来源：《统筹人口发展战略 实现人口均衡发展——改革开放 40 年经济社会发展成就系列报告之二十一》，国家统计局网站，http：//www.stats.gov.cn/ztjc/ztfx/ggkf40n/201809/t20180918_1623598.html。

推进医疗保障制度整合，优化医疗保障制度设计，增强医疗保障的互助共济性与收入再分配效果。有效就是要提高医疗保障管理服务的效率、制度运行的效率、基金管理与使用的效率，使效率与公平相互促进。高质量是未来医疗保障发展的重要方向，需要继续深化基本医疗保障制度改革，完善基本医疗保险与医疗救助制度，同时注重运用市场、社会机制与资源，大力推进补充医疗保险、商业健康保险与慈善医疗保障的发展。可持续是医疗保障制度改革的重要目标，需要坚持医疗保障制度与人口、经济、社会发展相适应，尤其是在人口快速老龄化的背景下，需要进一步优化医疗保障的筹资机制与补偿机制，既考虑年度收支平衡，又确保长期的收支平衡。

我国医疗保障制度的未来发展趋势可以概括为几个方面：一是从数量扩展走向质量提升。未来需要在目前基本医疗保障覆盖绝大多数人口的基础上，进一步优化制度设计，实现医疗保障的高质量发展。二是从医疗保障走向健康保障。目前的基本医疗保障主要强调被动的疾病治疗保障，相对忽视了主动的疾病预防，未来需要完善医疗保障的理念与制度，更好地发挥医疗保障的健康促进功能。在从医疗保障走向健康保障的过程中，需要加强医疗保障与医疗服务的结合，提升医疗服务水平。三是从责任失衡走向责任优化。这里的责任优化不是指严格意义上的平均分担筹资责任，而是基于制度属性合理分担筹资责任，不但单位和个人之间的责任划分需要更加合理，中央与地方的责任划分也需要更加明晰，此外，多层次医疗保障中的政府、市场、社会主体的责任划分也需要进一步优化。四是从分散独立走向协同整合。针对目前医疗保障制度相互独立和分散而制约制度的公平性、效率性与可持续性问题，未来需要深入推进制度整合与资源整合，增强不同地区、不同群体医疗保障的公平性，需要加强不同层次医疗保障制度之间的衔接，推动医保、医疗、医药之间的联动。五是从常态保障走向兼顾应急保障。目前我国主要强调发挥医疗保障的常态化保障功能，而相对忽视了医疗保障体系的应急功能，未来需要更好地完善医疗保障的功能，整合医疗保障基金与公共卫生资源，发挥医疗保障在应对公共卫生危机与重大疫情防控中的积极作用。

（二）对策建议

为实现以上目标思路，充分解决医疗保障制度存在的诸多问题，建议从以下几个方面推进改革。

1. 加强特殊群体保障，弥补医疗保障覆盖缝隙

未来需要在稳固现有覆盖人数的基础上继续扩大医疗保障的覆盖面，真正实现人人享有医疗保障的目标，确保实现“应保尽保”。在此过程中，需要积极加强特殊群体的医疗保障，以特殊群体为重点巩固全覆盖的成果，持续拓展覆盖人数。重点推进新业态从业人员、灵活就业人员、低收入群体、流动人员、城乡居民的参保工作，可以从以下几个方面着手：一是进一步优化医疗保障制度设计，适当提升医疗保障待遇水平，增强医疗保障制度的激励性与吸引力，吸引劳动者和居民自觉主动参保。二是取消参保的户籍限制，实行属地参保原则，使所有居民平等享受医疗保障权利。三是提高医疗保险的统筹层次，完善医疗保险异地就医即时结算办法，增强医疗保障的便携性，确保流动人口参保后医疗保障权益的实现，避免和减少断保现象的发生。四是充分运用现代信息技术手段加强收入识别，为低收入者和贫困人口提供适应的参保缴费支持，尤其是在巩固脱贫攻坚成果的过程中，需要防止没有医疗保障而导致因病返贫现象的发生。

2. 完善基本医疗保险制度模式，加强制度整合与衔接

在制度模式方面，继续完善“社会统筹与个人账户相结合”的基本医疗保险制度模式，继续优化基本医疗保险制度设计。需要明确基本医疗保险“保基本”的制度定位，增强基本医疗保险制度的公平性、效率性与可持续性。继续做大基本医疗社会统筹部分，增强互助共济性。针对个人账户在实践中的诸多问题，积极推进个人账户改革，探索个人账户的家庭共享，继续做小个人账户，甚至可以探索取消个人账户。当前需要进一步完善基本医疗保险个人账户的功能，稳步消化个人账户积累资金，提高个人账户资金的使用效率。可以在多层次医疗保障体系框架下优化基本医疗保险的制度模式，调整基本医疗保险的制度结构。

在制度整合方面，需要在城乡居民基本医疗保险整合的基础上继续推进制度整合，研究探索居民医保制度与职工医保制度的整合，缩小职工与居民的医保制度差异与待遇水平差异，包括参保对象、筹资机制、基金管理、待遇补偿、经办服务的整合。制度的整合不意味着筹资水平的绝对相等，而是统一缴费费率。

在制度衔接方面，需要加强各类医疗保险制度的衔接、医疗保险与医疗救助之间的衔接。需要处理好基本医疗保障中的保大病的职能与大病保险、医疗救助之间的关系，明确各种职责定位，形成严密的医疗保障制度体系，减轻低收入家庭和贫困家庭的就医负担。需要明确医疗保险与医疗救助二者的功能定位，一方面，尽可能将所有人纳入医疗保险的范围，支持贫困群体参加医疗保险，实现“应保尽保”；另一方面，要充分发挥医疗救助的兜底功能，确保贫困人口患病时获得救助，实现“应救尽救”。

3. 建立合理的责任分担机制，完善医疗保障的筹资机制

主要是合理划分政府、单位、个人之间的筹资责任，合理划分中央政府与地方政府之间的筹资责任，增强医疗保障制度的可持续性。

一是探索以支定收的基本医疗保险筹资模式。以收定支的筹资模式不利于参保者医保权益的实现，尤其是在应对人口老龄化、促进制度可持续发展方面存在先天不足，未来应该兼顾当期平衡与长期平衡，积极适应人口老龄化的医保筹资需求。

二是建立医疗保险精算平衡机制。维护社会保险自我平衡的财务机制，防范医疗保险收支失衡风险，减轻政府压力。作为社会保险项目之一，基本医疗保险同样应该遵循社会保险的精算原理，未来需要建立基本医疗保险精算平衡机制，加强基本医疗保险数据积累和定量分析，探索建立基本医疗保险精算报告制度。①

三是改革居民医保定额缴费制度。目前居民基本医疗保险的个人缴费没

① 何文炯、杨一心：《医疗保障治理与健康中国建设》，《公共管理学报》2017 年第 2 期，第 132 ~ 139 页。

有与个人收入关联，与职工个人缴费机制存在明显差异，影响了医疗保险制度的公平性，并对基金运行和政府财政造成巨大压力。需要逐步改革居民医保的定额缴费制度，探索按居民人均可支配收入的一定比例进行缴费。同时需要考虑居民的缴费承受能力和受益水平，在完善缴费机制的同时改革完善补偿机制，提升受益面和受益水平。

四是逐步形成单位与职工平均分担缴费的责任分担机制。针对当前职工医保缴费中单位比重过高的问题，建议未来逐步降低单位缴费水平，逐步提高个人缴费水平，最终朝向单位与个人平均分担缴费的责任分担机制。这既有利于减轻单位的缴费负担，也有利于增强个人的责任意识，增强制度的可持续性。

五是完善中央转移支付，加大医疗救助资金投入力度。主要强调政府的兜底线职能，发挥政府在医疗保障中的兜底作用，加强对特殊人群的缴费支持，促进基本医疗保险制度的人群全覆盖。在医疗救助方面，需要进一步加大资金投入力度，防止因病返贫现象的发生。需要完善转移支付机制，加大中央对中西部地区医疗救助的资金支持。

4. 完善待遇补偿机制，进一步减轻参保者的医疗负担

未来需要围绕增强医疗保障制度的公平性、完善医疗保障制度的功能、减轻参保者负担而推进改革。

一是完善基本医疗保险基金支出结构。目前基本医疗保险制度主要强调保大病、保住院，强调对于疾病治理的保障，未来需要优化基金支出结构，在做好大病保障和住院保障的同时，积极推进门诊统筹，完善慢性病治疗的医疗保障机制，探索建立预防保健支出的医疗保障补偿机制，发挥基本医疗保险制度保大病与保小病相结合、保治疗与促预防相结合的功能。

二是继续深化医疗保险支付方式改革。在现有支付方式改革的基础上，统筹考虑费用控制与医疗服务质量，继续深化支付方式改革，综合运用按人头付费、按项目付费等付费方式。全面推行规范科学的 DRG 付费机制，健全以按病种付费为主的多元复合式医保支付体系。充分运用和完善医疗保险的谈判机制，发挥医疗保险的费用控制作用。

三是完善异地就医即时结算制度。继续优化异地就医即时结算办法，简化异地就医备案手续，建立和完善统一的医保信息系统，加强异地就医的医保支付与医疗服务监管。在异地就医住院费用即时结算的同时，做好门诊费用的即时结算工作，减轻流动人口的医疗负担。

四是完善医疗保障待遇清单制度。需要在现有政策文件的基础上，加快建立和完善医疗待遇清单制度。坚持有所为与有所不为相结合，通过实践探索，形成更加完善、具体的医疗保障待遇清单，明确可以支付和不可以支付的范围。进一步理清基本保障的内涵，明确不同主体的责任及其边界，完善医疗保障的决策机制，规范医疗保障基金的支付行为。

五是适当提升医疗保障的待遇水平。适当扩充基本医疗保险基金支出的目录范围，并定期调整报销的目录范围。适当提高基本医疗保险的报销比例，适当提高封顶线、降低起付线。探索大病保险支付由基金封顶转向个人自付封顶，有效化解城乡居民的灾难性医疗支出风险，防止和减少因病致贫、因病返贫现象的发生。进一步扩大医疗救助范围，提升医疗救助的待遇水平。改革现行医疗救助识别办法，建议将低收入家庭和贫困家庭均纳入医疗救助范围，对于上述家庭出现的灾难性医疗支出，均应当按照实际医疗负担给予救助。对于罕见病的治疗，应该提供更高水平的兜底医疗救助。①

六是统筹使用公共卫生资金与医疗保险基金。未来需要积极发挥医疗保障的常态化保障功能与应急保障功能。针对目前公共卫生资金与医疗保险基金完全独立、分开使用的状况，基于疫情防控实践，整合公共卫生与医疗保障资源，将疾病预防、健康检查、健康管理、疾病治疗、突发公共卫生疾病（传染病）诊治、护理康复等项目组合成一个全方位、全流程的体系②，促进从医疗保障向健康保障的转变。应该总结“非典”和新冠肺炎等公共卫

① 龙玉其、王延中、宁亚芳：《“十四五”时期社会保障发展的目标思路与关键举措》，《经济学动态》2020 年第 8 期，第 105 ~ 118 页。

② 仇雨临、王昭茜：《守正、发展与创新：“十四五”时期医疗保障的完善思路》，《行政管理改革》2021 年第 4 期，第 32 ~ 41 页。

生事件的经验教训，健全公共卫生事件应对机制，注重发挥医疗保险基金的战略性购买作用，完善公共卫生事件医保基金支付管理机制，减轻公共卫生事件中患者的医疗负担。

5. 提升医疗保障治理能力，实现医疗保障治理现代化

治理现代化是未来医疗保障发展的目标方向，应该从以下几个方面积极推进医疗保障治理现代化。

一是加快医疗保障法制建设。当务之急是加快修订完善《社会保险法》和尽快出台《医疗保障法》，并且在两部法律中对医疗保障的相关规定保持一致。《医疗保障法》已经处于征求意见过程中，期待尽快通过全国人大审议后正式出台。通过医疗保障法制建设明确政府、单位、个人等不同主体的职责及其权利义务关系，完善医疗保险的制度模式与制度设计，对医疗保险的筹资、补偿、经办服务、基金监管等内容做出具体规定，为医疗保障制度的定型成熟提供法制制度依据。

二是继续推进信息化、标准化建设。在现有基础上进一步加强医疗保障信息化、标准化的顶层设计，注重加强规划，统筹推进，分步实施，促进医疗、医保、医药行为的规范化、信息化与科学化发展。注重信息化与标准化的相互促进、协同推进。在医疗保障信息化、标准化建设过程中，注重加强与其他社会保障领域信息化与标准化的衔接，加强信息的整合共享。

三是加强经办服务能力建设。需要完善基本医疗保险的经办服务体制，建立独立、专业的医疗保险经办体系，切实做到管办分开，减少行政机构对经办机构的过度干预，真正实现经办机构的法人化发展。规范医疗保险经办服务流程，提高经办服务效率。加强经办机构的设施、人员投入，建设数量适度、专业化的经办服务队伍。加强经办服务系统的信息化建设，实现医疗保险经办服务的信息化、智能化发展，推动形成高效、便捷的医疗保险经办服务体系。

四是逐步提升基本医疗保险的统筹层次。职工基本医疗保险应该实现省级统筹，居民基本医疗保险需要全面实现地市级统筹，并向省级统筹迈进。

按照制度政策统一、基金统收统支、管理服务一体的标准，在完善体制机制的基础上，充分运用现代信息技术与科技手段，助力全面实现职工基本医疗保险省级统筹。①

五是完善医疗保障基金监管体系。医疗保障基金是“保命钱”，需要加强医疗保障基金的依法监管、严格监管、全面监管、科学监管，构建严密有效的监管体系。需要加强医疗保障基金监管的法制建设，做好《医疗保障基金使用监督管理条例》的实施工作，明确不同主体的监管责任，完善医疗保障基金的监管内容与监管方式。建立和完善医保领域失信惩戒机制，依法严厉打击医保骗保行为。充分利用大数据、区块链等信息技术，加强精准识别，实现医疗保障基金风险的全面、全过程监控。

六是积极推进“三医联动”改革。医疗问题与健康问题涉及诸多因素，这些因素相互联系、相互影响，应该全方位推进改革，增强改革的整体性、联动性、协调性。需要在继续全面深化医疗保障改革的同时，发挥医疗保障制度的牵引和推动作用，深化医药卫生体制改革，实现医疗、医保、医药领域的联动改革。实践证明，没有医疗服务与医药流通的有效配合，医疗保险制度便失去了稳定的基础；没有医疗保险制度的支撑，医疗服务与医药流通也必定受到制约。② 需要继续完善分级诊疗制度与全科医生制度，推进药品流通与采购机制，提升基层医疗机构的服务能力。

6. 加快推进多层次医疗保障体系建设

需要下大力气积极推进，加强政府、市场与社会等主体在多层次医疗保障中的合作，明确各主体的主要职责及相互关系。一是要充分发挥政府的主导作用，承担适度居民医疗保障的财政支出责任，兜牢低收入者和贫困人口医疗保障的底线，发挥基本医疗保障的“保基本”功能。二是大力发挥市场的作用，充分调动市场和个人的积极性，加强政府引导和激励，

① 龙玉其、王延中、宁亚芳：《“十四五”时期社会保障发展的目标思路与关键举措》，《经济学动态》2020 年第 8 期，第 105 ~ 118 页。

② 郑功成：《健康中国建设与全民医保制度的完善》，《学术研究》2018 年第 1 期，第 76 ~ 83 页。

促进商业健康保险的发展壮大，提高医疗保障水平，满足中高收入者的医疗保障需求。三是充分运用社会资源积极推动慈善医疗的发展，遵循公平、公益原则，强调医疗保障的收入再分配作用。明确医疗保障制度不同层次的定位，做好不同层次的衔接，包括制度功能、筹资水平、补偿水平的定位与衔接。

G.4

医疗保险基金运行的现状、问题与对策

李 佳　胡克栋　吴雪艾*

摘　要： 我国的医疗保险制度经历了从公费医疗、劳保医疗和合作医疗转向城镇职工基本医疗保险和城乡居民基本医疗保险的过程，医疗保险基金筹资来源更加多样化，医疗保险基金的管理更加复杂。目前我国医疗保险基金在提高医疗保障水平、维护人民群众健康等方面发挥了重要作用，但医疗保险基金在筹资、支付和监管等方面存在一些明显的问题，急需全面提升医保治理能力，推进医保筹资和待遇公平性，加快建设医保基金监管制度体系，严守基金安全红线。

关键词： 医疗保险基金　医保筹资　医保治理能力

一　我国医疗保险基金的运行现状

（一）参保人数持续上涨，覆盖面不断扩大

我国社会基本医疗保险制度的覆盖面不断扩大，参保人数逐年增多。总的来看，从 2015 年到 2020 年，我国的社会医疗保险参保人数急剧增加，从 2015 年的 66481.6 万人增加到 2020 年的 136131.1 万人，基本医疗保险的参保率也从 2015 年的 48.68% 上升为 2020 年的 96.52%，这当中，2017 年开

* 李佳，东北财经大学副教授；胡克栋、吴雪艾，东北财经大学硕士研究生。

始实现了跨越式发展，仅一年时间就将参保率从53.72%提升到84.68%（见表1）。

表1　中国基本医疗保险参保人数

单位：万人，%

项目	2015年	2016年	2017年	2018年	2019年	2020年
城镇职工基本医疗保险	28893.1	29531.5	30322.7	31680.8	32924.7	34455.1
城乡居民基本医疗保险	37588.5	44860.0	87358.7	102777.8	102482.7	101676.0
总计	66481.6	74391.5	117681.4	134458.6	135407.4	136131.1
参保率	48.68	53.72	84.68	96.42	96.43	96.52

资料来源：《中国统计年鉴（2021）》。

2015～2020年，我国城镇职工基本医疗保险的参保人数逐步攀升，从2015年的28893.1万人增加到了2020年的34455.1万人，6年间增加了5562万人，同比增长率维持在2%左右；城乡居民基本医疗保险参保人数由2015年的37588.5万人增加到2020年的101676.0万人，6年间参保人数增加了64087.5万人，我国城乡居民基本医疗保险的参保人数增长率极其快速，在扩大基本医保覆盖面上起到了巨大的作用。值得注意的是，在2019年和2020年城乡居民基本医疗保险的参保人数有所下降，2019年较之2018年减少了295.1万人，2020年较之2019年又减少了806.7万人。城乡居民医保参保人数连续两年出现下降，可能原因主要包括：其一，随着我国经济的发展，人民可支配收入增加，获得了稳定的收入来源，加入了城镇职工基本医疗保险；其二，我国在推进城乡居民基本医疗保险制度一体化过程中，对重复参保行为进行了清理；其三，我国为了提高城乡居民基本医疗保险待遇给付水平，相应的个人缴费标准也在提高，降低了部分低收入家庭的参保积极性。

（二）我国社会医疗保险基金运行状况总体良好

1. 我国社会医疗保险基金的收支状况

总的来看，我国社会医疗保险基金收入总体呈现出增加的趋势，从

2015 年的 11192. 9 亿元上升到 2020 年的 24846. 1 亿元，年均增长 17. 43%，其中 2017 年增速最快，达到了 37. 0%，2016 年、2018 年也在 18% 左右，2020 年基金收入增长率急剧下降，仅有 1. 7%；社会医疗保险基金支出也呈现出逐年增长的趋势，从 2015 年的 9312. 1 亿元上升到 2020 年的 21032. 1 亿元，年均增长达到 17. 58%，可以看出社会医疗保险基金的支出增长速度要快于收入。其中 2017 年、2018 年的增速较快，达到了 34. 0% 和 23. 6%，2016 年和 2019 年也维持在了 16% 左右，2020 年增速急剧下降，只有 0. 8%。社会医疗保险作为核心支付主体，使我国医疗保险基金收支金额持续增长，2019 年以来，医疗保险基金的收支增长速度趋于缓和。

其中，城镇职工基本医疗保险基金收入从 2015 年的 9083. 5 亿元增加到 2020 年的 15624. 6 亿元，年均增长 11. 9%，其中 2017 年增速最快，达到了 19. 5%，此后有所下降，直到 2020 年出现了负增长，增长率为 -1. 4%。城镇职工基本医疗保险基金支出逐年增加，2015 年为 7531. 5 亿元，2020 年为 12833. 9 亿元，年均增长 11. 6%，略低于基金收入增速。其中 2019 年最高，达到了 18. 3%，2020 年有所下降，仅有 1. 3%。

城乡居民基本医疗保险基金收入也呈现出不断增长的趋势，从 2015 年的 2109. 4 亿元增长到 2020 年的 9014. 0 亿元，年均增长 35. 9%，其中 2017 年增速最快，达到 101. 1%，2016 年和 2018 年增速也在 30% 以上，2018 年以后增速有所下降，2019 年和 2020 年增速都在 10% 以下，分别为 9. 3% 和 5. 1%。城乡居民基本医疗保险支出不断上升，由 2015 年的 1780. 6 亿元增加到 2020 年的 8115. 3 亿元，年均增速达到 36. 8%，高于基金收入增速。2017 年的增速达到 99. 8%，此后增速不断放缓，2020 年出现负增长，增长率为 -0. 9%（见表 2）。

2. 我国社会医疗保险基金储备稳步增加

首先，我国社会医疗保险基金当期结余数额呈现不断增长的态势，但是增长速度不断下降，2017 年增长率达 51. 5%，2018 年和 2019 年持续下降，2020 年略有上升，增长率为 6. 9%。我国社会医疗保险基金累计结余不断增长，2015 年为 12542. 8 亿元，到 2020 年增长到 31500. 0 亿元，年均增长 19. 9%，

表2 我国社会医疗保险基金收支状况

项目	2015年	2016年	2017年	2018年	2019年	2020年
社会医疗保险基金						
基金收入(亿元)	11192.9	13084.3	17931.3	21384.2	24420.9	24846.1
增长率(%)	15.5	16.9	37.0	19.3	14.2	1.7
基金支出(亿元)	9312.1	10767.1	14421.8	17822.5	20854.2	21032.1
增长率(%)	14.5	15.6	33.9	23.6	17.0	0.8
当期结余(亿元)	1880.8	2317.2	3509.5	3561.7	3566.7	3814.0
增长率(%)	21.1	23.2	51.5	1.5	0.1	6.9
累计结余(亿元)	12542.8	14964.3	19385.6	23469.9	27696.7	31500.0
增长率(%)	17.8	19.3	29.5	21.1	18.0	13.7
年度结余率(%)	20.2	21.5	24.3	20.0	17.1	18.1
城镇职工基本医疗保险基金						
基金收入(亿元)	9083.5	10273.7	12278.3	13537.8	15845.4	15624.6
增长率(%)	13.0	13.1	19.5	10.3	17.0	-1.4
基金支出(亿元)	7531.5	8286.7	9466.9	10706.6	12663.2	12833.9
增长率(%)	12.5	10.0	14.2	13.1	18.3	1.3
累计结余(亿元)	10997.1	12971.7	15851.0	18749.8	22554.1	25323.5
年度结余率(%)	20.6	24.0	29.7	26.4	25.1	21.7
城乡居民基本医疗保险基金						
基金收入(亿元)	2109.4	2810.5	5653.3	7846.4	8575.5	9014.0
增长率(%)	27.9	33.2	101.1	38.8	9.3	5.1
基金支出(亿元)	1780.6	2480.4	4954.8	7115.9	8191.0	8115.3
增长率(%)	23.9	39.3	99.8	43.6	15.1	-0.9
累计结余(亿元)	1545.7	1992.6	3534.6	4690.1	5142.5	6049.9
年度结余率(%)	18.5	13.3	14.1	10.3	4.7	11.1

资料来源：《中国统计年鉴（2021）》；国家医疗保障局。

其中，2017年、2018年增速都在20%以上，分别达到29.5%和21.1%，之后增速不断下降，2020年增长率为13.7%，虽然2018年以后增长率持续下降，但是增速依然维持在10%以上的高位。我国社会医疗保险基金的年度结余率平均增长率为20.12%，2017年之前逐年上升，之后开始下降，但始终维持在17%以上的水平。

其次，城镇职工基本医疗保险基金累计结余不断增加，2015年为

10997.1亿元，2020年增加到25323.5亿元，6年间增长了约1.3倍。城镇职工基本医疗保险基金的年度结余率平均增长率为26.25%，2015～2017年不断增加，2017年年度结余率最高为29.7%，2017年之后呈现出不断下降的趋势，从2017年的29.7%下降到2020年的21.7%，不过，2017～2020年依然保持在20%以上的高年度结余率。

城乡居民基本医疗保险基金累计结余数额逐年增加，2015年为1545.7亿元，2020年增加到6049.9亿元，增长了291.4%，增长速度十分惊人。城乡居民基本医疗保险基金的年度结余率平均增长率为12%，是低于城镇职工基本医疗保险的水平的，2015年的年度结余率是最高的，为18.5%，2015～2019年年度结余率不断下降，2019年最低为4.7%，2020年回升为11.1%。

（三）我国社会医疗保险保障力度不断增强

1. 我国社会医疗保险年均支出提高明显

我国社会医疗保险保障力度不断增强，社会医疗保险年均支出整体呈现增加的趋势。

我国社会医疗保险年均支出不断增加，从2015年的1398.6元增加到2020年的1539.3元，年均增长2.5%，2015～2016年增速持续上升，2017年突然出现了负增长，增长率为－15.3%，不过之后转为正向增长并且增速持续上升，2019年增速最高为16.2%，2020年增速下降为－0.1%。由此可见，我国社会医疗保险年均支出的稳定性有待加强。城镇职工基本医疗保险年均支出的增速基本平稳，2015年为2606.7元，2020年增加为3728.3元，年均增长8.0%，2020年出现负增长为－3.1%。我国城乡居民基本医疗保险年均支出增长速度极快，2016、2018以及2019年城乡居民基本医疗保险年均支出增长率均维持在15%以上，远远高于同期城镇职工基本医疗保险年均支出增长率，2018年增长率为近几年最高，达到22.1%，之后开始呈现出下降的趋势，2020年增长率为－0.1%。政府对社会医疗保险的财政补贴也在不断增加，通过表3可以看到，2015年城乡居民基本医疗保险财政补助标准为380元，此后年增30～40元，到2020年，已经达到550元。

表3　我国城乡社会医疗保险支出状况

单位：元，%

年份	社会医疗保险年均支出	增长率	城镇职工基本医疗保险年均支出	增长率	城乡居民基本医疗保险年均支出	增长率	城乡居民基本医疗保险财政补助标准
2015	1398.6	2.7	2606.7	10.1	473.7	3.6	380
2016	1447.4	3.5	2806.1	7.6	552.9	16.7	420
2017	1225.5	-15.3	3122.1	11.3	567.2	2.6	450
2018	1325.5	8.2	3379.5	8.2	692.4	22.1	490
2019	1540.1	16.2	3846.1	13.8	799.3	15.4	520
2020	1539.3	-0.1	3728.3	-3.1	798.2	-0.1	550

资料来源：《中国统计年鉴（2021）》；国家医疗保障局。

2. 我国社会医疗保险基金的支付比例不断提高

我国社会医疗保险在各级医疗机构的费用支付比例不断提高。首先，在城镇职工基本医疗保险住院费用支付比例方面，是不断升高的。在政策内支付比例上，2018～2019年是逐年上升的，无论是全国平均水平，还是各级医疗机构，其住院报销的比例均维持在80%以上。其中，2019年为最高值，分别为三级85.0%、二级87.2%、一级及以下89.3%，2020年政策范围内支付比例总体有所下调。住院费用实际支付比例2018～2019年也是逐年上升，2019年为最高值，分别为三级73.7%、二级80.9%、一级及以下85.2%。总体而言，住院费用实际支付比例是要低于政策内支付比例的。城乡居民基本医疗保险的住院费用支付比例不断扩大，在政策范围内支付比例方面，全国平均值由2018年的65.6%提升到2020年的70.0%，2020年达到最高值，2020年各级医疗机构政策范围内住院费用支付比例分别为65.1%、73.0%、79.8%。在住院费用实际支付比例方面，相较于2018年，2019年在全国平均值以及各级医疗机构住院费用报销比例方面都有明显的提升（见表4）。

表 4 我国社会医疗保险各级医疗机构住院费用支付比例

单位：%

	全国平均		三级		二级		一级及以下	
	政策内支付比例	实际支付比例	政策内支付比例	实际支付比例	政策内支付比例	实际支付比例	政策内支付比例	实际支付比例
城镇职工基本医疗保险								
2018 年	81.6	71.8	80.5	69.5	83.5	76.0	85.9	80.0
2019 年	85.8	75.6	85.0	73.7	87.2	80.9	89.3	85.2
2020 年	85.2		84.3		86.9		88.7	
城乡居民基本医疗保险								
2018 年	65.6	56.1	59.3	49.0	69.1	60.6	76.2	68.0
2019 年	68.8	59.7	63.6	53.5	72.1	64.1	77.5	69.9
2020 年	70.0		65.1		73.0		79.8	

资料来源：国家医疗保障局。

3. 我国社会医疗保险基金的支付范围不断扩大

我国社会医疗保险基金的支付范围正在不断扩大，医保支付的药品目录内药品种类数量正在变多。我国自 2017 年以来对国家医保药品目录多次进行调整，以西药和中成药种类为例，西药种类从 2017 年的 1297 种增长为 2020 年的 1426 种，并且每年都有几十种的增加数量；中成药种类也从 2017 年的 1238 种增长到 2020 年的 1374 种，平均每年增加几十种。药品总量从 2017 年的 2535 种增加到 2020 年的 2800 种，4 年共计增加 265 个药品种类（见表 5）。另外，2018 年国家医保局为进一步扩大医保基金支付范围，扩充三大目录内容，更好地解决群众看病负担过重的问题，对一些超高价格药品进行准入谈判，如抗癌药物价格下降幅度巨大。我国近年来不断对医保目录进行全方位的调整，充分为人民的需要考虑，对弱势群体开展全面的关怀举措，不断扩大医保基金的支付范围，切实减轻人民群众看病负担。

表 5　我国国家医保药品目录的药品数量

单位：种

项目	2017 年	2018 年	2019 年	2020 年
西药	1297	1345	1370	1426
中成药	1238	1243	1339	1374
总量	2535	2588	2709	2800

资料来源：国家医疗保障局。

（四）我国医疗保险制度改革成效显著

1. 医保支付方式改革取得重大进展

2020 年，我国在许多城市开启了 DRG 和 DIP 付费方式的试点工作，通过试用新型的医疗保险支付方式，充分发挥大数据的作用，不断完善病种目录库，达到控制成本的目的，并通过对医疗服务供需双方的行为进行规范，保证医保基金按照需要落实到位，最大限度地保障病人的利益。2021 年，DRG 和 DIP 付费方式将在实际操作中全面铺开，同时我国也在不断探索门诊支付方式改革，医疗保险费用支付方式的改革对控制医疗费用快速增长、提高我国医疗保险基金支付效率具有重大意义。

2. 跨省异地就医直接结算改革深化

首先，在各省之间的相互配合协作之下，进行住院费用跨省直接结算的定点医疗机构的数量近年来不断增加，从 2019 年的 2.76 万家大幅增加到 4.44 万家，增长了 60.87%。其次，更多人选择跨省直接结算，相应的医疗费用和医保基金的支出也不断增加。国家平台累计直接结算的医疗费用、基金支付分别从 2019 年的 648 亿元、383 亿元增加到 2020 年的 1759 亿元、1038 亿元。跨省异地就医对于患者来说，极大地提升了便利性，最大限度地减轻了人民的看病负担。最后，异地就医打通了全国各地之间的医保信息交流渠道，让医保信息更加透明准确，防止骗保等违法违规行为的发生。

3. 基金监管体制机制不断完善

根据表 6 显示，从检查定点医疗机构和零售药店的数量上可以很直观地看出我国正不断加强医疗保险基金的监管力度，定点医疗机构和零售药店的检查数量从 2018 年的 19.7 万家直接增加到 2019 年的 81.5 万家。定点医疗机构和零售药店的处罚力度也一直保持在较高的水平，每年查处的违法违规数量占比都维持在抽查机构数量的 30% 以上，2020 年更是达到了惊人的 67%。另外，解除医保协议、移交司法机关和查处违法违规参保人员数量也有不同程度的增加，其中解除医保协议数量从 2018 年的 1284 家增加到 2019 年的 6730 家，移交司法机关的数量从 2018 年的 127 家增加到 2019 年的 357 家，查处违法违规参保人员数量也由 2.4 万人增加到 3.31 万人，随着我国医保基金监管执法力度的加强，2020 年各项违法违规数量有所下降。

《医疗保障基金使用监督管理条例》于 2021 年 5 月 1 日起正式施行。以此为标志，我国医疗保险基金在规范化、法制化进程中迈出坚实的一步，在新施行的法规加持下，我国的医保基金使用效率将不断提高，医疗和医药服务行业的行为将受到进一步约束，以此促进我国医疗保险基金的安全、高效和稳定运行。

表 6　我国医疗保险基金监管状况

年份	检查定点医疗机构和零售药店（家）	查处违法违规定点医药机构（家）	解除医保协议（家）	移交司法机关（家）	查处违法违规参保人员（万人）
2018	197000	66000	1284	127	2.4
2019	815000	264000	6730	357	3.31
2020	627400	420000	6008	286	2.61

资料来源：国家医疗保障局。

（五）新冠肺炎疫情对我国医疗保险基金运行产生了一定的影响

从 2020 年突发性公共卫生事件的背景来看，新冠肺炎疫情对医疗保险基金的收支产生了一定的影响。首先，从医疗保险基金的收入来看，2020 年初暴发了新冠肺炎疫情，我国政府提出“六保”和“六稳”的政策方针，基于稳就业和保民生的要求，我国采取了阶段性减免医疗保险费的措施，这在一定程度上抑制了医疗保险基金收入的增长，通过表2我们可以看到社会医疗保险基金收入的增长率从2019年的14.2%大幅降到2020年的1.7%，尤其是在城镇职工基本医疗保险基金收入方面更是出现了负增长，为-1.4%。这在很大程度上是受到了中小微企业的医保费用减免政策的影响。其次，从医疗保险基金的支出来看，2020年基金支出的增长率大幅度下降，仅为0.8%，且社会医疗保险基金的当期结余额较前几年增加明显。除此之外，我国社会医疗保险年均支出2020年也出现了负增长，为-0.1%（见表3）。可以看出，2020年我国社会医疗保险基金支出受疫情影响并不大，没有出现社会医疗保险基金支出的大幅度增长，社会医疗保险基金总体运行平稳。其可能原因主要是受到疫情影响，人们出行意愿大幅度降低，相应地为降低安全风险，去医院就诊的意愿也下降。通过表7可以看到，2020年受新冠肺炎疫情的影响，我国城镇职工和城乡居民基本医疗保险在医疗保险享受待遇人次、人均就诊次数以及住院率上与2019年相比出现了小幅度的下降。从城镇职工基本医疗保险来看，2020年参加职工医保人员享受待遇17.9亿人次，比上年减少15.6%；参保人员人均就诊5.0次，比上年减少1.4次；住院率15.9%，比上年下降2.8个百分点。从城乡居民基本医疗保险来看，2020年居民医保参加人员共享受待遇19.9亿人次，比上一年降低了8.3%；居民医保人员人均就诊1.80次，较上一年减少0.2次；参保人员住院率为15.1%，比上一年降低1.5个百分点。

从2020年的相关数据来看，我国社会医疗保险基金支出并没有大幅度增加，但随着我国采取更为严密的疫情防控措施，以及全国疫情防控形势好转，2021年我国开始为全民免费接种新冠疫苗，费用由医保基金和财政部门共同承担，势必增加社会医疗保险基金支出。国家医疗保障局公开数据显示，2021年1~7月的基本医疗保险基金支出为13242.06亿元，同比增长18.5%。可以预见，随着疫情逐渐得到控制以及全面疫苗接种的深入，我国社会医疗保险基金支出在未来将有一定程度的增加。

表 7 城镇职工和城乡居民基本医疗保险享受待遇人次、人均就诊次数和住院率

年份	城镇职工基本医疗保险			城乡居民基本医疗保险		
	享受待遇人次(亿人次)	人均就诊次数(次/人)	住院率(%)	享受待遇人次(亿人次)	人均就诊次数(次/人)	住院率(%)
2016	17.1	5.7	17.1	7.9	1.8	12.3
2017	18.1	6.0	17.9	14.9	1.7	14.1
2018	19.8	6.2	18.4	16.2	1.6	15.2
2019	21.2	6.4	18.7	21.7	2.0	16.6
2020	17.9	5.0	15.9	19.9	1.8	15.1

资料来源：国家医疗保障局。

综合来看，2020 年，我国社会医疗保险基金收入增速同比下降 10% 以上；与此同时，我国在未来一段时间内社会医疗保险基金支出压力将不断增大。因此，要系统分析我国医疗保险基金运行的影响因素，并从优化我国社会医疗保险基金的筹资、支付和监管入手，不断提升我国社会医疗保险的公平性、效率性和可持续性，不断推进我国医疗保障事业高质量发展，最大限度地保障人民健康，促进共同富裕。

二　影响我国医疗保险基金运行的因素

本部分通过分析医疗保险内部因素和外部环境影响，探究合理和不合理的医疗费用，从医疗卫生费用增长、居民生活水平提高、人口老龄化进程、道德风险、医疗支付方式改革以及医保基金监管等方面分析影响社会医疗保险基金运行的各个方面因素，目的在于控制医疗费用增速、节约医保基金支出，优化医疗保险基金的运行。我们认为，近年来医疗费用的快速增长、人民可支配收入的提升、老龄化的严峻形势，使得社会医疗保险基金支付压力增大是正常的合理因素，而医患间存在的道德风险和医疗费用的支付方式不同所导致的费用增长是不合理因素，应该采取相应措施予以应对。

（一）医疗费用增长速度快导致社会医疗保险基金支付压力较大

医疗卫生费用通常以卫生总费用指标体现。卫生总费用是在其他经济变

量不变的前提下，一个国家或地区在国民医疗卫生保健上付出的经济成本，反映出政府、社会和个人在医疗支出上各自承担的份额。① 卫生总费用占 GDP 的比重，反映了政府与全社会在医疗上的资金投入力度，该指标已成为判断某地区医疗能力的标准，且二者呈正向关系。如表 8 所示，我国卫生总费用占 GDP 比重从 2011 年的 4.98% 上涨到 2020 年的 7.12%，各省（区、市）医疗保障水平在不断提升，社会医疗保险基金支付能力也在逐年优化。

2016 ~ 2020 年社会卫生支出占卫生总费用的比例依次为 41.2%、42.3%、43.7%、44.3%、41.8%，由此可见近几年医疗保险负担老百姓看病的比例在逐年上升，个人现金支出占比呈下降趋势，真正发挥了医疗保险解决人民看病负担的作用，也说明医保改革各项举措是有成效的。世界卫生组织对社会互济应承担的部分作的标准比例是占比 50% 以上，但因各国国情不同，实际负担比例也不尽相同。“十四五”规划中医改的目的和任务并不是追求卫生总费用的增长，而是要优化医疗资源的合理配置，提高社会医疗保险基金的使用效率和可持续性。可见社会医疗保险基金作为卫生总费用支出的重要部分，其平稳运行及支付能力受总体医疗费用的影响颇深，逐年递增的医疗费用对医保基金未来运行提出挑战。

表 8　我国卫生总费用情况

年份	卫生总费用				人均卫生费用(元)	卫生总费用占GDP 比重(%)
	合计（亿元）	政府卫生支出(亿元)	社会卫生支出(亿元)	个人现金卫生支出(亿元)		
2011	24345.91	7464.18	8416.45	8465.28	1806.95	4.98
2012	28119.00	8431.98	10030.7	9656.32	2076.67	5.20
2013	31668.94	9545.81	11393.79	10729.34	2327.37	5.32
2014	35312.39	10579.23	13437.75	11295.41	2581.66	5.48
2015	40974.64	12475.28	16506.71	11992.65	2980.80	5.95
2016	46344.89	13910.31	19096.68	13337.9	3351.74	6.21
2017	52598.28	15205.87	22258.81	15133.60	3783.83	6.36

① 杨燕绥、常焙筌：《我国卫生总费用的国际比较与绩效研究》，《中国国情国力》2020 年第 10 期，第 71 ~ 73 页。

续表

年份	卫生总费用				人均卫生费用(元)	卫生费用占GDP比重(%)
	合计(亿元)	政府卫生支出(亿元)	社会卫生支出(亿元)	个人现金卫生支出(亿元)		
2018	59121.90	16399.13	25810.78	16911.99	4236.98	6.43
2019	65841.39	18016.95	29150.57	18673.87	4702.79	6.64
2020	72306.4	21998.3	30252.8	20055.3	5146.4	7.12

资料来源：国家统计局；国家卫健委《2020年我国卫生健康事业发展统计公报》。

（二）居民收入水平提高导致医疗服务需求增加

随着居民收入水平的提高，人们对医疗服务的需求更加多样化，人们对身体健康的关注度越高，对疾病预防、康复保健的资金投入也越大。可支配收入逐渐增加后才注重健康状态，拥有医疗保险后更关注自身享有医疗服务的权利，社会医疗费用支出势必不断攀升。如表9所示，总体来看，居民人均医疗保健支出与人均可支配收入呈正相关增长，2013～2019年三者增长呈正相关趋势，人均医疗保健支出占人均消费支出比例从2013年的6.9%增长到2019年的8.8%；2020年受新冠肺炎疫情影响人均消费支出比上一年下降了1.6%，人均医疗保健支出下降3.1%。在收入水平提高时期，身体健康的人对医疗服务没有特殊的需求，更多的是一些预防保健需要，而患病的人或有急性医疗需求的人会追求更便捷高质量的诊疗服务，尤其是近年来疾病谱的变化，全国范围内中老年慢性病患者的递增，人们看病更在乎医疗服务的质量而非医疗费用，更愿意去有条件的三级、二级大医院，体验进口高价医药产品，对先进技术设备认可度高，由此导致社会医疗保险基金支出上涨。

表9　我国居民收入与支出情况

单位：元

年份	居民人均可支配收入	居民人均消费支出	居民人均医疗保健支出
2013	18311	13220	912
2014	20167	14491	1045

续表

年份	居民人均可支配收入	居民人均消费支出	居民人均医疗保健支出
2015	21966	15712	1165
2016	23821	17111	1307
2017	25974	18322	1451
2018	28228	19853	1685
2019	30733	21559	1902
2020	32189	21210	1843

资料来源：国家统计局。

（三）人口老龄化对社会医疗保险基金收支带来严峻挑战

第七次全国人口普查数据显示：60 岁及以上人口为 26402 万人，占总人口的 18.70%（其中，65 岁及以上人口为 19064 万人，占 13.50%），老龄化程度的不断加深，对社会医疗保险基金支出带来严峻挑战。一般认为，随着人口年龄的增长，各种疾病接踵而来，相应地对医疗服务和医药产品需求会更多，医疗支出增长的同时社会医疗保险基金的支出规模也会扩大。国内外学者对人口老龄化与社会医疗保险费用支出的关系做了研究，Newhouse 最早选取了 OECD 国家的数据对人口老龄化与医疗费用增长问题做了初步研究，结果发现人口老龄化对于医疗费用增长率仅为 3.5%①；李乐乐、杨燕绥通过实证研究发现二者是正相关关系，且老龄化每提高 1%，人均医疗费用增长 4.9%②；吕国营等通过实证分析也认为年龄对医疗费用支出影响有限，个人在临终前 1 年是医疗费用支出的最高峰③。

① J. P. Newhouse, "Medical care expenditure: a cross-national surver", *The Journal of Human Resources*, 1997, 12 (1).

② 李乐乐、杨燕绥：《人口老龄化对医疗费用的影响研究——基于北京市的实证分析》，《社会保障研究》2017 年第 3 期，第 27～39 页。

③ 吕国营、周万里、王超群：《人口老龄化、临近死亡时间与医疗费用支出——基于中国老年人健康影响因素跟踪调查的实证分析》，《中国卫生政策研究》2020 年第 5 期，第 1～9 页。

相比于发达国家，我国人口老龄化形势更为严峻，人口基数大且高龄老人增速明显加快。一般来讲，当前预期寿命的延长对身体状况良好的中老年人来说是健康寿命的增长，对有基础病或失能老人来说延长的是非健康寿命。如果某地区内延长的只是健康寿命，未必会导致社会医疗保险基金过快增长，尤其是如果医疗费用是集中在老人临终前某一时段，人均寿命的增加便只是推迟了医保基金支出高峰期的到来。社会医疗保险作为社会保障体系的子系统，人口老龄化与社会医疗保险基金运行间的关系不能仅仅从单一方面分析，因老龄化引起的疾病患者增多，相应地使社会医疗保险基金支出增长只是直接影响，同时也要考虑老龄化对社会经济方面造成的影响，各因素综合交叉对社会医疗保险基金运行产生间接影响。要促进我国社会医疗保险基金可持续发展，除了控制老龄化带来的慢性病治疗费用，还应该完善社区基层照护服务和长期护理保险等间接影响因素。

（四）医患道德风险导致医保基金利用效率降低

医疗保险中的道德风险问题，主要是由医保系统中的三方关系导致的，医保市场的参与者是由医疗保险经办机构、被保险人（即患者）和医疗机构组成的，所以道德风险问题在供需双方都有体现。患者就医对于各种适用药品的疗效和在医疗器械检查后对病情的了解程度知情较少，与医生相比处于不利地位，参保人在就医诊疗过程中委托医生选择治疗方案及开处方用药，使得医生间接掌握了费用控制权。针对同一种疾病，医生根据患者身体实际情况提出多种预期治疗效果和医疗费用不同的治疗方案，建议参保人选择诊疗疼痛度小、成本更高的方案，既使患者少受病痛折磨，又达到医院费用业绩，降低医院及自身所承担的医疗风险。供给端为实现自身利益最大化或是开大处方，或是心理诱导患者消费医疗服务，比如过度医疗，为收取更高治疗费使用新进技术医疗器械进行检查；美其名曰快速高效药，实则不对病症，给患者开治标不治本的药品或在同等效果下开价格更高的药，造成医疗资源作用发挥不到实处。而需求方的道德风险前提是居民缴纳医保后产生“花钱越多，疗效越好”的心理作用，且医保基金会帮居民承担一定比例的医疗费用，驱使参保人更倾向于使用价格更高的医疗器械和医药产品，实则造成医疗资源浪费。更有欺诈骗保行为以需求方和供给方串通结谋为手段套取医保基金，阻碍基金监管执法，导致医疗保险费用的不合理增长及社会医疗保险基金的无效开支。

（五）社会医疗保险支付方式改革促进医保基金使用效率提高

社会医疗保险支付方式是医保经办机构向医疗服务提供方结算费用的方式，这一环节发生在供需双方完成服务交易后，不同支付方式的设计选择对社会医保基金的影响颇深，把好人民的“看病钱”，医保支付方式的设计与实施是控制医疗成本的关键一环。我国在20世纪90年代后期就已启动医保支付方式改革的试点工作，各省（区、市）相继出台结合本土实情的医保政策，推行医保支付方式改革。政策初衷是希望通过医保费用支付这一过渡性方式来约束医疗服务机构行为，使医疗机构增强只有提供优质服务才能实现收入效益最大化的意识，促使医疗服务机构主动控制成本，保证医保基金使用效益。瞿婷婷等对广东省多个地市的首次住院患者和季度内患者住院费用作了实证评估，结果显示支付方式改革控制不合理医疗费用的效果没有达到预期。[①] 所以需要对医保支付方式进行深入研究才能有效地抑制我国医疗卫生费用不合理的增长趋势。

医保支付仍然涉及医疗服务需求方即参保人、医疗服务供给方即医疗机构和社会医疗保险机构三方关系，社会医疗保险机构通过医保基金调节来避免医疗服务供给方的过度医疗，同时医疗服务需求方上缴保险费用可以保障其享受到高效的医疗服务。在结算环节使用不同的支付方式对医保基金会有不同的影响。若按总额预付支付的方式，医疗机构为不承担亏损并获取更高利润，会在预定总额费用下尽量减少各项成本，降低费用；若按项目支付，当项目数量超过一定数量时，医疗机构利润在逐渐增长，此种支付方式会促使医疗

① 瞿婷婷、解乃琪、易沛：《医疗保险支付方式改革与医药费用控制》，《南开经济研究》2019年第5期，第145～162页。

机构为需求方提供更多的服务项目，来获得更多利润；若按服务单元支付，在重症患者的治疗上，医疗机构提供更多的服务单元会产生更多的成本，导致医疗机构不愿接收重症患者而增加医疗成本；若按人头支付，促使医疗机构控制服务量，避免提供过多的医疗服务，控制医疗费用，但一定程度上会影响医疗质量；若按病种支付，会促使医疗机构改善运营模式及内部管理制度，在治疗环节的关键路径引进先进医疗技术，实现质量效益，医院自身增强成本意识，使得医保基金使用效率更加高效、不超支。实行多元化的支付方式组合，在不同的治疗环节采用不同的费用支付方式，最终目的是要控制医疗费用的不合理增长。

（六）社会医疗保险基金监管理念与体制机制保障是基金可持续发展的重要基础

基金监管是医保制度得以平稳运行的重要保证。医疗领域的特殊性使得因道德风险和信息不对称导致的医疗费用不合理增长现象频频发生，加强基金监管在整个医疗保险系统运行中显得尤为重要。国家医疗保障局成立 3 年以来，在基金平稳运行上取得了一定成效，同时在疫情常态化形势下，开展社会医疗保险基金监管工作既有优势也存在挑战。

充分认识到基金监管在体制环境、法治建设、各部门联动、社会氛围等方面都有改善，对基金监管工作要增强信心。基金监管的体制环境在不断完善，《关于深化医疗保障制度改革的意见》以及《关于推进医疗保障基金监管制度体系改革的指导意见》两个重要文件对国家医保局的基金监管工作做出重要指导。[①] 医保基金监管在法治建设上也取得突破，医保基金监管领域第一部行政法规《医疗保障基金使用监督管理条例》，具体对医保系统中的各方主体在使用医保基金时做出明确规范，同时对违法违规行为规定了具体处罚措施。在综合监管上，国家医保局联合国家卫健委、国家药监局等多

① 黄华波：《立足新起点 迎接新挑战 推进基金监管工作新跨越》，《中国医疗保险》2021 年第 4 期，第 6 ~ 8 页。

部门共同开展打击欺诈骗保专项治理行动，各部门紧密配合为开展监管工作提供了便利。社会监督在基金监管中也起到重要作用，通过在群众中开辟多种举报投诉渠道，比如投诉电话、信访箱、网站、微信公众号等，人民群众自发举报违规医药机构，维护自身权益。

社会医疗保险基金监管面临新的挑战和风险。一是外部环境影响，疫情对国民生活带来未知的健康风险，在疫情常态化形势下如何保护好国民的“看病钱”，是社会医疗保险基金监管工作应该考虑的风险问题。同时疫情背景下以大数据和云计算为代表的信息技术应用于医疗领域，使“互联网＋医疗”的新型医疗服务逐渐进入大众视野，中国医疗数字化的发展对医保基金的安全和监管工作提出挑战。二是监管工作和重点的转变。随着长期护理保险制度和职工个人账户改革，加大了医保基金监管的工作量，需要做出系统且精细化的监管安排。传统的欺诈骗保违法违规行为多是弄虚作假、串换药品、过度医疗等手段，随着医疗数字化和支付方式的改革推进，监管重点也倾向于电子数据化，跨地区办理。

三　我国社会医疗保险基金存在的主要问题

（一）社会医疗保险基金的筹资公平性不足

我国城镇职工基本医疗保险参保人数逐年增加，相应地社会医疗保险基金的筹集总额也不断增大。然而，我国尚未实现实质性的全民参保，仍然存在少部分未参保人员和重复参保人员，这些主要体现在流动人口上，由于户籍制度的原因，流动人口在非户口所在地主动参加医保积极性不强，抑或是在户籍所在地已经参保，到了工作地又重复参保。一些小微企业为了减少自身的经济负担，存在单位漏缴、少缴和欠缴行为。社会医疗保险的少缴、漏缴和重复缴费行为，从“广覆盖”的原则和再分配的功能上来看，都违背了医疗保险筹资的公平性。一些企业在城镇职工基本医疗保险缴费过程中以基本工资而不是收入为缴费基数，近年来又上调单位缴费比例，从而造成了城镇职工基本医疗保险的名义缴费率较高。城镇职工基本医疗保险采取统账结合的模式，且个人账户缴费比例较高，《关于深化医疗保障制度改革的意见》中提出改革职工基本医疗保险个人账户，建立健全门诊共济保障机制。这一举措在一定程度上提高了医疗保障基金的互助共济功能，但与城乡居民基本医疗保险取消个人账户的设置相比，力度仍显不足。

目前，我国城乡居民基本医疗保险主要依靠财政补贴，福利性明显，个人缴费标准偏低，缺乏稳定的筹资增长机制，严重影响城乡居民基本医疗保险待遇的提高，增加了医保基金的预算管理执行难度。通过表10、表11可以看出，我国目前城乡居民基本医疗保险的人均筹资水平与城镇职工相比差距很大，即使在2020年城乡居民基本医疗保险的人均筹资数额仍然只有887元，人均筹资占当年全国居民人均可支配收入的比例也不足3.00%，个人缴费占当年可支配收入的比例不足1.00%，2020年为最高值，但也仅有0.87%。从城乡居民医保与城镇职工医保的人均筹资之比可以看出，职工医保和居民医保筹资水平相对差距逐渐缩小，但从数额上来看，绝对的差距正在逐渐加大。

表10　我国城乡居民基本医疗保险人均筹资水平

单位：元，%

年份	人均筹资	全国居民人均可支配收入	人均筹资占当年可支配收入的比例	个人缴费占当年可支配收入的比例
2015	515	21966	2.34	0.51
2016	590	23821	2.48	0.60
2017	647	25974	2.49	0.70
2018	693	28228	2.46	0.70
2019	837	30733	2.72	0.72
2020	887	32189	2.76	0.87

资料来源：《中国统计年鉴（2021）》。

表 11　我国基本医疗保险筹资水平

单位：元

年份	人均筹资			城乡居民医保与城镇职工医保的人均筹资之比
	职工医保	居民医保	差距	
2015	3144	515	2629	0.16
2016	3479	590	2889	0.17
2017	4049	647	3402	0.16
2018	4273	693	3580	0.16
2019	4813	837	3976	0.17
2020	4539	887	3652	0.20

资料来源：《中国统计年鉴（2021）》。

（二）医疗保险基金的支付效率有待提升

1. 我国社会医疗保险基金统筹层次过低

我国目前医疗保险的统筹层次主要停留在市县两级，较低的统筹层次不利于发挥社会医疗保险基金互助共济的作用，并且较低的统筹层次导致了医疗保险政策制定时不能很好地考虑地区之间的差异，造成地区之间的缴费水平和待遇水平存在差异，严重削弱了医保制度的公平性，同时也会造成部分地区可能存在医保基金盈余，而其他地区可能存在严重收不抵支的问题，社会医疗保险基金使用效率需要提高。

2. 医疗保险基金的滚存结余过大

从制度设计的角度出发，最优化的社会医疗保险基金结存是能保证 6 ~ 9 个月的支付需求，如果偏离了这一标准，就会出现社会医疗保险基金不足或保障力度不够的问题。根据 2020 年的数据可以看出，我国社会医疗保险基金累计结余为 31500 亿元，以当年的社会医疗保险基金支出 21032.1 亿元计算的话，可以支付 18 个月（见表 2），远远超过了国家指导的基金结余保证支付 6 ~ 9 个月的要求，需要对基金的使用进行优化，提高医疗保险待遇，提升医疗保险基金的使用效率。

3. 医疗保险基金支付的次均住院费用持续升高

我国社会医疗保险次均住院费用逐年攀升，与此同时社会医疗保险次均统筹基金支出也在逐年增加（见表12）。从城镇职工基本医疗保险来看，我国从2019年以来，次均住院费用保持了6.0%以上的高增长率，远高于2019年之前的2.4%左右的增长率，次均统筹基金支出的增长率也相应上升。城乡居民基本医疗保险，2018年以来次均住院费用快速增长，增长率已维持在7.0%以上。

高额的次均费用不但会给社会医疗保险基金的运行带来风险，而且相应地会加重患者的经济负担。造成医疗费用不断增长的原因分为合理因素和不合理因素。

随着居民收入水平的提高以及医疗技术的进步，医疗支出水平的提高不可避免。一些不合理的因素也会促进医疗费用的增长，如我国目前分级诊疗制度尚未完善，大医院的虹吸效果依旧明显；按服务项目付费等后付制在住院医疗费用支付方式中仍占主流，DIP和DRG等按病种付费方式还未全面铺开。如何通过改进现有的基金支付方式，采用更加具有激励和控制作用的支付方式，有效降低参保患者的次均费用，是未来控制医疗费用快速增长的努力方向。

表12　我国社会医疗保险次均住院费用情况

单位：元，%

项目	2016年	2017年	2018年	2019年	2020年
城镇职工基本医疗保险					
次均住院费用	10825	11000	11181	11888	12657
增长率	3.9	1.6	1.6	6.3	6.5
次均统筹基金支出	7592	7689	7839	7924	8219
增长率	3.4	1.3	2.0	1.1	3.7
城乡居民基本医疗保险					
次均住院费用	6663	6100	6577	7049	7546
增长率	-2.3	-8.4	7.8	7.2	7.1

资料来源：国家医疗保障局。

（三）我国医疗保险基金的监管体制机制不完善

1. 缺乏完善的医疗保险基金监管法律体系

我国社会医疗保险制度经历了数十年的发展，形成了城镇职工基本医疗保险和城乡居民基本医疗保险并存的二元格局，并且覆盖率已经达到95%以上。我国社会医疗保险制度建设前期重点放在了制度构建和人员覆盖上面，而医疗保险基金监管和法制化进程明显滞后，缺乏与医疗保险相配套的医疗保险基金监管法律措施。我国目前医疗保险基金监管主要依据的法律为《社会保险法》，该法律中对社会保险的监管作了简略的规定，实际的可操作性不强，尽管当前《医疗保障基金使用监督管理条例》对医保基金的使用、医保基金监管责任主体和惩罚措施进行了进一步的规定，但是医保基金的监管事关我国医疗保险基金运行的可持续性，不是仅仅依靠一部条例就能涵盖医疗保险基金运行的方方面面。所以，要在提升医疗保险基金监管立法层次的同时，更进一步细化相关法律规定，构建出一套完善的医保基金监管法律体系。

2. 医疗保险基金监管主体之间缺乏联动

首先，我国的医疗保险涉及众多主体，医保基金的监管也强调多部门共同参与、协调配合，但是目前相关的法律法规对相关责任主体在处理违法违规事件时，缺乏如何实施具体操作的细则和相关配套性文件和措施，主要是医疗保障行政部门与卫生健康部门、市场监管部门、财政部门、公安部门等同级其他职能部门在进行跨部门合作时，缺乏法律意义上的职责划定，这就容易造成监管主体之间存在职能交叉，部门之间难以联动。其次，多部门合作造成的信息不对称问题对搭建信息共享平台、进行互相监督提出了更高的要求。有单位以医疗保险基金监管为主题，对山东省某地城镇职工群体进行了基层性的访问调查，在全部受访职工中，仅有30%的职工在生活中主动了解过医疗保险基金监管的相关事宜，或主动进行过医疗保险基金相关违法违规事件的关注或举报①，这说明我国人民群众对医疗保险基金的监管参与

① 汪东霞：《医疗保险基金监管分析》，《中国总会计师》2021年第2期，第116~117页。

力度明显不够，我国医疗保险基金的社会监督机制构建并不健全。

3. 医疗保险基金监管客体存在违规行为

根据表6可以看到，我国的医疗机构和参保人员中存在大量的违法违规行为。我国医疗保险基金由于统筹层次较低的原因，各地在医疗保险基金具体收支过程中存在巨大的差异，并且政策措施存在较大缺陷，从而造成了骗取医疗保险基金的情况时有发生，并且由于缺乏有效的监管措施，医保基金诈骗呈现出手段多样化、金额扩大化的特点。

首先，许多参保人员存在随意消费和透支医疗保险经费的现象，主要通过延长出院日期、进行重复的检查等方式达到目的。此外，随着互联网科技的发展，又产生了依靠新技术手段的诈骗行为，给医保基金的监管带来新的挑战。同时，异地就医骗保、重复参保报销、冒名报销、刷卡购物等现象也屡见不鲜。其次，一些私立医院和零售药店通过获取医保定点资格违规牟利，从自身利益出发，诱导参保人员利用医疗保险基金购买高价保健品，以此来获取回扣。此外，定点医疗机构也存在过度医疗、乱收费等道德风险问题。数据显示，2018～2020年共检查定点医药机构171万家次，查处86万家次，追回医保基金348.75亿元。医疗保险基金的不合理使用严重影响医保基金的安全稳定运行，严重威胁我国医疗保险基金运行的可持续性。

四　优化我国医疗保险基金运行的对策建议

（一）提高医疗保险筹资的公平性

1. 改变缴费依据，实行按能力缴费

要做到社会医疗保险的公平，首当其冲就是做到缴费系统的公平性，在基本医疗保险基金的缴费中，不同收入水平的人实行不同的缴费标准，也就是说要对高收入群体多征缴医疗保险费，对低收入群体少征费用，对于没有能力承担医疗保险费的人群实行免征服务。首先要在扩大医疗保险基金缴费基数的同时降低缴费的费率。由于当前我国以工资收入为基数的职工存在认为做低缴费工资的现象，以及城乡居民基本医疗保险未对居民收入水平作出区分，普遍缴费标准偏低。因此，要做实工资性缴费，同时将工资以外的因素考虑进来，实行按能力缴费。其次，我国目前存在职工医保和居民医保筹资主体双方责任与权利错位问题，这一问题的存在也严重影响着我国基本医疗保险筹资的公平性。城镇职工基本医疗保险单位缴费率过高，不利于提高个人的参保意识，同时企业的经营负担加剧；城乡居民基本医疗保险主要依靠财政补贴，加重财政负担。我国有必要在扩大缴费基数、降低费率的同时，强调个人的缴费责任。

2. 促进城镇职工和城乡居民基本医疗保险的融合发展

在统一按能力缴费的缴费依据之后，要逐步打破目前城镇职工和城乡居民基本医疗保险双轨并行的局面，这种以身份区分缴费模式的方式不利于制度的整合和有效性的充分发挥，未来要全国一盘棋，用一个统一的医疗保险制度覆盖全民。我国目前已经实施了城镇居民基本医疗保险和新型农村合作医疗的整合，未来要更加促进医疗保险制度运行的公平性，逐步实现城镇职工基本医疗保险和城乡居民基本医疗保险融合发展。

（二）提升医疗保险基金的运行效率

1. 提高医疗保险基金的统筹层次

我国目前社会医疗保险基金统筹层次主要停留在市县级，我国要继续做实市级统筹，进而实现省级统筹的目标，从而全面实现社会医疗保险统筹基金的余缺调剂，提高社会医疗保险基金的使用效率，也让我国的社会医疗保险制度具备更强的保障能力和可持续发展能力。提高统筹层次，首先要解决各地区医保政策的差异问题，统一医保政策；其次要平衡各地区之间医疗卫生资源的配置，保证公平的医疗保障待遇。互联网时代我们要充分运用其带来的便捷性，用“互联网 +”模式来整合各地区内的社会医疗保险参保信息，为提高统筹层次搭建统一的信息共享的医疗保险基金管理平台，另外该方式可以更好地提高医疗卫生机构的办事效率，信息更加透明，更有利于保障参保人员的合法权益。

2. 改革医疗保险个人账户

我国长期以来的“统账结合”的模式在实践中暴露出很多弊端，空账运行，隐性债务，作用微弱等，个人账户问题是我国社会医疗保险制度改革需要解决的重要方面。我国现阶段已经在社会医疗保险制度个人账户改革过程中取得了阶段性成就，我国已经明确取消城乡居民基本医疗保险的个人账户。我国在完全取消城乡居民基本医疗保险个人账户之后，要循序渐进地对城镇职工基本医疗保险个人账户进行改革直至取消，总的来说，改革方向就是不再设置医保个人账户，将筹集到的所有资金全部计入统筹账户，不断提高医疗保险基金的保障能力，切实保证医保基金互助共济的作用得到有效发挥。首先，通过提高门诊医疗保障水平来补偿因取消个人账户造成的参保人员的法定权利的减损，以保证社会公平正义；其次，要对社会公众进行观念上的引导，让公众明白国家医疗保险制度不是为了个人医疗费用的积累，而是要互助共济，为了满足全体国民的医疗需求，解除全民的医疗方面的后顾之忧，并采取渐进式改革，最大限度地减小改革阻力。

3. 完善医疗保险支付方式

针对我国医疗费用增长速度过快造成的次均住院费用增长率不断上涨问题，可以通过改革医疗保险支付方式来缓解，由后付制向预付制转变，控制医疗服务供给方诱导需求的行为，激励医疗机构节省医保基金的使用，以此来控制医疗费用的快速上涨。目前，DRG 和 DIP 付费方式已在我国众多城市展开了试点工作，并且在控制住院费用方面取得了显著的成效，未来要继续扩大试点地区并全面铺开，要重点解决好预付制带来的逆向选择问题，要在降低医疗费用的同时不降低医疗服务质量。要做好“三医联动”，合理配置医疗资源，并着力促进分级诊疗制度的发展；在进行医疗保险支付方式改革时，要在门诊和住院不同医疗服务中采取合适的支付方式，最大化发挥各种支付方式的优点，并加强对门诊和基层的支付方式改革。

（三）完善社会医疗保险基金监管的体制机制

如前所述，社会医疗保险基金支出的增长有其合理因素，也有不合理因素，医疗保险基金应该在满足正常的医疗服务需求的同时，严格抑制不合理的费用增长。医疗保险基金作为每位国民医疗保障的“救命钱”，从筹资到支付，其使用安全关系到人民群众能否病有所医，因此，需要构建完善的监管体制和机制，保障医疗保险基金运行的可持续性。医疗保障基金涉及经办主体多、链条长，因而在整个过程中存在资金泄露风险点多、监管难度大等问题，监管形势较为严峻。

1. 完善医疗保险基金监管法律体系

有法可依是落实全面依法治国战略的基本要求，要不断加强我国医疗保险基金监管的法律体系建设，不断细化法律规范，规范医疗基金运行中的行为，对严重影响我国医疗保险基金安全稳定运行的行为采取严格的处罚措施，坚决遏制欺诈骗保等行为的发生，做到有法必依、执法必严。从法律层面上划清各监管主体职责界限，对各责任部门处理医保基金相关事务的流程进行细致的划分。只有通过完善医疗保险基金监管的法律体系，才能提高医疗保险基金的监管效率。

2. 明确各监管主体的职责

明确政府在医保基金监管上应该承担的责任，政府部门要做到为医保系统中涉及的各主体确定执行标准，明确基金的支付范畴。微观层面上对医疗保险和医疗服务行为做出详细的标准规范，持续推进医疗保险系统可持续运行。立法部门在法规制定过程中要充分结合当下医疗卫生体制发展的现状，对未来趋势做出准确预测，有效协调医保参与各方的利益，广泛征求群众的意见和要求，制定严格的行政管理制度，为保障医疗保险基金安全运行提供有力的法律支撑。医疗保障部门加强同财政、审计、公安各部门以及社会组织和人民群众的联动配合，调动各方力量加强合作，建立强有力的沟通协作机制，共同监督医疗保险基金的安全稳定运行。

3. 规范各监管客体的行为

定点医疗机构是医保基金的主要使用决策者，而医保经办机构肩负着医保基金监管的主要责任，对基金的合理合法有效使用负直接责任。促进各级医疗机构内部医保体系规范化，从医疗供给方规范医保基金的使用，设立独立的医保科室，由医保科室定期对各相关科室自查自纠，具体对重点药品、次均费用等容易出现异常的数据进行分析，规范不合理收费、开大处方或不符要求的高住院费用，对所发现的问题及时进行稽查。同时对患者从诊疗到住院的全流程做好详细梳理整合，实现业务流、信息流、基金流同步，从源头上规范医保基金监管。杜绝违规违法使用医保基金，对欺诈骗保行为做出严厉处罚，其处罚方式既有经济性的罚款，也有暂停医药服务、撤销医保定点资质或其他行政处罚。

4. 推进医疗保险基金监管的信息化建设

社会医疗保险基金的高效安全运行必须要以现代信息技术为支撑。通过加快提升信息技术水平，建立一个医院与患者共通的互联网医疗保险信息数据系统，以数据共享为基础建立精细化的监控体系，确保提高城乡居民基本医疗保险基金监管效率，实现医保基金高效率运行。医疗信息大数据对于医保基金监管来说不仅是有效的监督工具，也是国家医保局打击欺诈骗保违规行为的重要手段，互联网系统信息互通也成为多部门联合开展专项治理行动的重要推手。医保基金涉及的主体部门多，医疗大数据平台将各个环节流程精细记录，患者就医全过程监控，打通医保信息系统和医药机构信息系统，通过智能审核模块对每一笔医保支付费用进行全面审核。同时医保系统涉及大量个人数据和隐私，要注意强化医保信息数据安全。

专题报告

G.5

公共卫生人才队伍建设的现状、问题与对策*

王国洪**

摘　要： 2020年席卷全球的新冠肺炎疫情成为触发公共卫生政策调整的因素，高质量人才队伍是保障公共卫生治理能力与治理体系现代化的关键。我国公共卫生人才队伍建设取得了举世瞩目的成就，但与人民群众对高质量公共卫生防疫体系建设的需求相比，仍存在公共卫生人才总量不足且呈现进一步下降的趋势；“轻预防重治疗”的理念导致疾控中心和卫生监督所人员占专业公共卫生服务机构人数的比例快速下降；专业公共卫生服务机构中执业医生具有研究生学历的比例明显低于医疗机构，而大专及以下学历的比例明显偏高；同等条件下专业公共卫生服务机构人员待遇明显偏

* 本文系北京市教委一般项目“关联社会保障待遇标准、待遇梯度及调整机制研究”（项目编号：SM201910017003）的阶段性成果。

** 王国洪，北京石油化工学院人文社会科学学院副院长、副教授。

低，造成高端人才储备不足且流失较为严重。本文建议各级政府将疾病预防和治疗放在同等重要位置，调整卫生资源分配结构，保障公共卫生人才供给；以公共卫生首席专家制度为抓手，进一步优化公共卫生人才队伍结构；深化收入分配机制改革，建立科学合理的薪酬激励机制、职称评审机制和社会认同机制；转换公共卫生人才培养模式，着力培养具有公共卫生风险防范与识别、疾病治疗和应急处理能力的多学科复合型人才。

关键词： 公共卫生　公共卫生服务体系　公共卫生人才队伍

全社会高度关注公共卫生服务体系建设，人才作为公共卫生健康服务体系的核心，关系着公共卫生服务体系运行的效率。2020 年 3 月，习近平总书记在《完善重大疫情防控体制机制　健全国家公共卫生应急管理体系》一文中指出，要改革完善疾病预防控制体系和重大疫情防控救治体系，加强公共卫生人才队伍建设。① 我国历来重视公共卫生人才队伍建设和公共卫生服务体系建设，并取得了显著成效。在此次新冠肺炎疫情大考中，我国采取了全面、严格、彻底的防控举措，为人民群众生命健康提供了坚实的保障。② 但面对疫情的不确定性和未来其他公共卫生事件的挑战，如何健全公共卫生人才培养模式，完善公共卫生服务体制和机制，实现公共卫生治理能力与治理体系现代化，是目前公共卫生领域必须研究的重要课题。本文在对我国 2010～2019 年公共卫生人才队伍状况进行分析的基础上，找出公共卫生人才队伍建设中长期存在的主要问题并提出相关政策建议，以期为公共卫生人才队伍建设提供借鉴和参考。

---

① 习近平：《完善重大疫情防控体制机制　健全国家公共卫生应急管理体系》，《求是》2020 年第 5 期，第 4～8 页。

② 池方方、蔡滨欣：《我国公共卫生人才队伍现状及发展研究》，《中国公共卫生管理》2021 年第 3 期，第 317～320 页。

一　公共卫生人才队伍状况

（一）公共卫生人才数量总体呈增长趋势

充足的公共卫生人员数量是保障公共卫生服务体系高效运行的关键。2012～2019年我国公共卫生机构人员数量总体呈增长趋势，由2012年的667299人增加到2019年的896554人，年均增长率为4.31%。从各年份公共卫生机构人员的变化情况来看，2013年公共卫生机构人员数量增长幅度较大；2014～2015年公共卫生机构人员数量增长较为缓慢，2015年公共卫生机构人员数量达到876848人；2016年公共卫生机构人员数量有所下降；2017～2019年公共卫生机构人员数量逐年增加，2019年达到896554人（见表1）。

表1　2012～2019年公共卫生机构人员情况

单位：人

名称	2012年	2013年	2014年	2015年	2016年	2017年	2018年	2019年
卫生技术人员	528825	608560	631558	639189	646425	661616	678258	699957
其他技术人员	37385	56360	61727	60127	57315	56201	56505	55633
管理人员	40850	74493	87749	84375	77235	69106	64978	60101
工勤技能人员	60239	86808	94011	93157	89677	85285	82930	80863
合计	667299	826221	875045	876848	870652	872208	882671	896554

资料来源：历年《中国卫生健康统计年鉴》。

从公共卫生机构人员结构来看，卫生技术人员占绝对多数。2019年卫生技术人员为699957人，占公共卫生机构人员数量的78.07%，工勤技能人员、管理人员和其他技术人员所占比例相对较小，分别为9.02%、6.70%和6.21%。从各年份公共卫生机构人员数量变化来看，卫生技术人员数量保持逐年增长的态势，从2012年的528825人增加到2019年的699957人，增加了171132人，年均增长率为4.09%。2012～2019年我国公共卫生机构中的管理人员、工勤技能人员和其他技术人员数量均呈现出先增加后减少（其他技术人员数量在2018年小幅度增加后，2019年人员数量减少明显）的趋势，2014年三类人员数量均达到峰值。从公共卫生机构各类人员增长速度来看，2012～2019年卫生技术人员每年均保持正向增长，但其年均增长率最低（见表1）。

（二）公共卫生人才质量不断提升

公共卫生人员的学历结构和各类专业技术人员数量可以在一定程度上反映我国公共卫生人才队伍的质量。我国公共卫生机构中执业助理医师、执业医师、注册护士、药师（士）和技师（士）数量均基本保持逐年增长的趋势（见表2）。

表2　2012～2019年公共卫生机构中专业技术人员的构成及其变化

单位：人

名称	2012年	2013年	2014年	2015年	2016年	2017年	2018年	2019年
执业助理医师	188960	227415	230173	230880	229484	232113	236586	242188
执业医师	161772	185556	188364	192126	195871	200826	206328	212815
注册护士	129360	155700	168782	178255	189435	204048	216635	235220
药师(士)	16792	19547	20193	20501	20849	21221	21918	22601
技师(士)	51753	58173	60818	62212	63428	65342	66959	69018

资料来源：历年《中国卫生健康统计年鉴》。

我国公共卫生人员学历构成不断优化，大学本科及以上学历人员所占比例不断提高，中专及以下学历人员所占比例不断下降。从妇幼保健院人员学历构成来看，大学本科及以上学历人员所占比例不断提高，从2010年的24%提高到2019年的39.9%，其中，研究生学历人员所占比例从2010年的1.7%提高到2019年的3.5%，大学本科学历人员所占比例从2010年的22.3%提高到2019年的36.4%；中专及以下学历人员所占比例不断下降，从2010年的34.8%下降到2019年的17.8%，其中，中专学历人员所占比例从2010年的32.8%下降到2019年的17.3%，高中及以下学历人员所占比例从2010年的2%下降到2019年的0.5%；大专学历人员所占比例基本保持稳定，2010年大专学历人员所占比例为41.2%，2019年为42.3%（见表3）。

表3　妇幼保健院人员学历构成

单位：%

学历	2010年		2015年		2019年	
	占比	执业医生	占比	执业医生	占比	执业医生
研究生	1.7	3.9	2.4	5.7	3.5	9.1
大学本科	22.3	40.7	27.5	47.1	36.4	57.9
大专	41.2	34.9	42.8	32.6	42.3	24.7
中专	32.8	19.7	26.2	14.1	17.3	8.1
高中及以下	2.0	0.8	1.0	0.5	0.5	0.2

资料来源：历年《中国卫生健康统计年鉴》。

妇幼保健院中执业医生整体受教育水平不断提高，2010年妇幼保健院中执业医生具有研究生学历人员的比例为3.9%，2015年为5.7%，2019年提高到9.1%；大学本科学历人员所占比例从40.7%提高到了2019年的57.9%；大专及以下学历人员所占比例不断下降，由2010年的55.4%下降到2019年的33%（见表3）。综合以上分析可以得出，我国妇幼保健院人员整体受教育水平不断提高，人才队伍质量建设取得显著成效。

从疾病预防控制中心（以下简称疾控中心）人员学历构成来看，大学本科及以上学历人员所占比例逐步提高，大专及以下学历人员所占比例逐步下降。疾控中心中大学本科及以上学历人员所占比例由2010年的26.6%提高到2019年的46.1%，其中具有研究生学历人员的比例由2010年的3%提高到2019年的6.7%；大学本科学历人员所占比例由2010年的23.6%提高到2019年的39.4%。大专及以下学历人员所占比例由2010年的73.3%下降到2019年的53.9%，其中，大专学历人员所占比例由2010年的38.1%下降到2019年的34.5%；中专学历人员所占比例下降速度最快，由2010年的30.6%下降到2019年的17.6%；高中及以下学历人员所占比例由2010

年的4.6%下降到2019年的1.8%（见表4）。

在疾控中心人员中，执业医生的学历结构变化也较为明显，2010年疾控中心中执业医生具有研究生学历人员的比例为4.0%，到2019年比例提高到9.7%；大学本科学历的执业医生比例由2010年的31.3%提高到2019年的49.6%。2019年疾控中心中执业医生具有大学本科及以上学历人员的比例达到59.3%，而具有大专及以下学历人员的比例仅为40.6%，这表明我国疾控中心人员结构在不断优化，人才质量得到显著提升（见表4）。

表4　疾控中心人员学历构成

单位：%

学历	2010年		2015年		2019年	
	占比	执业医生	占比	执业医生	占比	执业医生
研究生	3.0	4.0	5.2	6.6	6.7	9.7
大学本科	23.6	31.3	30.8	38.1	39.4	49.6
大专	38.1	34.7	36.6	32.5	34.5	26.8
中专	30.6	27.4	24.2	20.8	17.6	12.8
高中及以下	4.6	2.7	3.2	2.0	1.8	1.0

资料来源：历年《中国卫生健康统计年鉴》。

（三）公共卫生机构数量增长明显

我国历来重视公共卫生服务体系建设，国家卫健委不断推进公共卫生治理能力与治理体系现代化，优化重大疾病防治策略，基本建立了以疾病预防控制、卫生监督、妇幼保健、应急救治等专业公共卫生服务机构为骨干，以各级各类医疗机构为依托的公共卫生服务体系。我国专业公共卫生服务机构数量总体呈现增长趋势，从2010年的11835个增加到2019年的15958个，增加4123个（见表5）。

从各级各类公共卫生机构数量增长情况来看，存在明显的分化特征，其中，计划生育技术服务机构、急救中心、健康教育所、采供血机构和妇幼保健院数量保持正向增长，具体来看，计划生育技术服务机构数量增长最为明显，从2010年的117个增加到2019年的4275个，增长率达到3553.85%。而专科疾病防治院、卫生监督所和疾控中心数量呈现出负向增长的趋势，其中，专科疾病防治院数量从2010年的1274个减少到2019年的1128个，增长率为-11.46%；卫生监督所数量从2010年的2992个减少到2019年的2869个，增长率为-4.11%；疾控中心数量从2010年的3513个减少到2019年的3403个，增长率为-3.13%。如果去除计划生育技术服务机构数量的增长，2010~2019年我国专业公共卫生服务机构数量略有下降，下降了0.30%（见表5）。

表5　2010~2019年我国公共卫生机构数量变化情况

单位：个，%

名称	2010年	2015年	2016年	2017年	2018年	2019年	累计增长率
疾控中心	3513	3478	3481	3456	3443	3403	-3.13
专科疾病防治院	1274	1234	1213	1200	1161	1128	-11.46
健康教育所	139	166	163	165	177	170	22.30
妇幼保健院	3025	3078	3063	3077	3080	3071	1.52
急救中心	245	345	355	361	384	448	82.86
采供血机构	530	548	552	557	563	594	12.08
卫生监督所	2992	2986	2986	2992	2949	2869	-4.11
计划生育技术服务机构	117	20092	13053	8088	6276	4275	3553.85
专业公共卫生服务机构	11835	31927	24866	19896	18033	15958	34.84
医疗卫生机构	936927	983528	983394	986649	997433	1007579	7.54

资料来源：《中国卫生健康统计年鉴（2010~2020）》，增长率指标由笔者根据原始数据计算得出。

二　公共卫生人才队伍建设存在的主要问题

（一）公共卫生人才数量不足且呈现出进一步下降的趋势

现阶段，我国公共卫生人才总量虽呈增长趋势，但与高质量的公共卫生防疫体系建设所需的公共卫生人才数量相比，还存在一定的缺口。根据2011年卫生部印发的《医药卫生中长期人才发展规划（2011—2020年）》的指导性指标，到2020年我国每千人口配备公共卫生机构人员应达到0.83人，如果以此为标准，我国2019年公共卫生机构人员应达到117.04万人，但实际上我国2019年公共卫生机构人员仅为89.66万人，缺口达27.38万人。疾控中心作为重要的公共卫生机构，主要通过对疾病的预防控制，特别是对重大传染性疾病进行防控，保障居民的身体健康。疾控中心人员数量是保障疾病防控职能得以充分发挥的关键，2014年《中央编办 财政部 国家卫生计生委关于印发疾病预防控制中心机构编制标准指导意见的通知》规定，疾控中心人员数量按每万人口配备1.75人的比例核定，其中，专业技术人员占比不得低于85%，卫生技术人员占比不得低于70%。2014年我国疾控中心人员数为19.24万人，即每万人口配备1.40名疾控中心工作人员，与文件规定的比例存在一定差距；且近年来该比例呈现不断下降的趋势，2019年，每万人口配备疾控中心人员的比例下降至1.33人。此外，2019年疾控中心中专业技术人员占比虽达到近年来82.88%的最高水平，但与文件规定的专业技术人员占比不得低于85%仍有一定差距。卫生监督所作为公共卫生监督机构，其数量从2010年的2992个减少到2019年的2869个；其人员数量从2010年的93612人减少到2019年的78829人。

（二）公共卫生人员结构失衡

我国公共卫生专业人员不仅在数量上难以满足高质量现代化公共卫生服务体系建设的现实需求，在人员结构方面也存在进一步优化的空间。公共卫生机构由于专业性较强，要求卫生技术人员占比相对较高，2012～2019年我国公共卫生机构中卫生技术人员占比不升反降，由2012年的79.25%下降到2019年的78.07%，其间在2014年更是达到72.17%的较低水平。执业（助理）医师占公共卫生人员的比例由28.32%下降到2019年的27.01%。各公共卫生机构人员比例应保持基本平衡，否则容易导致部分公共卫生职能得不到充分发挥。2012～2019年我国疾控中心和卫生监督所人员占公共卫生机构人员的比例快速下降，由2012年的42.49%下降到2019年的29.71%，这在一定程度上反映了我国在公共卫生领域存在轻预防重治疗的现象。

纵向来看，无论是疾控中心还是妇幼保健院，其执业医师学历结构均呈现出大学本科及以上学历人员占比不断提升，而大专及以下学历人员占比不断下降的趋势，这在一定程度上表明疾控中心和妇幼保健院执业医师学历结构在不断优化。但横向比较可以发现，疾控中心和妇幼保健院执业医师具有研究生学历人员的比例大多低于医院，而大专及以下学历人员的比例大多高于医院。如2019年疾控中心和妇幼保健院执业医师中具有研究生学历人员的比例分别为9.7%和9.1%，而医院执业医师中具有研究生学历人员的比例达到22.7%；疾控中心和妇幼保健院执业医师中具有大专及以下学历人员的比例分别为40.6%和33%，高于医院21.4%的水平（见表6）。

表6　公共卫生机构中执业医师学历构成

单位：%

学历	2010年				2019年			
	专业公共卫生服务机构	医院	疾控中心	妇幼保健院	专业公共卫生服务机构	医院	疾控中心	妇幼保健院
研究生	8.4	12.5	4.0	3.9	16.1	22.7	9.7	9.1
大学本科	43.1	54.3	31.3	40.7	50.1	55.9	49.6	57.9
大专	29.2	23.2	34.7	34.9	22.7	15.8	26.8	24.7
中专	16.9	9.0	27.4	19.7	10.2	5.3	12.8	8.1
高中及以下	2.3	1.0	2.7	0.8	1.0	0.3	1.0	0.2

资料来源：《中国卫生健康统计年鉴（2010～2020）》。

从卫生技术人员的年龄结构来看，2019年疾控中心34岁及以下人员占卫生技术人员总量的21.1%，妇幼保健院占45%，医院占50.3%；疾控中心和妇幼保健院中56～59岁人员占比分别为13%和5.1%，而医院仅为4.9%。从卫生技术人员的职称构成来看，疾控中心具有正高和副高职称人员的比例较高，2019年分别达到3.0%和10.6%，而同期医院的正高和副高职称人员比例分别为2.6%和7.5%，妇幼保健院正高和副高职称人员的比例为1.6%和7.4%（见表7）。进一步分析可知，医院中正高和副高职称人员比例之所以低于疾控中心，主要是由于医院卫生技术人员中包含大量护理人员，如果以同期执业医师中正高和副高职称人员占比进行比较的话，可以发现医院执业医师具有正高和副高职称人员的比例明显高于疾控中心和妇幼保健院。如2019年医院执业医师具有正高职称人员的比例为7.3%，同期疾控中心和妇幼保健院的比例分别为5.1%和4.3%；医院执业医师具有副高职称人员的比例为17.2%，同期疾控中心和妇幼保健院的比例分别为16.6%和16.7%。综合以上分析，可以推断出我国公共卫生机构人员中具有正高职称的比例相对较低，且年龄结构仍有进一步优化的空间。

表7　2019年卫生技术人员年龄及职称构成

单位：%

年龄构成					职称构成				
年龄	专业公共卫生服务机构	医院	疾控中心	妇幼保健院	职称	专业公共卫生服务机构	医院	疾控中心	妇幼保健院
24岁以下	5.9	6.3	0.8	5.3	正高	2.0	2.6	3.0	1.6
25~34岁	39.5	44.0	20.3	39.7	副高	6.4	7.5	10.6	7.4
35~44岁	26.1	25.3	29.4	28.6	中级	19.6	20.6	29.9	22.4
45~55岁	17.6	15.5	32.0	19.3	师级	30.8	30.2	31.2	30.3
56~59岁	5.3	4.9	13.0	5.1	士级	31.9	30.6	16.2	30.5
60岁及以上	5.6	4.0	4.4	2.0	不详	9.3	8.5	9.1	7.8

资料来源：《中国卫生健康统计年鉴（2010~2020）》。

（三）财政投入相对不足，人均待遇偏低

充足的经费投入是公共卫生机构高效运行的重要保障，经费的实际支出能较为准确地反映各卫生机构的运行情况。从纵向来看，我国公共卫生机构的经费支出由2010年的973.02亿元增加到2019年的2835.69亿元，年均

增长率达到12.62%的较高水平；其中，疾控中心经费支出由2010年的321.37亿元增加到2019年的748.65亿元，年均增长率达到9.85%，这表明我国公共卫生机构经费投入的绝对值增长较快。但从公共卫生机构经费投入占各类医疗卫生机构投入的比重来看，则呈现出下降的趋势。2010年公共卫生机构经费支出占各类医疗卫生机构经费支出的7.42%，2019年为6.43%，这在一定程度上反映了公共卫生领域投入相对不足。2010年疾控中心总经费支出占各类医疗卫生机构经费支出的2.45%，到2019年其比例下降至1.70%。此外，疾控中心经费支出占公共卫生机构总经费支出的比例在快速下降，从2010年的33.03%下降至2019年的26.40%，这表明疾控中心经费增长速度慢于公共卫生机构，而公共卫生机构的经费增长速度小于各类医疗卫生机构经费的平均增长速度。

疾控中心经费支出占比下降的原因与其机构改革密不可分，2003年"非典"疫情以来，疾控中心逐步退出市场化经营项目，虽然财政投入增加了，但其投入远小于原有的经营收入水平，使疾控中心收入水平整体下降。在新一轮事业单位改革中，疾控中心调整为公益一类事业单位，其经费只能来自财政拨款和事业性收入，使本来就偏低的收入再次下降。各类医疗卫生机构中人员人均经费支出可以较为客观地反映其待遇水平，人员人均经费越多，说明职工的待遇水平相对较高，相反，其待遇水平相对偏低。2019年医院、妇幼保健院和疾控中心人员人均经费支出分别为16.02万元/年、13.94万元/年和14.40万元/年，即疾控中心人员的年平均收入比医院低1.62万元/年，进一步考虑到疾控中心执业医师比例要高于医院，可以推断出同一水平的职工在疾控中心任职获得的收入明显低于医院。2019年妇幼保健院人员中执业医师比例略高于医院；且妇幼保健院人员人均经费支出比医院低2.08万元/年，这表明在同等条件下妇幼保健院职工的工资水平更低。

（四）高端人才储备不足且流失较为严重

公共卫生领域的高端人才储备直接影响着国家公共卫生服务质量和水

平，高端人才储备不足将严重制约公共卫生服务的范围和质量。2012～2019年我国卫生技术人员的年平均增长率为5.12%，而公共卫生机构人员年均增长率仅为4.31%，疾控中心人员甚至年平均增长率为－0.42%。疾控中心作为公共卫生机构的重要组成部分，其人员占公共卫生机构人员的比例呈现出下降的趋势，从2012年的28.95%下降到2019年的20.92%。执业医师作为公共卫生机构中的核心技术人员，其占公共卫生机构人员的比例也略有下降，从2012年的24.24%下降到2019年的23.74%。此外，现有公共卫生机构中执业医师学历结构也能在一定程度上反映其人才储备情况，2019年疾控中心和妇幼保健院执业医师中具有研究生学历的比例分别为9.7%和9.1%，而医院为22.7%。以上分析表明，我国公共卫生机构中人才储备相对不足，特别是高端人才更为明显。

公共卫生和预防医学类专业毕业生是公共卫生机构人员的重要补充，根据阳光高考网的统计，2021年预防医学专业本科毕业生有8000～9000人，食品卫生与营养学有1000～1500人，卫生监督和全球健康学专业均在50人以下。在这些毕业生中仅有约53.1%的毕业生从事与公共卫生相关的工作，且名校毕业生去疾控中心工作的比例极少，大多愿意选择到医院的相关科室工作。[①] 这就造成我国公共卫生领域高端人才在就业阶段出现大量流失。在从业阶段，由于公共卫生服务机构人员人均年经费支出水平明显低于医院，导致大量专业公共卫生服务机构专业技术人员外流。如2019年妇幼保健院和疾控中心人员人均经费支出分别为13.94万元/年和14.40万元/年，而医院人员人均经费支出为16.02万元/年，显著高于妇幼保健院和疾控中心。由于大多数医院为公益二类，具有一定的创收能力，其专业技术人员的待遇更加市场化，进而造成医院执业医生实际收入明显高于疾控中心，加上疾控中心工作内容外部性极强，专业技术人员在工作中取得的成就很难得到直观的反馈，容易造成工作满足感降低，最终导致部分疾控中心高级专业技术人才外流。

---

① 崔瑛：《我国公共卫生队伍建设存在的问题与对策探讨》，《现代商贸工业》2021年第16期，第62～63页。潘多拉：《加强公共卫生应急人才队伍建设刻不容缓》，《中国卫生人才》2020年第5期，第6～7页。

三　进一步加强公共卫生人才队伍建设的建议

（一）调整卫生资源分配结构，保障公共卫生人才供给

调整卫生资源分配结构，将疾病预防放在更加突出的位置。疾病预防和疾病治疗作为保障居民身体健康的重要举措，必须齐头并进才能保障健康中国的实现。① 如果疾病预防没有做好，必将大幅增加疾病治疗的负担；相反，如果疾病预防工作做得好，疾病治疗的工作负担将大幅下降。过去由于卫生资源供给不足，各级政府往往存在“重治疗轻预防”的观念。但随着我国卫生资源供给的持续增加，各级政府应转变理念，调整卫生资源分配结构，将疾病预防和疾病治疗放在同等重要的位置。建立科学合理的公共卫生服务质量指标体系，进一步提高公共卫生服务质量在各级政府绩效考核中的权重，以促使各级政府在资源分配中更加重视公共卫生建设，促进公共卫生服务质量稳步提高。科学核定公共卫生机构编制，动态足额配备公共卫生人才。

（二）以公共卫生首席专家制度为抓手，优化公共卫生人才队伍结构

全面推行公共卫生首席专家制度，对首度专家实行与其专业技能相匹配的年薪制，保障公共卫生领域顶尖人才的存量与增量，促进公共卫生事业健康可持续发展。首席专家全面参与公共卫生事业发展规划的制定，监督公共卫生政策的落实，开展公共健康风险因素调研和关键技术攻关，协助有关部门做好公共卫生监测、预警、报告和救治工作，参与各类公共卫生风险事件的处理。进一步优化公共卫生人才队伍结构，合理配备公共卫

---

① 杨皓斌、胡向科、史千山、黄铁牛、杨土保：《湖南省公共卫生人才队伍建设现状与建议》，《中国感染控制杂志》2020 年第 5 期，第 393 ~ 397 页。

生人才。应根据职能和需要设计相应的公共卫生机构，各机构间的人员结构应尽可能合理。打通专业技术人员的执业壁垒，允许专业公共卫生服务机构的执业医师到医院或其他医疗机构执业，既保障了专业公共卫生服务机构执业医师的权利，同时也增加了专业公共卫生服务机构执业医师实践的机会，有利于公共卫生机构间执业医师的交流和了解。严格公共卫生人才准入制度，确保人才队伍入口的高质量。① 吸引公共卫生相关领域的优秀毕业生到专业公共卫生服务机构就业，对于优秀的研究生实行人才引进②，以进一步提高新入职人员中研究生学历人员所占比重。对于在职人员，制定科学合理的分级分类培训体系，通过学历教育、职业教育和专业化培训，提升专业公共卫生服务机构人员的素质和能力。

（三）完善公共卫生人才的评价和激励机制，切实提高其薪酬待遇水平

充分认识到公共卫生人员与其他机构人员岗位性质上的差异。公共卫生人员从事的工作具有较强的专业性、高风险性、正外部性等特点，关系着社会群体的身体健康，其工作内容具有较高的劳动价值，但由于公共卫生收益具有分散性和不确定性，决定了公共卫生无法通过市场化的手段获取资金，故政府的财政投入是保障公共卫生机构运行的关键。坚持以公共卫生服务内容和服务质量为导向，以公共卫生人才岗位职责为基础，制定科学、合理、公平的绩效考核方案，强化考核结果在薪酬分配和职称申报中的作用。③ 进一步深化公共卫生人员收入分配改革，坚持优劳多得、多劳多得，建立激励公共卫生人才努力工作的薪酬激励机制、职称评审机制和社会认同机制。各级政府要加大对专业公共卫生服务机构财政投入的力度，优化公共卫生经费

① 刘昕：《论新时期我国公共卫生队伍的建设问题》，《湖南大学学报》（社会科学版）2020年第5期，第35~44页。

② 王艳霞、刘雪辰：《健康中国视角下省域医疗卫生人才队伍建设的问题与对策——以河北省为例》，《中国人事科学》2021年第6期，第64~73页。

③ 宁永鑫、段晓川：《福建省基层卫生人才队伍建设现状、问题及对策建议》，《中国人事科学》2020年第7期，第37~42页。

投入结构，提高公共卫生经费在全国卫生事业经费中的占比，确保专业公共卫生服务机构人员的收入水平不低于医院同等技能人员的收入水平。建立科学合理的公共卫生人员薪酬增长机制，确保公共卫生人员薪酬增长率不低于社会在职职工平均工资增长率。鼓励公共卫生机构专业人员积极申请研究项目，通过主持或参与研究项目不仅可以提高其公共卫生服务的能力，也能增加其收入。

（四）转变公共卫生人才培养模式，着力培养多学科复合型人才

推动公共卫生、临床医学、应急管理等多学科的交叉融合，培养具有公共卫生风险防范与识别、疾病治疗和应急处理能力的高级技能人才。完善高校与公共卫生机构间的协同育人机制①，鼓励公共卫生领域的教师与公共卫生机构的专家共同编写教材，使教材兼具理论性和实践性。在完成相关理论教学的同时，重视实验教学、实践教学和案例教学，分门别类制定教学质量标准，确保毕业生具有独立从事公共卫生调查识别、风险防控和应急处理能力。加强公共卫生信息化水平建设，探索信息化技术在公共卫生监测、识别、追踪以及治疗等领域的应用，加强地区之间、部门之间的信息共享和合作，实现公共卫生信息及资源实时共享。② 借鉴国外发达国家的经验，积极调整公共卫生人才结构，逐渐减少本科以下公共卫生人员数量，不断扩大公共卫生和预防医学专业硕士生的招生规模③，适当增加公共卫生专业博士研究生和博士后的招生数量，以进一步提高公共卫生人才培养的质量。

---

① 任涛、吕筠、余灿清、李立明：《疫情后时代我国公共卫生教育和人才队伍建设的思考》，《中华预防医学杂志》2020 年第 5 期，第 457 ~ 464 页。

② 龙玉其、王延中、宁亚芳：《“十四五”时期社会保障发展的目标思路与关键举措》，《经济学动态》2020 年第 8 期，第 105 ~ 118 页。

③ 杨皓斌、胡向科、史千山、黄铁牛、杨土保：《湖南省公共卫生人才队伍建设现状与建议》，《中国感染控制杂志》2020 年第 5 期，第 393 ~ 397 页。

G.6

公立医院改革的进展、问题与对策

都闪闪*

摘　要： 公立医院改革是新医改最终方案中的一个核心环节。本文从公立医院改革的发展回顾出发，在对公立医院改革取得的进展与成就做概况与总结的基础上，重点分析目前公立医院改革中存在的问题与障碍，并针对具体问题给予相应的建议与展望。公立医院改革取得积极进展，医疗服务供给主体呈现多元化发展趋势，破除以药补医改革成果得到进一步巩固，人事薪酬制度、分级诊疗制度改革稳步推进，现代医院管理制度改革积极推进。公立医院改革面临的主要问题：对公立医院改革的认识尚且不足，财政补偿机制有待完善，薪酬制度改革问题，分级诊疗面临发展困境，现代医院管理制度还有许多问题需要明晰。深化公立医院改革的对策建议：完善财政补偿机制，完善人事薪酬制度，建立绩效管理体系，完善分级诊疗制度体系，加快建立健全现代医院管理制度。

关键词： 公立医院改革　薪酬制度　现代医院管理制度

一　公立医院改革发展回顾

作为我国医疗服务体系的主体，公立医院的改革直接关乎着医改的成

---

* 都闪闪，中国社会科学院大学经济学院博士研究生。

败，其主要经历了以下三个发展阶段。

第一阶段：2009～2011年是公立医院改革的探索和尝试时期，公立医院改革是此时期医改“五项重点改革”任务之一。2010年2月，卫生部等五部委联合发布了《关于公立医院改革试点的指导意见》，决定在全国范围内选取16个城市作为进行公立医院改革的试点地区，公立医院改革正式进入试点阶段。该时期公立医院改革的核心内容为调整公立医院的布局和结构，完善公立医院管理体制，包括完善医院法人治理结构、促进社会办医、推进人事制度改革、建立有效监管制度等重要内容。

第二阶段：2012～2015年是公立医院改革的持续推进时期，深化公立医院改革成为此时期新医改“三项重点改革”任务之一。2014年5月和2015年5月，国家卫生计生委等多个部门先后下发了《关于确定第二批公立医院改革国家联系试点城市及有关工作的通知》和《关于确定第三批公立医院改革国家联系试点城市及有关工作的通知》，公立医院改革的试点范围进一步扩大。该时期对公立医院内部管理机制改革和外部治理增加了新的改革规定和内容。

第三阶段：2016年至今是公立医院改革的深入和突破时期。2016年8月，全国卫生与健康大会提出构建包括分级诊疗制度、现代医院管理制度等在内的五项基本医疗卫生制度，明确了建立科学有效的现代医院管理制度是此时期公立医院改革的主要任务和发展目标。2017年初，《政府工作报告》将全面推开公立医院综合改革作为重要内容。2017年7月，国务院办公厅印发《国务院办公厅关于建立现代医院管理制度的指导意见》，提出构建现代医院管理制度应该从管理制度、决策制度、章程建设等多方面统筹考虑，将建立现代医院管理制度作为公立医院改革的重要目的。2018年，《关于开展建立健全现代医院管理制度试点的通知》发布，正式公布了148家建立现代医院管理制度的试点单位名单。2019年末，卫健委等多个部门印发《关于加强二级公立医院绩效考核工作的通知》，进一步聚焦建立现代医院管理制度的重点领域和关键环节，为全面推广建立现代医院管理制度奠定了基础，公立医院改革进入深入和突破时期。

二　公立医院改革的进展与成就

（一）民营医院市场活力增加，医疗服务供给主体呈现多元化发展趋势

公立医院一直是我国医疗服务供给的主体，公立医院改革的一个重要的目标就是改善医疗服务供给结构，增加民营医院的市场活力，推动民营医院的发展。从数量上看，2008 年，我国医院共 20291 家，其中民营医院 6240 家，占全国医院总数不到 1/3。[①] 随着公立医院的改革，民营医院市场活力大大增加，迎来了快速发展。如表 1 所示，截至 2020 年 6 月，我国民营医院数量达 22755 家，相比 2008 年的 6240 家增加了 16515 家，增幅达 264.66%；民营医院占医院总数比值由 2008 年的 30.75% 提高至 65.66%，增长超过 1 倍。从近 5 年数据来看，2016 年 6 月～2020 年 6 月，民营医院占比逐年提升，平均年增速达 3.13%。从床位数上看，《2019 年我国卫生健康事业发展统计公报》显示，截至 2019 年末，全国医疗卫生机构床位 880.7 万张，其中公立医院床位 686.7 万张。2015～2019 年，公立医院床位占全国医院床位比值由 80.60% 降至 72.5%，年均降幅为 1.62%；民营医院床位占全国医院床位比值由 19.4% 提高至 27.5%，年均增幅为 2.02%。相比公立医院，民营医院占比仍有较大差距，但无论是发展数量还是拥有的床位数都呈稳步上升之态。可见，我国医疗卫生服务供给主体正趋向多元化发展。

（二）破除以药补医改革成果得到进一步巩固，医院收入结构逐步改善

首先，破除以药补医成果得到巩固。2017 年，公立医院综合改革全面

---

① 数据来源：《2008 年我国卫生事业发展统计公报》，http：//www.gov.cn/gzdt/2009－04/29/content_ 1299547.htm。

推开，取消药品加成、取消医用耗材加成等措施正式启动。至2017年底，取消了药品加成制度的公立医院占比超过93.9%。至2019年8月，全国超过7000家医院取消了医用耗材加成。[①] 在取消药品加成及耗材加成的同时，药品集中采购及审评审批制度、药品和高值医用耗材阳光采购制度等举措也在有序推进，药品价格有了明显下降，药品改革效果得到进一步巩固。具体地，如新增十余种抗癌药进入国家医保的谈判目录，在原有基础上实现平均降价超过一半。其次，医疗服务价格调整机制不断完善。在全面取消药品加成的基础上，2018年有近20个省份再次降低医疗服务价格，如广东等省份将医疗服务价格每年至少调整一次进行了明文规定；四川省南充市等地通过实行设立药事服务费等政策促进合理用药、规范用药。

表1　2016～2020年全国医院数量概况

单位：家，%

时间	医院总数	公立医院		民营医院	
		数量	占比	数量	占比
2016.6	28261	12958	45.85	15303	54.15
2017.6	29719	12566	42.28	17153	57.72
2018.6	31710	12121	38.22	19589	61.78
2019.6	33290	11941	35.87	21349	64.13
2020.6	34658	11903	34.34	22755	65.66

说明：每年数据为截至当年6月；

数据来源：国家卫健委统计信息中心，http://wjw.hubei.gov.cn/zfxxgk/fdzdgknr/tjxx/2020/202010/t20201015_2956749.shtml。

截至2019年9月，"十三五"期间，全国各省区市有超过一半的技术价值类医疗服务项目上调了价格。与"十二五"期末相比，各省区市诊疗类医疗服务价格涨幅为20%～100%；手术类医疗服务价格涨幅为40%～150%；护理类医疗服务价格涨幅为50%～200%；中医医疗服务价格涨幅

① 《居民就医负担逐步减轻》，人民网，https://baijiahao.baidu.com/s?id=1672684740087217215&wfr=spider&for=pc，2020年7月20日。

为20% ~60% 。[①]《深化医药卫生体制改革2020年下半年重点工作任务》也指出，2020年下半年将进一步建立和完善医疗服务价格动态调整机制，目前如广东省、山东省等均已发布建立医疗服务价格动态调整机制的相应通知和指导意见。最后，近年来政府对公立医院的投入力度不断加大。截至2018年底，各级政府对公立医院的直接投入增加至2705亿元，是5年前投入量的近2倍，通过补助医保基金缴费间接支持公立医院的投入量增加至12339亿元，占公立医院医疗收入的一半以上。[②]

通过降低药品和耗材价格、建立动态调整医疗服务价格和完善政府补贴机制3项有力措施，有效降低了百姓就医的药品花费，优化了医院收入结构，推动了公立医院改革向纵深发展。2015年在全国医疗总费用中，门诊药费占48.3%，住院药费占36.9%。到了2019年，门诊药费占门诊总花费的40.60%，相比2015年下降了7.5%；住院药费占住院总花费的27.5%，相比2015年下降了9.4%。[③]

（三）人事薪酬制度改革加快推进

2017年，我国开始在全国近50个地级市开展薪酬制度改革的试点工作，试点从确定合理的薪酬水平区间、调整工资结构等方面展开。同年底，试点已覆盖全国所有的地级市。截至2019年6月，全国有2800多家公立医院开展了薪酬制度改革，占比超过全国公立医院总数的1/5。如重庆市绩效工资实行基础绩效+超额绩效的模式，提出一定比例的事业基金用于绩效工资的人员奖励。2020年7月，《国务院办公厅关于印发深化医药卫生体制改革2020年下半年重点工作任务的通知》提出，落实“两个允许”要求，全面推开公立医院薪酬制度改革。

---

① 《逐步建立医疗服务价格动态调整机制》，中新社，https：//baijiahao. baidu. com/s? id = 1645112858936722057&wfr = spider&for = pc，2019年9月19日。

② 《以更多真金白银促进地方公立医院改革积极性》，http：//www. gov. cn/zhengce/2019 -06/11/content_ 5399003. htm，2019年6月11日。

③ 数据来源：《我国卫生健康事业发展统计公报》2015~2019年。

薪酬制度改革效果明显，医务人员薪酬结构得到优化，劳动价值和社会地位提高，医院收入来源更加规范。截至2019年，公立医院内用于人员经费支出的比例由2014年的30%上涨到35.9%。[①] 在宁夏，公立医院职工工资水平较改革前平均增长17.3%[②]；在福建省三明市，全市22家公立医院工资总量由2011年3.82亿元增加到2018年12.49亿元，在岗职工平均年薪由2011年4.22万元增长到2018年11.34万元[③]；在陕西省延安市，薪酬制度改革后，三级医院和二级医院医务人员的平均年收入分别达到了14.2万元和11.8万元，分别比同级事业单位高了2.4倍和2倍。[④]

（四）分级诊疗制度稳步推进

1.基层医疗卫生资源不断丰富

丰富的基层医疗卫生资源是推动分级诊疗制度建设的重要前提和必不可少的因素，是分级诊疗“基层首诊制”落实和推进的重要基础。2015～2019年，我国基层医疗卫生机构数量由920770家增至954390家，5年内平均增幅达0.70%；基层医疗卫生机构床位数由141.1万张增至163.1万张，5年内平均增幅达2.70%；基层医疗卫生机构中卫生技术人员数量由225.8万人增至292.1万人，5年内平均增幅达4.54%，其中医师数量5年内增加了33.5万人，增幅达30.4%。[⑤]

2.医联体建设有序进行

截至2018年底，所有省份均出台了针对医联体建设发展的相关规划和文件，医联体建设在所有的三级医院内展开。全国各地医疗机构实现有效转诊，据统计，上转患者1235万例次，同比减少15%，下转患者883万例次，

---

① 《公立医院改革迎来好消息》，健康界，https://www.sohu.com/a/319014146_439958。

② 《我区公立医院薪酬制度改革取得阶段性成效》，宁夏网，http://www.nx.gov.cn/zwxx_11337/zwdt/202001/t20200110_1919756.html。

③ 国务院体制改革司，http://wsjsw.linyi.gov.cn/info/1038/12679.htm。

④ 国家卫健委召开专题新闻发布会，https://www.sohu.com/a/323395506_753786，2019年6月27日。

⑤ 数据来源：《我国卫生健康事业发展统计公报》2015～2019年。

同比增加83%，首次缓解了“上转容易下转难”的转诊局面。[①]

3. 家庭医生签约制度不断完善

从培训体系来看，2016年以来，中国医师协会3年累计培训管理人员已超过2000名、全科住院医师临床指导医师超过5000名，显著提升了全科师资的带教能力与水平。从全科医生数量来看，截至2018年底，全国经培训合格的全科医生已达30.9万人，与2017年相比，增加了5.6万人；每万人口拥有全科医生上升到2.2人，相比2017年增加0.4人；此外，全科医生培训体系更加健全。我国已形成“5+3”为主体、“3+2”为补充的新的全科医生培训模式，建成了由558个全科专业临床培养基地和1660个基层实践基地构成的全科培训体系，5年来累计招收住院医师4.5万人。[②]

4. 远程医疗成效明显

首先，开展远程医疗服务的机构数量不断增多。《2019年我国卫生健康事业发展统计公报》显示，截至2019年底，全国开展远程医疗的医院已超过9000多家，提供线上医疗服务的二级以上的医院超过5000多家。其次，远程医疗服务质量不断提高。截至2018年底，通过各级医疗卫生资源的互相渗透，县级医院新建专科治疗近6000个，已有超过400家贫困县医院成为二级甲等医院，30余家贫困县医院达到三级医院医疗服务水平。同时，远程医疗在新疆、西藏等偏远地区也在稳步进行。在新疆，已有8所医院接受卫健委派出的超过300名专家学者的支援，累计接收患者超过9万人，实施手术超过1万台，急危重症抢救成功率达90%。在西藏，已有8所医院接受卫健委派出的近700名专家学者的支援，目前已有300余种“大病”不出自治区、近2000种“中病”不出地市、常见的“小病”在县域内就能

① 《国家卫生健康委：将加快推进医联体建设》，https://www.sohu.com/a/319670543_120065055，2019年6月10日。

② 数据来源：我国经培训合格的全科医生已达30.9万人，2019年4月30日，https://baijiahao.baidu.com/s?id=1632196570035217003&wfr=spider&for=pc。

得到及时治疗。[①] 最后，关于远程医疗的规划在不断完善，章程不断建设，由国家卫健委牵头制定的《基于5G技术的医院网络建设标准》已正式启动。

（五）现代医院管理制度的改革探索

建立现代医院管理制度的配套政策在不断完善。2017年8月下发《关于建立现代医院管理制度的指导意见》，现代医院管理制度的改革正式开始启动；2019年12月，《国家卫生健康委办公厅关于印发公立医院章程范本的通知》出台，该通知针对建立现代医院章程做出具体的指示，推动了现代医院管理制度的建立。与此同时，各地方党委均制定了加强公立医院党的建设的实施办法，如上海在全国率先成立申康医院发展中心，推行对医院所有收支的全面预算管理；青海省政府出台《青海省现代医院管理制度建设实施方案》，确定了现代医院管理制度建设三个方面共23项重点任务；陕西省53家省级医院已经开展现代医院管理制度改革；河北省、福建省、湖南省等多个省份均出台了《建立现代医院管理制度实施方案》。同时，一些省市的重点医院如北京协和医院、四川大学华西医院也积极探索建立健全现代医院管理制度，做出了好的榜样。

三　公立医院改革面临的主要问题

公立医院改革已经取得了一定成效，但同时也面临着一些发展的难题。

（一）对公立医院改革的认识不到位

医务人员作为贯彻落实政府医药卫生体制改革任务和目标的执行者、实践者，其改革意愿直接影响着改革的成败。在公立医院改革中，由于对改革

① 《进一步发挥远程医疗作用》，http：//www. chinanews. com/gn/2019/02 – 13/8753029. shtml，2019年1月13日。

宣传程度的不同以及不同医务工作人员自身思想意识的差异，部分医务工作者缺乏对公立医院改革的正确认知和重要性的肯定，如余畅对重庆市主要公立医院医务人员进行公立医院薪酬制度改革相关的调研时发现，只有约38.2%的医务人员非常关注国家编制改革的相关消息，其余的不太关注甚至完全不关注。[①] 熊季霞等人在对江苏省6所三级公立医院400名医务工作人员做公立医院改革认知的调查问卷时发现，医务人员对公立医院体制改革政策的总体知晓程度，以一般与不了解居多。[②]

（二）财政补偿机制有待完善

公立医院收入机制改革的目标是逐步将医疗服务、药品收入、财政补助三个渠道改为医疗服务收费和财政补助两个渠道。随着取消药品加成改革的推进，政府的财政补贴越来越成为医院收入的重要部分，但目前的财政补偿机制仍不完善，表现在以下三个方面。

1. 财政投入总量依然不足

近年来，政府对公立医院的投入虽有所增加，但在公立医院总收入中的占比仍处于一个较低的水平。表2显示，2012～2018年，财政补贴收入占公立医院总收入的比例虽然整体上呈现上升的趋势，但比例均在10%以下，而以德国为代表的社会医疗保险制度政府财政补偿比占医院收入的27%左右，以英国为代表的卫生服务保障制度政府补偿高达85%，差距十分明显。[③] 此外，《2019年中国卫生健康统计年鉴》显示，医改后公立医院医疗收入增幅明显下降，导致医院年总收入增长率下降，2014～2018年，年总收入增长率由12.84%变为11.28%，下降了1.56个百分点，这说明取消药品加成在有效减轻病人负担的同时，也对医院的创收能力造成

① 余畅：《重庆市公立医院医务人员对编制改革的态度及影响因素的研究》，重庆医科大学硕士学位论文，2018。

② 熊季霞、吕艳霞：《全面深化医改背景下医务人员对公立医院体制改革的认知分析》，《医学争鸣》2020年第4期，第72～75页。

③ 熊瑶：《城市公立医院补偿机制改革的实证研究》，南方医科大学硕士学位论文，2016。

了影响，因此更加需要财政补贴来推动公立医院的正常运行和回归公益性质的需要。

表 2　2012～2018 年公立医院总收入构成

单位：%

年份	医疗收入	财政补贴收入	科教项目收入	其他收入
2012	89.46	8.16	0.46	1.94
2013	89.69	7.94	0.42	1.92
2014	90.00	7.71	0.41	1.89
2015	88.57	8.97	0.45	2.01
2016	88.40	9.13	0.41	2.06
2017	88.14	9.24	0.47	2.15
2018	87.67	9.54	0.53	2.27

说明："医疗收入"为检查、治疗、手术、卫生材料、药品收入之和（包括门诊和住院），"其他收入"指医疗收入中除挂号、检查、治疗、手术、卫生材料、药品、床位、护理以外的其他医疗收入。

资料来源：据《中国卫生健康统计年鉴（2019）》数据整理得来，http：//www.stats.gov.cn/tjsj/ndsj/2019/indexch.htm。

2. 财政补偿方式不明确，缺乏具体标准

在目前我国政府对于公立医院的政策中，财政仅仅将公立医院基本建设及大型设备购置、重点学科建设等六大公共服务纳入财政保障范围，但对公立医院缺乏专门的补贴政策，缺乏具体的资金拨付标准。如在实践中，财政补偿仅将人员、床位和卫生事业总经费等纳入补偿范围，但是缺乏统筹考虑不同经济发展水平的各区域、不同身体状况的居民、医院等因素，因而在实际运行中出现了部分人员费用补偿不足、基础建设费用补偿不到位、学科建设基础较差等问题。①

3. 补偿方式比较单一，资金运行效率低

目前，政府对公立医院的财政补偿机制运行中缺乏有效的监管机制和考

① 王珊珊：《浅析公立医院改革财政补偿机制存在的问题及对策》，《商讯》2019 年第 7 期，第 105～106 页。

核机制，造成财政补助资金使用方式单一、运行效率低下。如各级财政每年投入大量的资金被公立医院用在硬件建设和设施设备更新上，而较少地用于医务人员的薪酬，结果带来了许多问题。[①] 此外，由于用于人员薪酬的财政投入较少，而大部分非编制内工作人员的收入依靠医院创收，造成医院收入结构的失衡，不利于薪酬制度改革的推进。

（三）医务人员薪酬制度改革滞后

经过近几年的试点改革，我国公立医院薪酬制度改革初见成效，但在收入水平、激励政策实施等方面仍面临一些问题。

首先，医务人员的平均薪酬水平仍然相对较低。根据张春瑜等人的调查研究发现，自 2016 年薪酬制度改革之后，医生的平均薪酬在 2017 年出现了一个小高峰，从 2016 年的年均收入 9.57 万元，增加到了 12.98 万元。同年，医生的平均工资与城镇职工平均工资之比也达到了 1.92。到了 2018 年，平均薪资反而有了一定程度的下降，降至 11.18 万元，2019 年又回涨至 12.22 万元。与城镇职工平均工资之比也由 2017 年的 1.92 降至 2018 年的 1.50 和 2019 年的 1.48。按照国际惯例，医生普遍是高收入人群，一般为社会平均工资的 2 ~ 3 倍，在发达国家更是达到了社会平均工资的 3 ~ 5 倍。[②] 在英国，见习医生的工资已经相当于英国公务员的工资水平，高年资医生的工资更是公务员的 2 ~ 3 倍。[③] 长期以来，我国医务人员收入只是一般社会岗位平均工资的 1.3 倍左右。[④] 2016 ~ 2019 年，医生期望的年收入与实际年收入之间的差距也并未实现有效的缩小，这与张春瑜调研得出的

---

① 李倩、贾瑶瑶、张光鹏、田立启：《公立医院薪酬制度改革存在的问题及思考》，《中国医院》2020 年第 3 期，第 22 ~ 24 页。

② Weiskotten, H. G., M. E. Alfenderfor, "An Analysis of the Distribution and Characteristics of Medical College Graduates, 1915 - 1945", *Academic Medicine*, 2000 1 (Supplement): 1 - 15.

③ 冉利梅、刘智勇、姚岚等：《发达国家不同管理体制下医师薪酬模式分析及趋势探讨》，《中国卫生经济》2012 年第 5 期，第 94 ~ 96 页。

④ 魏子柠：《建立符合公立医院特点的医务人员薪酬制度——对福建省三明市公立医院年薪制的调研与思考》，《中国研究型医院》2016 年第 3 期，第 27 ~ 30 页。

“实际薪酬是期望薪酬的53.1%”① 的结论比较一致，更加证明了我国医生薪资水平较低和工资水平满意度较低的客观现实。

其次，缺乏针对薪酬水平和绩效工资水平的有效核定机制。一方面，在核定薪酬水平时，以历史数据为核定依据仍是各地公立医院普遍的做法，这也造成了历史薪酬水平较高的医院形成了对其他医院医务人员的“人才虹吸”问题。② 另一方面，在核定绩效工资时，现有的公立医院绩效评价指标体系较多且乱，绩效管理方法及绩效评价内容缺乏统一性。③ 绝大部分医院根据医院的工资政策以及往年绩效等作为确定本年绩效工资总量的标准，并且标准较为“固化”，缺乏规范地动态调整的具体执行政策及机制，这本身就与医院的实际运行情况和行业特点不相符合。且在对绩效工资进行核定时，没有一套统一有效的绩效考核评价标准体系。如有的医院在年度绩效评价过程中，将医务工作者仅以优秀、称职、不称职这几个层次来进行划分，没有体现出对职工的激励作用，忽略对医务人员的技术等的考核，导致薪酬考核体系流于形式。

此外，编制内外人员同岗同薪同待遇难以落实。调查数据显示，2017年，事业编制医生年均收入是合同制医生的1.8倍，编制内医生工资水平普遍高于编制外医生。④ 缺乏合理有效的薪酬措施和稳定的社会保险等保障措施，使得编外人员权益难以保障，工作积极性受挫，流动性较大，不利于公立医院薪酬制度改革的深入发展。

---

① 张春瑜：《中国三级公立医院医生薪酬、期望薪酬和薪酬满意度的多水平空间分析》，北京协和医学院博士学位论文，2019。

② 《落实“两个允许”破解公立医院薪酬制度改革难题》，https：//www. sohu. com/a/318590209_ 120967，2019年6月24日。

③ 商瑞平、韩琼、牛雪梅、刘慧娟、渠力强、周延勇：《公立医院薪酬制度改革下绩效考核评价指标体系研究——基于平衡计分卡与医院公益性关联分析》，《中国总会计师》2018年第9期，第84～85页。

④ 李倩、贾瑶瑶、张光鹏、田立启：《公立医院薪酬制度改革存在的问题及思考》，《中国医院》2020年第3期，第22～24页。

（四）分级诊疗落实难度大

从全国300多个分级诊疗试点城市情况看，各地都进行了一些实践探索，取得了一定进展。但总体而言，还没有取得实质性、根本性的突破，尚未形成真正意义上的分级诊疗格局，离全面建成成熟完善的分级诊疗制度的预设目标和人民群众乐见其成的期盼还有相当距离。

1. 基层医疗卫生机构的医疗服务能力较低，医疗卫生资源“倒三角”的趋势依然固化

基层医疗卫生机构占我国医疗卫生机构数量的95%左右，但当前基层医疗卫生机构的医疗服务能力尚且较低，有限优质资源的下沉没有从根本上改变我国医疗就诊的固有现状，“倒三角”的医疗资源分布特点依然存在，主要体现在以下两个方面。

（1）服务产出少，患者吸引力低。从就诊量看，2019年我国基层医疗卫生机构就诊量为45.3亿人次，占总就诊量的51.95%，仅相当于基层医疗卫生机构数量占比的一半左右，而机构数量占比不足5%的医院的就诊量达36.3亿人次，占41.63%。2015～2019年，基层医疗卫生机构就诊人次占比不升反降，降低了4.41%，而医院增加了4.23%。同时，在医院就诊量分布中，三级医院就诊量最高。2015～2019年，三级医院的就诊人次由15亿人次增加至20.6亿人次，增加了5.6亿人次，而二级医院就诊人次由11.7亿人次增加至13.4亿人次，仅增加了1.7亿人次，一级医院的就诊量几乎不变。三级医院就诊量由2015年的19.48%上升至2019年的23.62%，整体上呈现逐年上升的趋势（见表3）。此外，数据显示，2018年三级医院平均每院总收入88411.3万元，二级医院收入13105.8万元，一级医院收入1384万元。①

（2）基础条件差，资源集中在医院。截至2019年底，我国医院的卫生机构人员数为1015.4万人，而基层医疗机构人员数仅为292.1万人，不足

① 《2019中国卫生和计划生育统计年鉴》，https：//www.vzkoo.com/doc/10065.html。

医院的1/3。同时，各医疗机构的人才供给结构失衡，高层次人才多在医院，而基层医疗人员的学历及技术资格等均相对较低，大医院的人才结构要显著优于基层医疗机构。[①] 数据显示，2018 年我国医院在职人员的硕士以上学历人数为 56.8 万人，而基层医疗卫生机构仅 6.3 万人，仅为医院的约 1/9；医院高级职称人数为 72.8 万人，医疗卫生机构仅 27.7 万人，仅为医院的约 1/3。[②] 此外，基层医疗卫生机构设备落后、高端设备不足也是制约基层医疗卫生机构提高服务能力的重要因素。据统计，2018 年，我国医疗卫生机构万元以上设备共有 7315901 台，其中医院共有 5705766 台，占比约 77.99%，而基层医疗卫生机构共有 792199 台，仅占比约 10.83%；100 万元及以上设备共 193997 台，其中医院共有 170733 万台，占比 88%，基层医疗卫生机构仅有 6850 台，占比不足 4%。[③] 同时，基层医疗卫生机构设备集中在 50 万元以下，设备先进性偏低，仅能满足基础疾病的诊疗。

表 3　2015 ~ 2019 年全国诊疗人次分布

单位：亿人次

年份	诊疗总人次	三级医院	二级医院	一级医院	基层医疗卫生机构
2015	77	15	11.7	2.1	43.4
2016	79.3	16.3	12.2	2.2	43.7
2017	81.8	17.3	12.7	2.2	44.3
2018	83.1	18.5	12.8	2.2	44.1
2019	87.2	20.6	13.4	2.3	45.3

资料来源：《2019 中国卫生和计划生育统计年鉴》，https：//www.vzkoo.com/doc/10065.html。
说明：诊疗总人次中，还包括其他各类医疗机构的诊疗人次，表中未列出。

2. 医保政策的引导支持力度不足

实行差异化的医保报销比例措施是推进分级诊疗的一个重要举措，目前

① 任翔、陈永成、李银才：《医疗供给侧视域下分级诊疗改革建议》，《卫生软科学》2020 年第 9 期，第 8 ~ 13 页。

② 任翔、陈永成、李银才：《医疗供给侧视域下分级诊疗改革建议》，《卫生软科学》2020 年第 9 期，第 8 ~ 13 页。

③ 《2019 中国卫生和计划生育统计年鉴》，https：//www.vzkoo.com/doc/10065.html。

我国三级医院的医保报销比例已高于基层医疗卫生机构近10%，如李海明等人通过模型分析发现，医疗服务质量的高低会影响到报销比例发挥利益调节作用的大小，因而基层医疗服务质量不高使得差异化报销比例造成了“不转诊不给报销”、强制居民基层就医的态势，引起了民众的不满。[①] 张翠萍等人发现，差异化的医保政策对居民首诊就医选择起到了一定的引导作用，但引导作用比较有限，主要原因在于居民在就医时会综合考虑医疗机构的技术水平、服务态度、药品种类等，简单地运用诱导性的经济手段引导分级诊疗的效果不佳。[②]

3. 分级诊疗标准体系建设尚待完善

目前我国虽然大力推行分级诊疗制度，但大多在文件上倡导，而并未形成一个包含双向转诊标准、病种分类诊断标准、医保支付标准、绩效考核评价标准以及技术指导和帮扶标准等在内的完整标准体系。[③] 如在实践中，当遇到复杂病症时，基层医生缺乏有效的标准来判断是否应该对病人进行转诊处理，导致基层首诊制度无法顺利进行，影响分级诊疗制度的有效实施。同时，监管机制的缺乏，无法有效激励各级医疗卫生机构积极地推进和实施转诊。

（五）现代医院管理制度还有许多问题需要明晰

现代医院管理制度是公立医院改革的核心目标。但我国在探索建立现代医院管理制度的过程中，还有许多制度和框架上的问题，其中最值得重视和急迫的是公立医院的章程建设问题。主要问题有：第一，章程制定法律依据不健全。目前为止我国仍然缺乏现代医院建设的具体法律法规依据和指导，如《关于建立现代医院管理制度的指导意见》及《关于开展制定医院章程

---

① 李海明、徐颢毓：《医保政策能否促进分级诊疗的实现：基于医疗需求行为的实证分析》，《经济社会体制比较》2018年第1期，第28~35页。

② 张翠萍、邴龙飞、岳林琳、邢洁、郭健美：《分级诊疗制度下居民首诊就医选择及影响因素分析——以潍坊市为例》，《中国医疗保险》2020年第2期，第57~63页。

③ 吕果、冀杨、袁克虹、刘庭芳：《当前分级诊疗的现状、困境及对策分析》，《中国医院》2020年第10期，第4~7页。

试点工作的指导意见》只提出了章程制定框架，而没有具体的要求和指导。“无法可依”导致医院在操作时只有大概框架而没有具体依据和方向，不好操作。只有法律法规完善，将医院章程的制定和实施上升到法律层面才能使其更具权威性和公信力。第二，章程建设主体与主管部门责任不明晰。公立医院章程制定是由各利益相关方相互协商与调整的过程，既需要政府部门的审批，也需要医院的配合与调动。但是在实践中，由于医院办医主体多为其上级卫生健康主管部门，如国家卫生健康委等卫生健康行政部门，且医院的资金投入管理、人力资源管理、医疗服务收费定价管理等，均受制于公立医院外部的治理结构，主要是由政府相关部门负责。有限的话语权和缺乏真正的经营自主权，导致公立医院的经营命脉由外部治理机构把握，在一定程度上制约和阻碍了公立医院的章程建设。

四　深化公立医院改革的对策建议

（一）完善财政补偿机制，促进公立医院收入结构的有效调整

完善财政对公立医院的补贴机制，不仅可以有效巩固取消药品加成的改革成果，而且可以优化公立医院收入结构，促进公立医院回归公益性定位，提高公立医院服务能力。

一是加大财政投入力度，落实财政投入政策。基于我国现阶段财政投入在公立医院支出中占比较低的现状，应该加大政府财政投入力度。同时，探究医疗服务和财政补贴的新方式，如针对公立医院在医疗服务过程中出现的损失，建立一定的补偿机制；又如在编制财政预算时，提高对公立医院卫生事业投入在年度总预算中的比例。

二是完善财政补偿方式，明确财政补偿标准。首先应该制定公立医院政府财政投入办法，明确财政投入的原则、重点等，在已有的财政投入六项内容的基础上，完善财政投入的具体补助方式、补助标准、补助结构等内容。同时，坚持“总量控制、结构优化”的原则，健全完善各级医院成本核算，

加强预算管理制度，如美国公立医院早在20世纪60年代就引入成本核算制度，德国采用固定预算方式对医院运营成本予以弥补。

三是优化财政投入结构。目前在财政对医院的六大项目补贴中，大部分资金用于医院基础设施、人力资源等方面的开支，而对诸如公共卫生服务、重点学科建设等方面投入较少。如徐阅等人发现，在2018年北京市公立医院补贴结构中，41%的财政补助用于人员补助，34%用于医院规模发展，而仅有1.7%用于重点学科建设与科研支出。① 因此应该优化财政补贴结构，加强财政对医院重点学科建设和科研经费方面的倾斜，以此促进医院医疗服务质量和服务能力的进一步提升。

（二）完善人事薪酬制度，建立绩效管理体系

一是增加公立医院医务人员薪酬支出占比，提高医务人员薪酬水平。我国公立医院医务人员的薪酬水平处于一个不符合行业特点的低水平状态，与国外、国内民营医院均差距较大。

薪酬的激励作用难以体现。因此，首先应该以当地社会平均工资为基准，按照一定的比例设置医务人员的工资标准，充分体现医疗行业的工作特点以及医务人员的劳动价值。其次，逐步提高医务人员薪酬支出占比，体现出医务人员工作不可替代性强等特点，提高医务人员工作的积极性和成就感。②

二是完善绩效考核标准，建立动态调整机制。一方面，坚持动态调整原则，根据所在地区的经济水平、医院种类等因素，将公立医院医务人员的工资与本区域社会年均工资挂钩。另一方面，根据不同科室和岗位的工作特点，选取如患者满意度、医疗服务质量等公益性导向的关键性指标，充分考虑社会效益、服务质量等因素，建立多层次的绩效考核标准和薪酬动态调整

① 徐阅、刘黎明、于哲、满晓玮、程薇：《公立医院改革视角下北京市公立医院财政补助收入研究》，《中国卫生经济》2020年第7期，第26～28页。

② 李倩、贾瑶瑶、张光鹏、田立启：《公立医院薪酬制度改革存在的问题及思考》，《中国医院》2020年第3期，第22～24页。

机制，实现同工同酬、多劳多得、优劳优得，让绩效薪酬真正发挥激励作用。具体可以从制定科学、客观的绩效计划，建立科学适用的绩效评价指标，注重绩效评估和反馈，合理评估绩效效果等方面入手。

（三）完善分级诊疗制度体系，扫清分级诊疗制度的发展障碍

建立成熟完善的分级诊疗制度，是推动公立医院改革向纵深发展的重要动力，是促进医疗卫生资源均衡配置、基本医疗卫生服务均等化的重要举措。

一是增强基层机构医疗服务能力，完善基层医务人员队伍，使得基层医疗机构能够吸引人才且留得住人才。人才队伍要从“做大增量”和“扩大存量”两个方面进行，一方面，加大扩充基层医疗人才队伍力度，加紧全科医生的培养力度。通过制定合理的基层人才引进机制，建立起质量划一、数量充足的全科医生队伍，使其充分发挥“守门员”作用，通过落实基层首诊制度以有效改变当前无序就医状态。另一方面，要通过强化对现有医务人员技能培训，且完善基层医务人员在职称评定、事业规划、工资及福利等方面的相关政策，从而使更多的高水平人才自愿到基层医疗卫生机构中去。

二是完善分级诊疗的配套机制。为确保分级诊疗的正常运行，要系统集成、协同推进相关领域和关键环节的配套改革，形成有利于实施分级诊疗制度的强大合力和政策环境。在医保政策上，建议实施强制性和引导性医保政策相结合的策略。由于经济条件的大幅好转以及人们就医观念的转变，差异化的医保政策对居民首诊就医选择起到了一定的引导作用，但引导作用比较有限。因此，在利用医保政策推动分级诊疗制度发展时，应综合运用强制性和诱导性的政策手段。如逐步强制实施除急诊外的所有就医行为都实行基层首诊和转诊，否则就应该由居民自付全部的医疗费用等措施。

三是加强分级诊疗合理宣传，转变人们就医观念。除基层医疗服务能力不及大型医院外，人们对分级诊疗缺乏正确的认识也是造成分级诊疗进展缓慢的原因。因此，借助报纸、电子传媒等媒介，通过定期印制和发放宣传手册、乡村义诊等方式，对分级诊疗和相关配套政策进行重点宣传教育，促进

政策知晓率和居民接受度双提升，更好地发挥舆论引导作用，营造良好的社会就诊氛围。①

（四）加快建立健全现代医院管理制度

现代医院管理制度的提出推动了公立医院向高质量发展，是多年来公立医院综合改革时间基础上的制度升华。加快建立健全现代医院管理制度，一方面，要理顺外部治理体系，即理顺政府与医院间的权责划分。首先应该明确政府举办职责，落实政府对公立医院的举办职能是建立健全治理体系的前提。在政府对公立医院的治理方式上，应该逐步从行政干预转变为现代管理，制定并实施政事分开和权利归队制度，合理配置医院的权利，进一步明确政府、主办主体与医院的责任和权利。如可以通过绩效管理方式，即政府给公立医院设立合理的绩效目标区间，通过合理合规的授权，鼓励和引导公立医院加强管理改革。又或是可以通过政府设立统一高效的专门机构代表政府统筹履行办医职责的方式，如成立医院管理委员会，代表政府对公立医院资源配置、财政收支预算等行使重大决策职责。其次，应该进一步落实政府对医院的监管职责。加强行业监管和运行监管法律层面的顶层设计，使得政府对公立医院运行监管的职能范围更加清晰。另一方面，要加强医院内部管理。要制定医院章程，以章程为统领，完善医院的决策、运行和内部监管机制，进一步建立健全医院管理机构，提高运行效率。

---

① 吕果、冀杨、袁克虹、刘庭芳：《当前分级诊疗的现状、困境及对策分析》，《中国医院》2020 年第 10 期，第 4 ~7 +3 页。

G.7

基层医疗卫生服务体系建设的成效、问题与对策

侯建林　李云超*

摘　要： 基层卫生服务体系是我国卫生体系中最基础的部分，包括社区卫生服务中心（站）、乡镇卫生院和村卫生室等，不仅承担了为广大城乡居民提供基本医疗服务的责任，还具有基本公共卫生职能，其规划设置和监督管理等工作主要由县（区）级卫生行政部门负责。基层卫生服务体系是我国医疗卫生服务体系的网底，是实现分级诊疗、全民健康的关键环节。尽管新医改之后基层医疗机构的服务能力得到了很大的提升，但是现阶段我国基层卫生服务体系还存在财政投入不足、设施设备缺乏落后、人才短缺等诸多问题，基层医疗卫生机构服务能力不能满足人民群众日益增长的医疗需求，使得人民群众对其信任度较差、基层医疗卫生服务利用率低。我国仍然需要持续加大对基层卫生服务体系的财政投入力度，以促进基础设施设备更新、保障药品供应，提高基层医疗工作者的工资待遇；加强对基层医疗人员的培养输送和培训，提高其基本医疗能力和公共卫生服务能力，尤其要加强对急救与公共卫生应急体系建设的重视；同时也要积极构建医联体和加强基层医疗机构的信息化建设，促进分级诊疗更好地实现。

* 侯建林，北京大学医学部副研究员；李云超，北京大学医学部2017年本硕博连读生。

关键词： 基层卫生服务体系　分级诊疗　基本医疗服务　基本公共卫生服务

基层医疗卫生服务体系是我国卫生系统中不可或缺的重要部分。《“健康中国2030”规划纲要》提出，要全面建成体系完整、分工明确、功能互补、密切协作、运行高效的整合型医疗卫生服务体系，县和市域内基本医疗卫生资源按常住人口和服务半径合理布局，实现人人享有均等化的基本医疗卫生服务，到2030年，15分钟基本医疗卫生服务圈基本形成。[①]《中华人民共和国国民经济和社会发展第十四个五年规划和2035年远景目标纲要》也指出，要把保障人民健康放在优先发展的战略位置，加强基层医疗卫生队伍建设，以城市社区和农村基层、边境口岸城市、县级医院为重点，完善城乡医疗服务网络，加快建设分级诊疗体系，积极发展医疗联合体。[②]基层医疗卫生机构与县（区）级医院一起组成的三级诊疗网络可优化医疗资源配置，缓解看病难、看病贵的问题，已经成为我国新医改的发展方向之一。

一　基层医疗卫生服务体系的组成及其职能

广义的卫生系统组成包括卫生行政管理体系、医疗卫生服务体系、医疗保障体系和药品供应保障体系等部分，狭义的卫生系统则仅指各类医疗卫生机构组成的组织网络。[③] 医疗卫生服务机构根据职能和服务类型分为医院、基层医疗卫生机构、专业公共卫生服务机构以及医学信息、医学教育和医学

---

① 中共中央、国务院印发《“健康中国2030”规划纲要》，2021－07－09，http：//www.gov.cn/xinwen/2016－10/25/content_5124174.htm。

② 《中华人民共和国国民经济和社会发展第十四个五年规划和2035年远景目标纲要》，2021－07－09，http：//www.gov.cn/xinwen/2021－03/13/content_5592681.htm。

③ 中共中央、国务院印发《“健康中国2030”规划纲要》，2021－07－09，http：//www.gov.cn/xinwen/2016－10/25/content_5124174.htm。

科研机构等。[①] 基层医疗卫生机构是指县级以下的医疗卫生机构，包括社区卫生服务中心（站）、乡镇卫生院和村卫生室等（见图1），组成了我国基层卫生服务体系的主要部分，其规划设置和监督管理等工作主要由县（区）级卫生行政部门负责。

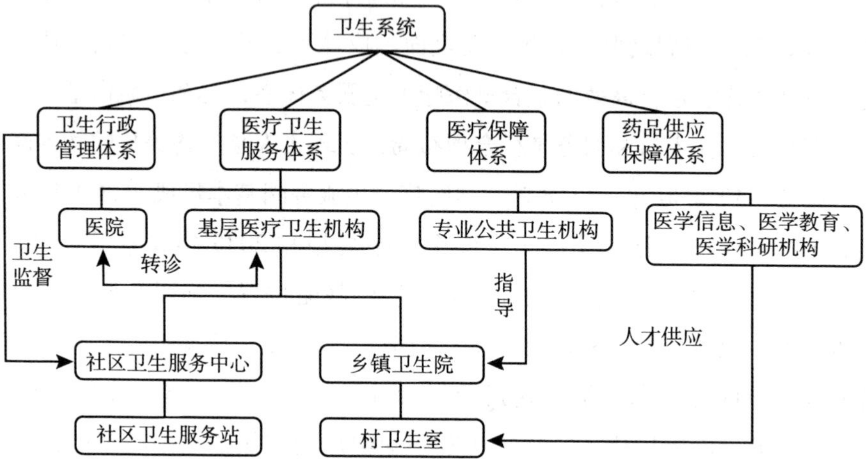

图1　我国卫生系统结构和基层医疗卫生体系的组成

基层医疗卫生机构的主要职能是为区域居民提供基本医疗服务和基本公共卫生服务。公共卫生服务包括疾病预防控制、环境保护、计划生育和健康教育等，是对人群（主要是健康人群）的服务。由于社区、乡镇和村不单独设置专业公共卫生服务机构，因此相关公共卫生职能由社区卫生服务中心（站）、乡镇卫生院（妇幼保健计划生育服务站）和村卫生室、计划生育服务室承担；村（居）卫生监督信息员，承担区域信息收集和报告工作。基本医疗服务包括开展常见病、多发病的诊疗、护理、康复等综合服务，以及现场基本应急救护，向上级医院转诊超出自身服务能力的常见病、多发病及疑难危重症患者。中心乡镇卫生院除具备一般乡镇卫生院的服务功能外，还应能够开展普通常见手术。受县级卫生行政部门委托，乡镇卫生院和社区卫

① 王培玉：《预防医学》，北京大学医学出版社，2019。

生服务中心还承担辖区内的公共卫生管理工作，负责对村卫生室、社区卫生服务站的综合管理、技术指导和乡村医生的培训。此外，乡镇卫生院、社区卫生服务中心承担卫生监督协管工作，接受县（区）级监督执法局的指导。

二　基层医疗卫生服务体系建设的成效

（一）机构与硬件建设

1. 机构建设

基层医疗卫生机构一般按照行政区划来规划设置。乡镇卫生院按照乡镇行政区划设置，每个乡镇设置 1 所乡镇卫生院；社区卫生服务中心按照街道办事处（社区）行政区划范围设置或每 3 万 ~10 万居民设置 1 所社区卫生服务中心；根据乡镇卫生院、社区卫生服务中心覆盖情况及服务半径、服务人口等因素设置村卫生室和社区卫生服务站，原则上每个行政村设置 1 个村卫生室。全国各省市不断努力健全基层医疗卫生机构网络，消除基层医疗卫生服务“空白点”，力求打造 15 分钟基本医疗卫生服务圈。我国基层医疗卫生机构设置逐渐完善，截至 2019 年，基层医疗卫生机构数量基本与对应行政区划数量持平，达到了基层医疗机构规划设置的要求（见表 1、表 2）。

表 1　2000 ~ 2020 年中国基层医疗卫生机构数量

单位：个

年份	乡镇卫生院	村卫生室	社区卫生服务中心	社区卫生服务站
2000	49229	709458	…	…
2005	40907	583209	1382	15746
2010	37836	648424	6903	25836
2015	36817	640536	8806	25515
2020	35762	608828	9826	25539

表 2　2020 年我国行政区划与对应的基层医疗卫生机构数量

单位：个

行政区划	数量	基层医疗卫生机构	数量
乡镇	29968	乡镇卫生院	35762
行政村	50.9 万	村卫生室	608828
街道	8773	社区卫生服务中心	9826
—	—	社区卫生服务站	25539

说明：1. 乡镇卫生院和村卫生室减少的原因主要是受城镇化影响，部分乡镇及行政村并入城市，行政区划变更。“十五”（2001～2005 年）期间，我国县以下行政区划进行了较大范围的调整，乡镇合并、行政村合并造成乡、村数量减少约 1/3，因此乡镇卫生院和村卫生室数量减少幅度也较大。2. “…”表示数据不详。

资料来源：卫生部卫生统计信息中心《中国卫生统计年鉴（2001 年）》、《2005 中国卫生事业发展情况统计公报》、《中国卫生统计年鉴（2011）》、《中国卫生统计年鉴（2016）》、规划发展与信息化司《2020 年我国卫生健康事业发展统计公报》。

2. 人才队伍建设

近年来，我国政府通过“农村订单定向免费培养医学生”“全科医生特设岗位计划”“万名医师支援农村工程”“县乡村卫生人才能力提升培训”“助理全科医生”等基层人才培养项目，不断强化基层医疗卫生人才队伍建设，提升基层医疗卫生机构的医疗卫生服务能力和水平。① 2010 年 6 月，教育部与原卫生部、国家发展改革委等 5 部门联合印发《关于开展农村订单定向医学生免费培养工作实施意见》，正式启动农村订单定向免费医学生培养工作，并提出“两免一补”（免学费、免住宿费、补助生活费）政策，重点为乡镇卫生院及以下医疗卫生机构培养从事全科医疗的卫生人才。十多年以来，先后有 30 个省份开展了农村订单定向医学生免费培养工作，中央财政累计投入 16 亿元，为中西部 22 个省份 3 万个乡镇卫生院培养了近 5.7 万余名定向医学生，从规模上实现了为中西部地区每个乡镇卫生院培养 1 名本科医学生的全覆盖，录取的农村生源比例从最初的 70% 左右，提升到 2016 年以后接近 100%。2017 年，国家卫健委印发了《“十三五”全国卫生计生

① 《对十三届全国人大三次会议第 5980 号建议的答复》，2021－07－09，http：//www.nhc.gov.cn/wjw/jiany/202102/38735ec8d12b4573a6e5f94c8d17f20a.shtml。

人才发展规划》，指出重大人才项目适当向基层、艰苦贫困地区倾斜，不断增强基层卫生计生服务能力。截至2019年底，培训合格的全科医生已达到36.5万人，每万人口全科医生数达到2.61人，提前实现了到2020年每万人口拥有全科医生2~3人的阶段性目标；同时也不断完善基层医疗卫生机构绩效工资政策，积极引导毕业生到基层医疗卫生服务机构就业，教育部等相关部门落实毕业生到基层就业学费补偿、贷款代偿等政策，会同人社部等部门组织实施“三支一扶”等基层项目，加强基层单位吸引力。[①] 为提高基层卫生人员能力水平，国家卫健委自2018年起还实施了基层卫生人才能力提升培训项目，重点培训基层卫生人员常见病、多发病诊疗能力、实操能力和相关卫生政策，截至目前中央财政累计投入10.2亿元，共培训基层卫生人员47.5万人，其中乡村医生30.7万人。在中央和地方等多方努力下，基层医疗卫生机构卫生人员队伍不断壮大，卫生技术人员所占比例也逐渐增大（见表3）。

表3　2010~2020年中国基层医疗卫生机构人力配置变化

单位：万人

年份	卫生人员	卫生技术人员	执业（助理）医师	注册护士
2010	328.2	191.4	94.9	46.7
2015	360.3	225.8	110.2	64.7
2020	434.0	312.3	121.9	…

说明：“…”表示数据不详。

资料来源：《中国卫生统计年鉴（2011）》、《中国卫生统计年鉴（2016）》、规划发展与信息化司《2020年我国卫生健康事业发展统计公报》。

3.基本设施和医疗设备建设

深化医改以来，中央和地方财政均不断加大对基层医疗卫生机构的补助力度，基层医疗卫生机构设施设备水平得到了明显的提升。2011~2019年，

① 《关于政协十三届全国委员会第三次会议第2041号（医疗体育类250号）提案答复的函》，2021-07-09，http://www.nhc.gov.cn/wjw/tia/202101/194b009a0f004d6ba1939e08cbced3d1.shtml。

中央财政累计安排2110.5亿元支持全国14.4万个医疗机构基础设施建设，其中52.5亿元用于10.8万个村卫生室建设，有效改善基层医疗卫生服务体系基础设施条件；2019年，中央财政安排11.04亿元专项资金，用于提升深度贫困地区乡、村两级临床服务能力，其中部分资金用于为有需要的村卫生室实施维修改造、配备必要的诊疗设备。[①] 各地财政也同样不断加强对基层医疗卫生机构的建设。2009年，山西省为实现两年内村卫生室全覆盖的目标，在全省共投入资金3.39亿元，通过新建、改建、村医自建、联村并建等办法，使6971个“空白村”实现了卫生室覆盖；同时，按照每村不低于0.5万元的标准为2.8万多个村卫生室配备了常用医疗设备。[②] 广西先后筹措11.4亿余元支持14372个行政村建设标准化卫生室，每个面积不低于80平方米，房屋产权归属乡镇卫生院或集体所有。在推动村卫生室标准化建设的同时，还重视配置基本医疗卫生设备。2009年以来，共投入1.36亿元，购置急救箱、不锈钢诊查床、电脑等一批常用诊疗和办公设备，配置到村卫生室，每个村卫生室平均设备费近1万元，改善了村医工作环境和执业条件。[③] 2015年，重庆将行政村卫生室标准化建设和4500个村卫生室配齐主要医疗设备纳入“民生实事”，市财政资金为每个村卫生室标准化建设和设备配置分别补助5万元和1万元；2017年，重庆市村卫生室标准化建设扎实推进，7327个行政村卫生室完成标准化建设，标准化率达100%。[④] 辽宁省松原市宁江区向国家申请建设配套资金405万元，区政府补助资金243万元，每个村卫生室建筑资金政府补助3万元，国家补助5万元，累计支出补助资金648万元，历时3年于2016年底全面完成了“标准化村卫生室建

① 《对十三届全国人大三次会议第5980号建议的答复》，2021-07-09，http://www.nhc.gov.cn/wjw/jiany/202102/38735ec8d12b4573a6e5f94c8d17f20a.shtml。

② 《提高全覆盖标准 山西“五化”创建促村卫生室升级》，2021-07-09，http://www.gov.cn/gzdt/2010-07/31/content_1668376.htm。

③ 《广西实现每个行政村都有一所标准化村卫生室目标》，2021-07-09，http://www.gov.cn/jrzg/2013-01/14/content_2311668.htm。

④ 《重庆：7327个行政村卫生室完成标准化建设》，2021-07-09，http://www.gov.cn/xinwen/2017-06/25/content_5205252.htm。

设”的目标，81 个“五化”村级卫生室全部投入运营，国家新建标准化村卫生室的基本设备、设施全部满足基本卫生服务要求，配备了相应的诊疗设备、设施，配备了治疗台、观察床、药品柜、档案柜等。①

4. 医联体建设

医联体是推动分级诊疗制度落地的有效载体。截至 2016 年，陕西省建立了纵向医联体 40 余个，在很大程度上扭转了城市大医院人满为患、基层医疗卫生机构门庭冷落的就医格局，全省有 1/3 县的县域就诊率达到 90%；已建成的医联体分为区域医疗联合体和专科医疗联合体两种类型，均由三级医院作为核心单位，参与的二级医院达 200 余家，涵盖基层医疗卫生机构超过 1000 家；300 多家二级以上医院建立全科医学科，并通过多种渠道派驻医务人员到基层服务，1000 余名医务人员参与转诊协调和管理工作，通过各种形式组织 3000 多名基层医务人员进行培训学习，有效提升了基层首诊分诊能力。② 上海儿童医学中心在浦东区构建了以上海交通大学医学院附属上海儿童医学中心为核心、区域内 16 家医疗机构为成员单位共同组成的“浦东儿科医联体”，制订了“浦东儿科临床能力提升计划”，从儿科常见病规范化诊疗入手，着力提高基层儿科临床服务能力，中心内所有全科医生都经过儿科专科医院的培训，市民在社区医院即可享受与专科医院同质化的诊疗水平。③

在总结诸多地方经验的基础上，国务院办公厅于 2017 年印发了《关于推进医疗联合体建设和发展的指导意见》，指出要通过医联体建设，实现医疗机构功能的定位归位，促进优质医疗资源联动，提升基层医疗服务能

---

① 《81 个“五化”村卫生室投入运营》，2021 - 07 - 09，http：//www. gov. cn/xinwen/2016 - 12/12/content_ 5146848. htm。

② 《陕西建成 40 余个医联体》，2021 - 07 - 09，http：//www. nhc. gov. cn/wjw/dfxw/201601/d8037dcff2104959ae5c7ff3a9ace443. shtml。

③ 《上海儿童医学中心成立儿科医联体缓解儿童看病难》，2021 - 07 - 09，http：//www. nhc. gov. cn/yzygj/yljyjl/201611/23da167de2f2495cb3d2e1005bc1af3c. shtml。

力。[1] 该《意见》提出，在政府主导下，根据区域内医疗资源结构与布局、区域疾病负担情况、医疗服务实际需求，按照业务相关、优势互补、双向选择、持续发展等要求，兼顾既往形成的合作关系，做好医联体建设区域规划，有关医疗机构通过双向选择、自愿结合方式组建医联体。同时，该《意见》创新提出了医联体建设的四种主要组织模式——城市医疗集团、县域医疗共同体、专科联盟、远程医疗协作网，指导各地开展医联体建设工作。

5. 信息化建设

2012 年，原卫生部办公厅发布了《关于加强卫生信息化建设的指导意见》，指出我国长期以来卫生信息化建设存在缺乏顶层设计与规划，标准和规范应用滞后，导致信息不能互联互通、信息资源共享程度较低等问题。该《意见》提出要建设国家、省、区域（地市或县级）三级卫生信息平台，到 2020 年建立完善实用共享、覆盖城乡的全国卫生信息化网络和应用系统，为实现人人享有基本医疗卫生服务目标提供有力的技术支撑。2019 年，国家卫生健康委也制订了《全国基层医疗卫生机构信息化建设标准与规范（试行）》，对基层医疗机构提出了具体建设要求，其中全部要求 37 项、部分要求 75 项、推荐要求 100 项；建议基层医疗卫生机构信息系统部署在县级或以上全民健康信息平台，鼓励基层医疗卫生机构根据自身情况，积极推进云计算、大数据、人工智能等新兴技术应用，探索创新发展。

（二）基本医疗服务能力

基本医疗服务项目的实际开展情况是基层医疗卫生机构服务能力的最直接体现，包括常规检查、常见病诊疗、家庭诊疗及转诊三大类。根据与居民主要健康问题直接相关、与经济发展水平与居民卫生服务需求相适应、各地

---

① 《专家解读：打破政策壁垒，以医联体为引领构建分级诊疗新格局》，http：//www. nhc. gov. cn/yzygj/s3594q/201705/a813ffd1b1a64f65b5cf3cde792a25c8. shtml。

基层卫生机构开展的普遍性、公共产品的强弱程度、关注弱势群体且能够广泛覆盖等基本原则又可将基本医疗卫生服务项目分为两个等级。[①] 一级为最应优先开展和保证的项目，指可以基本满足居民最基本健康需求、政府通过公共筹资具有相应支付能力、绝大多数基层卫生服务机构已经普遍开展、全体居民应人人享有的最低保障的适宜卫生技术；二级为可能受到当地社会经济条件制约而存在地区差异的适宜卫生技术。乡镇卫生院、社区卫生服务中心应提供的基本医疗服务有一级项目 23 项、二级项目 20 项，而村卫生室基本医疗服务包括一级项目 6 项、二级项目 3 项。[②]

王橙等调查了成都市社区卫生服务中心和乡镇卫生院，发现常见病诊疗项目总体开展情况较好，但不全面，部分一级项目和二级项目开展率较低；化验检查项目开展情况总体较好，但 X 线检查、B 超常规检查等一级项目的开展率也仅为 40% 左右；家庭诊疗和转诊服务方面则转出多而转入少、家庭护理与家庭病床等二级项目开展情况普遍较差。[③] 董屹等对北京两区县村卫生室基本医疗卫生服务进行了实地调查，村卫生室提供的基本医疗卫生服务基本能够满足村民的实际就医需求，但健康咨询、现场急救和换药服务等开展不足，急救药品有的卫生室没有配备或配备不齐。[④] 朱艳玲等对广州市社区卫生服务机构的调查也发现存在转诊到上级医院的人数增多而下转患者人数下降的现象，可能与二、三级医院与基层医疗机构转诊衔接力度不够、居民自身对分级诊疗制度认知不充分有关；下转不顺畅使得医疗资源整体利用效率降低，难以发挥上级医院与基层医疗机构的各自优势。[⑤]

① 李慧、徐玲等：《2010 年我国基层卫生机构服务功能现状分析》，《中国卫生信息管理杂志》2012 年第 1 期，第 17 ~22 页。

② 董屹、王晨等：《村卫生室基本医疗卫生服务现状研究——基于对北京市两区县的实地研究》，《中国医学伦理学》2016 年第 5 期，第 876 ~880 页。

③ 王橙、张蕾等：《成都市基层医疗卫生机构服务能力现状研究——基于基本医疗服务提供视角》，《卫生经济研究》2018 年第 4 期，第 48 ~51 页。

④ 董屹、王晨等：《村卫生室基本医疗卫生服务现状研究——基于对北京市两区县的实地研究》，《中国医学伦理学》2016 年第 5 期，第 876 ~880 页。

⑤ 朱艳玲、张青等：《广州市社区卫生服务机构服务能力的调查》，《中国初级卫生保健》2017 年第 7 期，第 19 ~22 页。

（三）基本公共卫生服务能力

基本公共卫生服务能力包括预防接种、传染病防治、慢性病及精神疾病管理、健康教育、妇幼保健及老年人保健、健康管理及其他六大类，按优先程度分为两级；乡镇卫生院和社区卫生服务中心应提供的基本公共卫生服务一级项目45项，二级项目19项；村卫生室应提供基本公共卫生服务一级项目24项，二级项目5项。[①]

李慧等2010年调查了我国多个省市基层医疗卫生机构，发现新医改后，基层医疗机构重医疗而轻预防的状况明显改善，公共卫生服务项目开展比例超过了医疗服务；乡镇卫生院和社区卫生服务中心健康档案建档率和老年人健康管理率提高的程度较大，但水平依然较低；村卫生室的健康档案建档率水平还较低，平均为53.6%。[②] 朱艳玲等调查了广州市社区卫生服务机构的服务情况，2015年比2010年多项基本公共卫生服务项目的增幅都较大，传染病报告例数的下降也侧面反映了社区卫生服务机构能力的提升；但接受健康教育的人次略有减少。[③] 柯思琼等研究发现：新疆6个贫困县46个乡镇卫生院公共卫生服务能力开展率较高，平均为85.81%，其中传染病疫情报告开展率为100%。[④] 史圆圆等调查发现安徽省乡镇卫生院2008～2011年公共卫生服务方面提高显著，计算机建档率、高血压规范管理率和老年人健康管理率都逐年提高。[⑤] 施建华等分析了上海市某社区卫生服务中心公共卫生服务量变化趋势，发现公共卫生服务量自2011年平稳上升，但临床人员多

---

① 王橙、张蕾等：《成都市基层医疗卫生机构服务能力现状研究——基于基本医疗服务提供视角》，《卫生经济研究》2018年第4期，第48～51页。

② 李慧、徐玲、孙晓杰等：《2010年我国基层卫生机构功能现状分析》，《中国卫生信息管理》2012年第1期，第17～22页。

③ 朱艳玲、张青等：《广州市社区卫生服务机构服务能力的调查》，《中国初级卫生保健》2017年第7期，第19～22页。

④ 柯思琼：《新疆贫困县三级医疗机构医务人员服务能力现状研究》，硕士学位论文，新疆医科大学，2013。

⑤ 史园园、代涛等：《安徽省乡镇卫生院服务能力影响因素研究》，《医学与社会》2013年第6期，第43～47页。

参与慢性病防治、政府实事项目、眼与口腔保健、精神疾病管理等类别工作，不同年度间临床承担的公共卫生工作量都仍在10%左右，公共卫生人员配置数量未能随公共卫生服务工作量的增加而增加，致使公共卫生人员人均负荷持续在高位运行。[①] 从上述对我国多个地区的调查可以看出，新医改后基层医疗机构公共卫生服务能力得到了很大提升，较令人满意，但公共卫生服务量的持续增长使得基层公共卫生人员工作负荷也随之增加，“医防融合”仍任重道远。

三 基层医疗卫生服务体系建设的主要问题

我国基层卫生服务体系长期存在财政投入不足、补偿机制和运行机制落后、设备设施缺乏和落后、人员数量不足和专业水平低、卫生资源分布不均等诸多问题。这使得人们对基层医疗卫生机构的信任程度较低，在患病时更倾向于到大型医院就诊。就诊量少则使得基层医疗卫生机构经济效益低下，更加难以为继，人才流失更加严重、设备设施也无法实现更新换代，造成恶性循环。这使得分级诊疗无法实现，大医院人满为患、挂号困难，而基层医疗卫生机构门可罗雀，既造成资源的严重浪费，又无法满足人民日益增长的医疗卫生需求。

（一）财政投入不足，分配不尽合理

包括医疗卫生在内的社会保障属于市场失灵的领域，因此公共财政介入医疗卫生事业有其必然性。[②] 2009年国务院发布的《关于深化医药卫生体制改革的意见》指出，政府对医疗卫生保障负有不可推卸的责任，政府财政介入医疗卫生事业是其长足发展的先决条件。广东省在2017~2019年就计

---

① 施建华、顾慧等：《基层医疗卫生机构公共卫生服务工作量趋势变化与分析》，《中国全科医学》2020年第34期，第4291~4297页。

② 张霄艳、杨诗雨：《基层卫生组织在突发公共卫生事件中存在的问题及对策》，《医学与社会》2020年第10期，第16~19页。

划统筹各级财政安排500亿元，用于加强基层医疗卫生服务建设项目。[①] 尽管政府对基层医疗机构卫生财政投入不断增加，但是增速下降明显，可持续压力大，用于基层医疗卫生机构的资金支出占比总体也呈下降趋势，仍然存在投入水平较低、不同机构和地区间投入不平衡的现象。[②] 尤其是在贫穷落后地区，受限于地方政府财政收入水平，医疗卫生机构得到的财政投入非常有限，直接限制了其生存发展。在较为富裕的发达地区，也存在财政利用不合理的问题。如2011~2016年，北京市卫生总费用流向构成中，基层医疗卫生机构占比增长较快，从7.2%增到8.4%。基层医疗卫生机构的总支出、医疗支出和公共卫生支出在绝对值水平上保持逐年递增的状态；但是，公共卫生相较于医疗支出的差距较为明显，公共卫生支出在总支出的占比有所降低，公共卫生支出占比不足10%。[③]

（二）基层医疗卫生机构基础设施与设备缺乏落后、城乡间和地区之间发展不平衡

财政投入不足、分配不合理的问题使得基层医疗卫生机构普遍存在基础医疗设施设备缺乏落后的问题。卫生资源分布不均的问题不仅体现在基层医疗卫生机构与大医院之间，在城乡基层医疗机构之间也存在明显差距。郭芬芬等对天津市滨海新区17所城乡基层医疗卫生机构服务能力评价调查则发现，基本公共卫生服务和基本医疗服务能力排行前十的机构中，均仅有1个为乡镇卫生院，乡镇基层卫生机构在人力、资金、设备等投入不足，医疗技术水平不高，较大程度上限制了医疗服务能力。[④] 部分村、社区卫生资源匮

---

① 《广东三年内将投500亿元提升基层医疗卫生服务能力》，2021-05-21，http://www.gov.cn/xinwen/2017-01/14/content_5159849.htm。

② 郭锋、张毓辉等：《党的十八大以来我国政府卫生投入分析》，《中国卫生经济》2019年第4期，第9~12页。

③ 杨玉洁、邱五七等：《2011-2016年北京市公共卫生机构财政投入状况分析》，《中国卫生经济》2019年第1期，第38~41页。

④ 郭芬芬、刘冬梅：《基于灰色RSR法的基层医疗卫生机构服务能力评价》，《中国卫生统计》2014年第6期，第1012~1014页。

乏，基础设施差，必备的医疗设备缺乏或落后；部分村、社区卫生室缺乏独立用房，存在与村委合用房或合租用房的情况，生活与医疗用房不分，房屋简陋、狭小，平均业务用房达不到国家要求的独立三室（诊室、治疗室、观察室）不少于60平方米的要求，无法正常承担当地预防保健和一般医疗服务工作。①

（三）基层医疗卫生人才数量不足，专业水平不高

《国务院办公厅关于印发全国医疗卫生服务体系规划纲要（2015—2020年）》提出，到2020年每千常住人口基层卫生人员数要达到3.5人以上，基本实现城乡每万居民有2～3名合格的全科医生，即全科医生总数达到30万人左右。到2015年底全国全科医生总数仅为18.86万名，即全科医生比例为每万人口1.37名，全科医生在数量上仍存在较大缺口。除了数量不足以外，基层医疗卫生机构还普遍存在专业技术人才匮乏、学历和整体业务素质偏低的问题。高学历、高职称人员少，大多数村卫生室以中专毕业的卫生技术人员为主，专业水平较低，其医疗卫生知识掌握较少、更新较慢，难以跟上卫生科技进步的步伐（见表4）。此外，农村基层卫生服务人才队伍老龄化、人员断层的问题也不容忽视（见表5）。年轻医生不愿意在基层工作，导致乡村医生队伍出现后继无人的现象。2013年一份对广西基层医疗卫生机构的调查显示，广西在岗医师中市级医院约占一半，县级医院和乡镇卫生院占比相近，村卫生室最少，呈现出倒金字塔结构，人力资源不足和技术水平有限是制约分级诊疗的主要因素。② 多数基层医疗卫生机构靠创收维持生存，大部分乡镇卫生院靠医疗收入发放人员工资，由于技术、设备、房屋等条件差，城乡居民对其信任度不高，看病就医人数不多，卫生技术人员

① 陈小嫦：《基层医疗卫生机构医疗设备短缺解决方案探析》，《中国卫生事业管理》2011年第7期，第495～497+505页。毛振兴、黄旭礼：《温州市基层公共卫生服务体系建设现状与对策》，《中国卫生监督杂志》2014年第5期，第492～495页。

② 李艺钊、吴维民等：《基于分级诊疗的视角对基层医疗机构服务能力调查》，《卫生软科学》2016年第11期，第12～14页。

实现自我价值的平台低、待遇差，高技术人才流失严重，进一步加剧了基层卫生技术人才的短缺。①

表 4　2019 年中国基层医疗卫生机构卫生人员学历构成

单位：%

学历	社区卫生服务中心	乡镇卫生院	村卫生室
研究生	1.5	0.1	0.8
本科	35.5	17.3	
专科	40.6	43.4	9.7
中专及中专水平	20.6	36.6	76.9
高中及以下	1.7	2.7	12.7
合计	100	100	100

资料来源：《中国卫生统计年鉴（2020）》。

表 5　2019 年中国基层医疗卫生机构卫生人员年龄构成

单位：%

年龄	社区卫生服务中心	乡镇卫生院	村卫生室
25 岁以下	4.0	6.0	0.9
25～34 岁	31.4	33.4	6.0
35～44 岁	32.0	29.1	27.7
45～54 岁	22.6	23.2	33.0
55～59 岁	5.1	4.9	9.4
60 岁及以上	4.8	3.4	23.0
合计	100	100	100

资料来源：《中国卫生统计年鉴（2020）》。

（四）服务能力有待提高，服务利用率低并有下降趋势

在基本医疗服务能力方面，李慧等调查了我国多个省市的基层医疗卫生机构，发现乡镇卫生院和社区卫生服务中心基本医疗服务项目开展比例在

① 于海泉、张炎冰、王淑慧：《新医改形势下基层卫生人才队伍建设研究》，《中国当代医药》2012 年第 7 期，第 140～141 页。

73%左右，而村卫生室刚超过60%，并且东西部城市基层卫生服务机构之间存在较大差异。[①] 柯思琼等对新疆贫困县三级医疗机构医务人员的服务能力进行了研究，发现6个县乡镇卫生院科室开设率为42.24%，手术开展率仅为4.20%，常规检查开展率为30.43%，急救医疗项目开展率为44.48%，外科手术、诊疗和急救能力较低。[②] 李新辉等对北疆牧区基层医疗卫生机构的调查则发现牧区乡镇卫生院基本医疗服务项目平均开展率低，仅为30.7%，尤其是手术治疗、院前急救等常见病诊疗项目开展率甚少，双向转诊制度不完善、转出多而转入少；村卫生室只能开展血压测量、血糖监测、静脉滴注、肌肉注射等简单诊疗服务，9项基本医疗服务项目仅开展了2项；急救器械缺乏、村医急救技能低下无法满足牧区常见的骨折等情况时的急救需求。[③]

在基本公共卫生服务能力方面，董屹等的调查则发现北京市两区县村民及乡村医生对村卫生室公共卫生服务评价一般，从村民的饮食生活方式较差、高血压等慢性病发病率较高及对村卫生室公共卫生服务功能不了解可以看出健康教育方面开展较差。[④] 刘红等研究江苏省基层全科医生岗位胜任力时发现，对传染病上报相关机制、突发公共卫生事件处理相关预案、精神障碍患者管理等很熟悉/非常熟悉的全科医生比例不足50%，全科医生的基本公共卫生服务能力有待加强。[⑤] 新冠肺炎疫情的暴发则暴露出了基层医疗卫生机构在公共卫生应急方面存在的短板，主要表现在传染病日常防控意识不足和相关知识教育不到

① 李慧、徐玲等：《2010年我国基层卫生机构服务功能现状分析》，《中国卫生信息管理杂志》2012年第1期，第17~22页。

② 柯思琼：《新疆贫困县三级医疗机构医务人员服务能力现状研究》，新疆医科大学硕士学位论文，2013。

③ 李新辉、蒋佩等：《北疆牧区基层医疗机构基本医疗服务能力现状调查》，《中国全科医学》2016年第11期，第2714~2718+2723页。

④ 董屹、王晨等：《村卫生室基本医疗卫生服务现状研究——基于对北京市两区县的实地研究》，《中国医学伦理学》2016年第5期，第876~880页。

⑤ 刘红、史卫红、乔学斌：《江苏省基层全科医生岗位胜任力研究》，《中国全科医学》2017年第25期，第3088~3093页。

位、防护物资储备不足、人力资源紧缺尤其是公共卫生专业人才不足、应急体制和应急能力缺乏、信息化建设落后、与其他组织机构缺乏统筹协作等方面。①

2015 年发布的《国务院办公厅关于推进分级诊疗制度建设的指导意见》提出，到 2017 年分级诊疗试点工作应当实现基层医疗卫生机构建设达标率≥95%，基层医疗卫生机构诊疗量占总诊疗量比例≥65%。我国基层医疗机构服务量虽然逐年攀升，但占比却有逐渐降低的趋势（见表 6）。广东省 2006～2015 年基层医疗机构诊疗量占比在 42%～50%，与《指导意见》的目标仍有一定差距。② 张瑞华等对 2011～2015 年成都市基层医疗卫生机构服务能力进行了综合评价，发现虽然基层医疗卫生机构数量、床位数、卫生技术人员数等缓慢增加，但占全市医疗机构相应指标的比例逐年下降，在卫生资源配置上劣势更加明显；基层医疗卫生机构诊疗人次占全市总诊疗人次的比值不断下降，从 2011 年的 50.23% 下降到 2015 年的 43.63%，基层卫生服务利用效率低。③ 同样的现象在武汉市也存在，医疗卫生资源配置呈现出“倒三角”现象，基层医疗卫生资源配置不足、服务效率不高，竞争优势明显弱于大医院；在 2013～2017 年，武汉市基层医疗卫生机构诊疗人数虽然在逐年增长，但占比始终较低，不足 20%。④ 基层医疗卫生机构诊疗量的不足从侧

① 张霄艳、杨诗雨：《基层卫生组织在突发公共卫生事件中存在的问题及对策》，《医学与社会》2020 年第 10 期，第 16～19 页。仝树旭、韦樟清：《“疫”考之下我国基层医疗卫生机构应急治理能力建设》，《岳阳职业技术学院学报》2020 年第 3 期，第 59～62 页。章兴鸣、原新园：《健康治理视域下基层医疗卫生服务战“疫”考察》，《行政与法》2020 年第 12 期，第 43～51 页。王洋、赖新梅等：《基层医疗卫生机构在新型冠状病毒肺炎疫情防控中的定位思考》，《福建中医药》2021 年第 1 期，第 5～7 页。张检、何艳玲、唐贵忠：《重大传染病疫情社区综合干预：问题与改进》，《辽宁行政学院学报》2020 年第 2 期，第 61～67 页。

② 陈天雄、黎东生等：《广东省“十三五”期间各级医疗机构总诊疗量预测》，《中国卫生资源》2017 年第 4 期，第 304～307 页。

③ 张瑞华、刘志会等：《成都市基层医疗机构服务能力综合评价》，《现代医院管理》2017 年第 6 期，第 17～20 页。

④ 周燕：《城市基层医疗卫生机构分级诊疗实施效果评价研究——以武汉市为例》，华中科技大学硕士学位论文，2019。

面上反映了人民群众对基层医疗卫生机构不够满意、对其信任程度仍然较低，而造成这种局面的本质原因是基层医疗卫生机构服务的能力不足。

表 6 2000～2019 年中国基层医疗卫生机构医疗服务数量变化

年份	门急诊人次(亿人次)	占比(%)	入院人次(万人次)	占比(%)
2000	…	…	1713	32.3
2005	25.9	63.3	1675	23.3
2010	36.1	61.8	3950	27.9
2015	43.4	56.4	4037	19.2
2020	41.2	53.2	3707	16.1

说明：“…”表示数据不详。

资料来源：卫生部卫生统计信息中心《中国卫生统计年鉴（2001 年）》、《2005 年中国卫生事业发展情况统计公报》、《中国卫生统计年鉴（2011）》、《中国卫生统计年鉴（2016）》、规划发展与信息化司《2020 年我国卫生健康事业发展统计公报》。

（五）基层医疗信息化建设发展不充分不均衡

吕欣航等采用系统抽样的方法，调查了全国 31 省市和新疆生产建设兵团共 6764 家基层医疗卫生机构的信息化建设情况，发现基层信息化水平大幅度提升，但发展程度不均，被中央纳入“基层医疗卫生机构管理信息系统”项目试点省的省份信息化建设处于前列；而有些省份则信息化建设迟缓；此外还存在系统功能建设和使用率不一、横向和纵向信息共享不理想、缺乏明确建设模式规划等问题。[①] 冯俊剑等调查了国家卫计委基层卫生司基层医改监测点苏州、绍兴和焦作三地区随机抽样的 89 家乡镇卫生院，发现存在信息系统内部互联互通效率低、相关医疗机构不能实现信息共享、远程医疗等功能较薄弱、80% 以上乡镇卫生院缺乏专业信息化人才等问题。[②] 邢春国调查了 2019 年江苏省 209 所基层医疗机构信息化水平，发现江苏省基

① 吕欣航、陈荃等：《基层卫生信息化建设现状分析及思考》，《中国数字医学》2019 年第 4 期，第 2～4＋11 页。

② 冯俊剑、陈凯等：《我国乡镇卫生院信息化建设现状分析》，《中国卫生事业管理》2016 年第 2 期，第 108～110＋132 页。

层医疗机构信息化水平较高，但地级市、区县及医联体医疗信息共享情况较差，存在“信息孤岛”现象。[①] 2017 年，刘利等开展了四川秦巴山区县乡医疗机构信息化建设基本配置情况的调查，发现乡镇卫生院独立信息科室配置率低、机房及网络配置差，并且缺乏专职从业人员。[②] 陈美华调查了 2017 年广西崇左市 650 家基层医疗卫生机构的信息化建设情况，发现存在电脑终端不足、信息化人才缺乏、信息化系统建设不全，缺乏支撑各业务信息系统互联互通、数据共享的基层信息化平台等问题，信息化建设仍然较为落后。[③]

四 加强基层医疗卫生服务体系建设的建议

（一）加大基层医疗卫生服务体系建设的财政投入

1. 增加财政补助，改善硬件条件

通过增加财政补助的方式保障基层医疗机构用房问题，促进基础设施设备更新、卫生保障药品供应，引导基层医疗机构加强设备配备。尤其是要加大对偏远地区、经济落后地区的财政倾斜和支持，减小地区间、城乡间差异。同时，设备配备应思考什么样的设备是常用的、必备的，有无会熟练操作设备的专业人才等，避免出现现有设施不能得到充分利用的问题。

2. 提高基层医务工作者的薪酬待遇

解决卫生人员编制问题，建立起基层卫生院在编人员薪酬福利的保障机制，将乡镇卫生院人员工资列入财政统一支付，为乡镇卫生院吸引和留住人

① 邢春国：《江苏省基层医疗机构信息化调查研究》，《中华医学图书情报杂志》2020 年第 10 期，第 70 ~ 75 页。

② 刘利、秦晓明等：《四川秦巴山区县乡医疗卫生机构信息化建设基本配置情况调查》，《卫生职业教育》2020 年第 18 期，第 143 ~ 144 页。

③ 陈美华：《基层医疗机构信息化建设现状调查分析》，《大家健康（上旬版）》2017 年第 9 期，第 286 ~ 287 页。

才提供先决条件。[①] 此外，财政的投入应该有制度化的安排和保障，从长期来看应随着财力的不断增长同比递增。完善绩效工资制度，使基层卫生人员薪资待遇或劳动报酬得到充分保障。乡村医生也应实行退休制，将其纳入社会劳动保险体系，参照企业职工基本养老保险办法，所需经费由各级财政和乡村医生按一定比例共同分担。此外，所有基层医疗卫生机构人员应依据情况给予相应的岗位生活补助，尤其是农村、条件艰苦的基层医疗卫生工作者。[②]

（二）加强基层医疗卫生人才培养和培训

1. 培养和引进更多基层卫生人才

以地方院校为依托，定向培养面向基层的全科医学人才和医疗设备技术人员。全科医学人才培养应同时注重其基本医疗能力和基本公共卫生服务能力，培养现场急救、重大公共卫生事件应急等综合能力。

2. 提升现有基层卫生人员业务水平

鼓励资助基层卫生技术人员参加医学本、专科学历教育，改善现有卫生技术人员的学历结构；同时建立在职培训制度，做好乡村医生轮训、选送人员到上级医院进修培训。[③] 对取得执业资格的基层卫生技术人员，可进行全科医生转岗培训。此外，可组织国家级、省级、市级继续医学教育项目，通过召开学术会议、培训班、专题讲座和参加网络学习等方式对基层卫生工作人员进行继续医学教育。返聘离退休医务人员到就近基层医疗机构开展临床指导服务。还可开展“乡村名医”的评选和宣传，激励优秀医务人员扎根基层，同时名医工作站可起到示范和引领作用。[④] 通过一系列措施提高基层

① 施若：《贵州省基层医疗机构信息化发展对策及建议》，《黔南民族医专学报》2013 年第 4 期，第 283～285 页。

② 原媛：《关于新时期基层医疗卫生信息化人才队伍建设的现状与分析》，《饮食保健》2019 年第 28 期，第 289 页。

③ 于海泉、张炎冰、王淑慧：《新医改形势下基层卫生人才队伍建设研究》，《中国当代医药》2012 年第 7 期，第 140～141 页。

④ 彭颖、吴莹等：《长沙市基层卫生人才队伍建设现状与建议》，《中国医药导报》2019 年第 26 期，第 177～180＋185 页。

医疗卫生机构的医疗服务能力和技术水平，可以增加群众对基层医疗服务的信任度，积极引导群众到基层医疗卫生机构就医。

（三）构建医疗卫生共同体、促进患者和医疗资源下沉

构建医疗卫生共同体，促进患者和医疗资源下沉，同时也可实现基层首诊、双向转诊、急慢分治、上下联动地分级诊疗模式，建立合理有序的就医秩序。[①] 基层医疗卫生机构参与组建医联体后，其服务提供能力将有所改善，门急诊人次也能够增加，从而改善基层医疗卫生机构与上级医院的运行状况。

（四）提高基层医疗信息化水平

促进基层医疗机构信息化建设，应选择统一标准、集中建设、资源共享、统一运营维护的信息化建设发展模式，建立起服务基层医疗机构的信息化服务平台，可有效降低建设和维护成本、促进信息共享；同时，应加强对基层医疗机构卫生人员的学习和培训，开展计算机操作、系统维护、业务平台等方面的培训工作。[②] 同时，人才队伍建设是基层医疗卫生机构信息化建设的关键，一方面要予以政策倾斜和支持，培养基层医疗信息化人才队伍；另一方面要完善卫生信息人才队伍职业和职称体系，稳定专业人才队伍。[③] 此外，除了要保障基层业务系统的建设、增强基层能力建设和技术支持外，还应建立政府主导、多方力量参与的可持续发展机制和区域医疗卫生协同机制，并建立健全培训和考核机制。[④]

---

① 李艺钊、吴维民等：《基于分级诊疗的视角对基层医疗机构服务能力调查》，《卫生软科学》2016 年第 11 期，第 12 ~ 14 页。

② 施若：《贵州省基层医疗机构信息化发展对策及建议》，《黔南民族医专学报》2013 年第 4 期，第 283 ~ 285 页。

③ 原媛：《关于新时期基层医疗卫生信息化人才队伍建设的现状与分析》，《以食保健》2019 年第 28 期，第 289 页。

④ 周乐明、吴开明：《当前基层医疗卫生机构信息化建设难点及对策》，《中国卫生信息管理杂志》2014 年第 4 期，第 405 ~ 409 页。

（五）提升基层医疗机构的公共卫生意识

基层医疗卫生服务体系在重大公共卫生事件中首当其冲。无论是2003年的“非典”，还是2019年暴发的新冠肺炎疫情，都凸显了卫生应急体系建设积极向乡镇、村和社区的卫生服务机构延伸的必要性。建设基层医疗卫生机构应急体系可以扎牢应急信息网络的网底，实现突发公共卫生事件的基层网络直报和实时动态监控，对突发公共卫生事件发出及时有效的预警，为卫生行政部门第一时间掌握事件信息和动态、及时采取防控措施提供科学依据。应急体系实行以市疾病预防控制中心为指导，以县（市、区）疾病预防控制中心为枢纽，依靠社区卫生服务中心（乡镇卫生院）、村卫生室（社区卫生服务站）为网底的工作模式。[①] 社区卫生服务中心是卫生应急处置的中坚力量，应在医务科设置卫生应急办公室，具体工作由医务科负责落实；每个社区卫生服务中心和乡镇卫生院应设公共卫生科，服务人口在10万人以上的业务用房面积不少于200平方米，社区卫生服务站和村卫生室应有兼职公共卫生人员。此外，应在学校、重点企业和村/社区建立应急领导小组和工作小组，设立健康教育点，由社区卫生服务中心负责制定卫生应急健康教育年度计划，在村/社区委员会主持下开展卫生应急健康讲座、应急演练、日常健康教育等工作。

---

① 毛振兴、黄旭礼：《温州市基层公共卫生服务体系建设现状与对策》，《中国卫生监督杂志》2014年第5期，第492～495页。

G.8

医疗救助制度的改革与发展*

宁亚芳**

摘　要： 医疗救助制度是中国社会救助制度的重要内容，也是中国医疗保障体系的重要组成部分，在赋予贫困人口参保机会、缓解诊疗经济负担、改善健康状况等方面具有重要的兜底保障作用。党的十八大以来，中国的医疗救助在健康扶贫方面取得了显著成就。但是，人口流动加速、多样化医疗救助服务需求增多、公共财政兜底型医疗救助功能有限等，要求"十四五"时期加快推进医疗救助制度改革与完善，提升其互助共济和推进共同富裕的功能。具体而言，要加快实现医疗救助省级统筹，完善医疗救助分层分类救助办法，引导政府主导的医疗救助与社会力量参与的医疗救助形成合力，推进医疗救助与其他医疗保障制度的有效整合，强化医疗救助基金应对突发公共卫生事件的治理能力，推动医疗救助内容向综合救助方向发展。

关键词： 医疗救助　医疗保障　健康扶贫

医疗救助制度是中国社会救助制度的重要内容，也是中国医疗保障体系的重要组成部分，在赋予贫困人口参保机会、缓解诊疗经济负担、改善健康状况等方面具有重要的兜底保障作用。据统计，2018 年以来，中国实施的

---

* 中国社会科学院创新工程"青年学者资助计划"项目"铸牢中华民族共同体意识与建设社会治理共同体互促理路研究"（项目编号：XQ2021001）阶段性成果。

** 宁亚芳：中国社会科学院民族学与人类学研究所副研究员。

各种医疗保障扶贫措施为贫困人口就医提供援助，获得就医优惠援助的贫困人口达到5.3亿人次，1000余万户因病致贫家庭在医疗保障扶贫措施的帮助下实现了脱贫。[①] 医疗救助制度作为一项兜底保障制度，疾病谱、贫困特征等的变化会导致其在救助对象、救助方式、救助标准等方面产生适宜的调整，以满足贫困病患对医疗服务的需求。2020年，中国宣布摆脱了绝对贫困，农村的经济社会发展条件以及人们谋求发展的能力与信心增强；加之脱贫人口逐步进入城镇地区谋求就业的趋势不断增强，收入不稳定人群和低收入人群对医疗救助的需求也呈明显增长态势。

一　医疗救助制度在健康扶贫中的主要成就

疾病是困扰人们健康状况和引致陷入贫困的重要因素，疾病与贫困的关系也一直是国际学术界关心的重点研究议题，大多数学者都证实了疾病会加重家庭经济负担。[②] 长期以来，疾病也是中国城乡居民陷入贫困的重要致因。据统计，2015年底中国有接近2000万人属于因病致贫、返贫人员，这一人数规模占到全国贫困人口总数的44.1%。在这些因病致贫、返贫人员中，患大病和慢性疾病的人数接近750万人。[③] 自1998年中国建立城镇职工基本医疗保险制度以来，我国的医疗保障体系不断完善。城镇职工基本医疗保险、城乡居民基本医疗保险两项制度成为医疗保障体系的基本内容，城乡医疗救助制度以及近年来实施的大病保险制度为贫困人口提供了救助性的医疗费用负担分摊方案，这些制度构成了中国多层次的社会医疗保障制度体系。

---

① 《2020年全国医疗保障事业发展统计公报》，http：//www.nhsa.gov.cn/art/2021/6/8/art_7_5232.html。

② Charlotte F. Muller，"Economic Costs of Illness and Health Policy"，*American Journal of Public Health*，1980，12（70）.

③ 《〈健康扶贫工程"三个一批"行动计划〉发布会中央电视台记者提问》，http：//www.scio.gov.cn/video/33836/Document/1549582/1549582.htm。

（一）医疗救助政策内容不断扩展

党中央、国务院高度重视贫困人口的健康保障问题，在“两个一百年”体系中强调发挥医疗救助事业的积极作用。2018 年，国家医疗保障局等发布《医疗保障扶贫三年行动实施方案（2018—2020）》，该方案在政策保障对象、内容、水平等方面就如何帮扶深度贫困人口做了一系列规定。例如，“三区三州”的建档立卡贫困户、其他贫困地区的因病致贫返贫人口、还有其他地区类型的农村建档立卡贫困人口都是重点保障对象。医疗保障内容涉及提供基本医保、大病保险、医疗救助等。医疗保障水平则主要体现为，农村贫困人口政策范围内个人自付住院医疗费用救助比例不低于 70%。对于一些特殊贫困人口，则根据实际情况给予倾斜性的救助帮扶。2019 年，国家医疗保障局等发布《关于做好 2019 年城乡居民基本医疗保障工作的通知》。这一《通知》在参保缴费、待遇报偿、统筹层次、管理服务等方面出台了综合性的规定，尽可能地减轻建档立卡贫困户享有医疗服务的经济负担。例如，一方面继续提高了城乡居民基本医疗保险和大病保险两项险种的筹资缴费标准；另一方面，取消建档立卡贫困户享受大病保险时的封顶线，将这类家庭享受大病保险的起付线在原有基础上降低一半，大病保险的报销支付比例则提高 5 个百分点。此外，还包括做实市级统筹，优化医保管理服务等方面。2019 年 10 月，国家医疗保障局等颁布《关于坚决完成医疗保障脱贫攻坚硬任务的指导意见》，对确保贫困人口应保尽保和提高健康扶贫效能方面提出了明确要求。

2020 年，中国进入决胜脱贫攻坚的收官之年，为了巩固脱贫攻坚成效，健康扶贫政策开始将帮扶对象扩充到了脱贫户和低收入户。国家医疗保障局办公室等发布的《关于高质量打赢医疗保障脱贫攻坚战的通知》。该通知规定，一方面，要统筹用好居民医保和医疗救助补助资金，发挥好三重制度梯次减负功能；另一方面，则要求协同做好脱贫不稳定户、收入略高于建档立卡贫困户的边缘户以及因疫情或其他原因致贫返贫户监测与帮扶。这就从政策层面拓宽了医疗救助的救助对象范围。在 2020 年出台的《关于做好 2020

年城乡居民基本医疗保障工作的通知》中，国家医疗保障局等部门针对医疗救助提出了一系列意见。一是巩固提高住院和门诊救助水平。二是重点加大对重特大疾病的救助。三是创新重特大疾病救助识别方式，探索以医疗费用的额度作为识别标准。四是加大财政投入力度，扩大医疗救助的限额。

围绕给脱贫县设置5年过渡期和“四不摘”的总体要求，发挥医疗救助巩固脱贫攻坚的作用被摆在了更加突出的位置。2021年出台的《关于巩固拓展医疗保障脱贫攻坚成果有效衔接乡村振兴战略的实施意见》，对医疗救助政策如何巩固脱贫攻坚成效做出了更为具体的规定。一是明确分类救助对象及救助额度。对特困人员、低保对象、属于动态监测范围的脱贫不稳定农村低收入人口分别给予全额资助、定额资助和一定期限的定额资助。二是合理控制救助对象政策范围内自付费用比例。三是统筹加大门诊慢特病救助保障，门诊和住院救助共用年度救助限额。

在精准扶贫中，医疗救助作为兜底制度之一，与基本医疗保险制度和大病保险制度协同发挥了健康扶贫的作用。从政策内容来看，一方面，资助贫困户缴纳基本医疗保险和大病保险参保缴费的额度不断提高。另一方面，贫困人口所能享受的医疗救助待遇也得到稳定保障，贫困人口享受医疗救助的门槛和个人自付的比例持续降低。此外，随着建档立卡贫困户转变为脱贫的低收入户，医疗救助对象范围也把脱贫后的低收入户纳入其中，以适应贫困人口结构的变化。医疗救助朝分类救助方向发展的趋势越发明显。正是这些政策内容方面的扩展和优化，医疗救助在健康扶贫方面取得了显著成就，也进一步提升了制度自身对反贫困需要的响应能力。

（二）“十三五”时期农村医疗救助人数规模显著增加

中国于2016年启动了农村贫困人口大病专项救治。截至2020年上半年，大病专项救治的病种类别显著增加，从2016年启动之初的9种增至2020年的30种，增长了2.33倍。从大病专项救助的区域范围来看，截至2020年上半年，有25个省区市完成了大病专项救助的覆盖。其中，还有部分省区根据各省的贫困状况、地方病特点等，适度扩大了大病病种的范围，执行了保障范围更大的大病专项救助措施。[①] 尤其是自2018年实施《医疗保障扶贫三年行动实施方案（2018—2020年）》以来，医疗救助资助参保的人数和住院、门诊救助的人次数均显著增长。总体而言，医疗救助资助参加基本医疗保险的人数由2015年的3106.5万人增至2020年的9984万人，年均增长率为21.5%。医疗救助受益对象中，享受住院救助和门诊救助人次数总和由2015年的2515.9万人次增至2020年的8040万人次，年均增长率为21.4%。用于直接救助贫困人口享受住院和门诊服务的财政支出，从2015年的214.6亿元增至2020年的546.84亿元。从绝对数量规模来看，医疗救助的受益人次数和资金投入在2015~2020年均实现了成倍的增长。而从每年的同比增长来看，2018年以来，随着国家加大了对深度贫困地区的帮扶力度，健康扶贫的投入力度也进一步增加。2018年和2019年的医疗救助资助参保人数、住院和门诊救助人次数、住院和门诊救助总金额的同比增速明显更快（见表1）。

表1　医疗救助人次数及资金支出规模（2015~2020年）

年份	资助参加基本医疗保险人数（万人）	同比增长率（%）	住院救助和门诊救助人次数（万人次）	同比增长率（%）	医疗救助总金额（亿元）	同比增长率（%）
2015	3106.5	—	2515.9	—	214.6	—
2016	5560.4	79.0	2696.1	7.2	296.1	38.0
2017	5621	1.1	3517.1	30.5	340.1	14.9
2018	6692	19.1	5361	52.4	399.7	17.5
2019	8751	30.8	7050	31.5	493.1	23.4
2020	9984	14.1	8040	14.0	546.84	10.9

说明：医疗救助总金额为资助参加医疗保险支出和直接医疗救助支出之和。

资料来源：2015~2019年数据来自《中国统计年鉴》（2016~2020），2020年数据来自国家医保局公布的《全国医疗保障事业发展统计公报》。

从精准扶贫的主要地区情况来看，以民族八省区为例，在资助参加医疗保险人数方面，贵州由2016年的281.4万人增至2019年的791.4万人，西

① 《为决战决胜脱贫攻坚筑牢健康之基——国家扶贫日之际透视健康扶贫成效》，http://www.gov.cn/xinwen/2020-10/15/content_5551628.htm。

藏由2016年的4.9万人增至2019年的22.5万人，宁夏由2016年的32.9万人增至2019年的119.4万人，新疆则由2016年的132.3万人增至2019年的454.1万人。在直接医疗救助人次数方面（住院救助和门诊救助人次数合计），民族八省区的增幅也十分显著。2019年，内蒙古、广西、贵州、云南、西藏、青海、宁夏、新疆的直接医疗救助人次数达到74.1万人次、108.2万人次、269.2万人次、209.4万人次、4.2万人次、32.8万人次、50.8万人次和77.8万人次，分别是2016年的2.3倍、1.8倍、7.2倍、2.8倍、0.7倍、2倍、4.4倍、2.1倍。[①] 在医疗救助资金支出方面，民族八省区的医疗救助投入也在总体上不断增加。2016～2019年，相比其他省区，新疆、贵州、广西、云南和内蒙古的医疗救助资金支出增幅更为明显（见表2）。

表2 民族八省区医疗救助资金支出总额（2016～2019年）

单位：亿元

年份	内蒙古	广西	贵州	云南	西藏	青海	宁夏	新疆
2016	8.0	8.3	8.9	10.5	2.1	3.7	3.0	8.7
2017	8.5	9.0	9.6	12.3	2.6	4.0	2.5	8.6
2018	9.7	7.5	10.1	16.4	2.2	4.9	2.8	15.6
2019	11.2	11.1	22.8	16.7	2.1	5.9	4.0	22.1

说明：医疗救助总金额为资助参加医疗保险支出和直接医疗救助支出之和。

资料来源：2016～2019年数据来自《中国统计年鉴》（2017年、2018年、2019年和2020年）。

据官方统计，2020年中央财政资金用于补助医疗救助的资金为260亿元，比2019年增长了6%。此外，为了解决“三区三州”等深度贫困地区建档立卡贫困户的就医问题，中央财政还专门以专项资金的方式给予支持。2020年，专项用于“三区三州”建档立卡贫困户的医疗扶贫资金达到40亿元，以特殊转移支付方式拨付的医疗救助补助金达到15亿元。在各级财政

① 国家卫生健康委员会：《中国卫生健康统计年鉴》，统计出版社，2020。

的有力保障下，2020 年全国农村建档立卡贫困人口参保率稳定在 99.9% 以上。① 数据分析表明，党的十八大以来，医疗救助在资助贫困人口参加基本医疗保险和资助贫困患者减轻住院、门诊费用负担方面发挥了积极作用。尤其是 2018 年以来，《医疗保障扶贫三年行动实施方案（2018—2020 年）》出台并得到了贯彻落实，“三区三州”等地的深度贫困地区医疗救助人次数和资金投入均有显著增加。

（三）医疗救助对新冠肺炎疫情的积极应对

新冠肺炎疫情的暴发对医疗救助受助对象的就医、报销等造成了诸多不便，部分受助对象由于感染新冠肺炎而面临疫情防治的大额费用。在各地积极采取应对措施的情况下，医疗救助受助者在疫情防控期间也获得了有效的兜底保障。早在疫情暴发之初，国家卫健委等部门联合发布通知，规定疫情期间，确认疑似和确诊的参保患者在以门诊或者住院方式治疗新型冠状病毒感染的肺炎所产生的合规费用，均由医疗保险基金给予支付，并取消住院起付标准。为了减轻疑似和确诊的参保患者的个人诊疗费用负担，在由基本医疗保险、大病保险、医疗救助等提供报销或者救助后，财政资金对个人负担的费用给予补偿。而对于异地就医的疑似和确诊的参保患者，则按照患者所在地（常住地）的救治待遇给予积极治疗。② 各地社会救助机构、医疗机构也积极发挥互联网的作用，积极采用不接触式办理业务的办法，满足医疗救助受助对象的结算报销手续。此外，在疫情防控期间，切实保障了肿瘤放化疗、血液透析等非住院重大疾病患者的医疗服务需求。

---

① 《2020 年全国医疗保障事业发展统计公报》，http：//www. nhsa. gov. cn/art/2021/6/8/art_ 7_ 5232. html。

② 《国家医疗保障局办公室财政部办公厅国家卫生健康委办公厅关于做好新型冠状病毒感染的肺炎疫情医疗保障工作的补充通知》，http：//www. nhsa. gov. cn/art/2020/1/27/art_ 37_ 2290. html。

二　医疗救助制度改革面临的挑战

2021年是中国开启全面建设社会主义现代化国家新征程的关键时间节点，也是“十四五”开局之年。围绕国家治理体系与治理能力现代化总要求，推进医疗救助制度高质量发展是社会保障体系建设的重要着力点。新冠肺炎疫情的暴发，更是对完善中国的公共卫生资源配置及医疗救助制度的完善等提出了迫切需要。2020年2月，习近平总书记在主持召开中央全面深化改革委员会第十二次会议强调，要健全重大疾病医疗保险和救助制度，完善应急医疗救助机制。在配合做好新冠肺炎疫情防控工作的背景下，包含医疗救助在内的医疗保障制度体系受到全国上下高度关注。一方面，国家出台了《中共中央国务院关于深化医疗保障制度改革的意见》。该《意见》对完善救助对象的精准识别机制、救助范围、救助待遇等进行了明确要求，旨在进一步提升医疗救助制度的规范性。同时，该《意见》还确立了全面落实资助重点救助对象参保缴费的原则，使重点救助对象获得多样化、多层次的医疗保障。该《意见》还强调，要建立防范和化解因病致贫返贫长效机制。通过加强诊疗方案、转诊方式等提升医疗救助制度的响应能力，通过增加财政投入优化医疗救助的限额设定，以减轻贫困人口的诊疗费用负担。另一方面，习近平总书记在进行第二十八次集体学习中就完善覆盖全民的社会保障体系作了重要讲话，强调要加大再分配力度，强化互助共济功能，把更多人纳入社会保障体系。[①] 医疗救助制度作为兜底保障的重要制度之一，在互助共济和促进共同富裕方面能够发挥积极作用。围绕社会保障事业高质量发展总体要求，“十四五”时期中国医疗救助制度需要积极应对以下挑战。

---

① 习近平：《完善覆盖全民的社会保障体系促进社会保障事业高质量发展可持续发展》，http：//www. mohrss. gov. cn/wap/xw/rsxw/202103/t20210301_ 410313. html。

（一）人口流动加速与医疗救助统筹层次低矛盾突出

尽管中国已经整合了城乡医疗救助制度，但是户籍状况依然是医疗救助确定受助对象的基本标准之一。在属地管理原则下，中国医疗救助基金长期属于县、区一级统筹。2020 年出台的《中共中央、国务院发布关于深化医疗保障制度改革的意见》，直接推动了各级地方政府加速医疗救助统筹层次的步伐。例如，青海省率先在全国实施医疗救助省级统筹。全国其余多个地区逐步完成了医疗救助市级统筹的改革。然而，现行的医疗救助基金、管理、经办服务的统筹层次依然无法适应人口流动规模加大和流动加速。第七次全国人口普查数据显示，中国人户分离人口为 49276 万人。其中，市辖区内人户分离人口为 11694 万人，流动人口为 37582 万人。与 2010 年相比，人户分离人口增长 88. 52% ，市辖区内人户分离人口增长 192. 66% ，流动人口增长 69. 73% 。中国经济社会持续发展，为人口的迁移流动创造了条件，人口流动趋势更加明显，流动人口规模进一步扩大。[①] 在当前形势下，中国流动人口以省内流动和跨省流动为主，而县级、市级的医疗救助统筹层次无法满足流动人口的医疗救助需要。一些在外务工的劳动者遭遇变故而需要医疗救助时，往往因为户籍不在务工所在地或者医疗救助统筹层次太低的原因，而无法在务工所在地享受社会救助。此外，目前中国各地的城乡居民基本医疗保险和大病保险加快了全省统筹的步伐，而作为兜底保障的医疗救助由于统筹层次过低，无法与前述两种医疗保障制度形成有效衔接。因此，在面对人口的省级流动和省内流动趋势更加明显的情况，中国医疗救助制度的统筹层次亟待提高。

（二）巩固脱贫攻坚与乡村振兴有效衔接的任务依然艰巨

在全国脱贫攻坚总结表彰大会上，习近平总书记庄严宣告在迎来中国共

---

① 全国人口普查办公室：《第七次全国人口普查公报（第七号）》，http：//www. stats. gov. cn/ztjc/zdtjgz/zgrkpc/dqcrkpc/ggl/202105/t20210519_ 1817700. html。

产党成立一百周年的重要时刻，中国区域性整体贫困得到解决，完成了消除绝对贫困的艰巨任务。并强调要切实做好巩固拓展脱贫攻坚成果同乡村振兴有效衔接各项工作。对易返贫致贫人口要加强监测，做到早发现、早干预、早帮扶。[①] 随着中国农村贫困特征的改变，医疗救助以贫困户和特殊困难户为受助对象的瞄准机制已经无法满足脱贫户和低收入户的医疗救助需求。已脱贫人口的健康状况总体水平偏低，患病并因病致贫的风险依然较高。有实证研究表明，中国城乡居民的因病返贫风险地区间差异明显，其中，东部地区城乡居民的因病返贫风险为23.11%，低于全国平均水平28.58%；而西部地区城乡居民的因病返贫风险最高，达到40.36%，远远高于全国平均水平。[②] 尤其是在中国西部的一些偏远山区、牧区，由于生活条件依然艰苦，医疗服务供给质量和能力依然偏低，当地居民患病后获得有效救治的成本相对更高，因病致贫、因病返贫的风险依然较高。在巩固脱贫攻坚阶段，医疗救助需要进一步拓宽受助对象范围，对“三无”人员、脱贫户、低收入户、有重大疾病患者的一般家庭分类别分层次提供必要的医疗救助。

（三）城乡居民的医疗救助需求趋向多样化

目前中国的医疗救助服务依然以经济支持为主。具体表现为，一方面，资助受助者参加基本医疗保险制度，在医疗保险的互助共济中享受基本社会医疗保障；另一方面，对经过基本医疗保险、大病保险、商业医疗保险等多类别医疗费用报销后仍需自付较高数量诊疗费用且直接影响陷入生活贫困的群体提供部分补偿式的经济支持。这种救助模式在解决中国长期以来贫困人口“看不起病”的问题方面发挥了积极作用。然而，随着人们生活水平和健康观念的改变，人们的健康服务需求期望不断增高。尤其是在人们更加关注健康恢复水平和健康质量的趋势下，相比单一的经济补偿，人们更加希望

---

① 习近平：《在全国脱贫攻坚总结表彰大会上的讲话》，http：//www.cpad.gov.cn/art/2021/2/25/art_305_187439.html? isappinstalled=0。

② 张永凯、杨春月：《我国城乡居民因病返贫风险的动态变化及其影响因素》，《福建农林大学学报（哲学社会科学版）》2021年第4期，第50~59页。

在医疗救助中获得真正的健康质量提升。这就意味着医疗救助应当根据时代变化进一步转型制度的功能定位，从传统意义上的缓解经济负担扩充为服务受助者健康质量提升。随着社会进步，人们的医疗救助需求日益多样化并且存在显著差异。围绕这一趋势，应当向贫困人口提供整合型的救助服务，实现预防、治疗、康复和精神心理健康支持等有机结合，改善贫困者的整体健康状况。[①] 因此，在实现健康中国战略的总体要求下，实现从单一被动性经济支援向综合主动性健康服务转变，是“十四五”时期中国医疗救助制度的改革着力点。

（四）政府主导的医疗救助功能相对有限

医疗救助制度中提供救助资源与服务的主体通常包括政府、社会组织及慈善机构，其中政府依然是医疗救助制度中的最主要主体，通过提供专项财政资金和组织公共卫生资源配置保障贫困人口的基本医疗服务。从政府的财政投入情况来看，近年来中央财政投入医疗救助补助资金的占比在逐年下降，由 2018 年的 55.3% 降至 2019 年的 48.8%，而县级和省级财政用于医疗救助的支出比例在持续上升。[②] 然而，受全球经济形势不景气和新冠肺炎疫情的冲击，基层地方政府的财政自我造血能力不足，用于医疗救助的专项财政资金十分有限，这在很大程度上限制了当前以市、县一级为统筹层次的医疗救助发挥更大的兜底保障作用。受制于地方政府财政水平的地区差异，各地的医疗救助待遇也会因为当地财政能力的地区差异而表现出较为明显的地区差异。而其他诸如社会组织、慈善机构筹集的医疗救助资金往往规模较小且十分不稳定，无法满足城乡居民对医疗救助的切实需要。

---

① 王三秀：《健康贫困风险治理与医疗救助策略创新》，《中国医疗保险》2020 年第 6 期，第 4 页。

② 李秀丽等：《我国医疗救助制度的功能受限困境及其优化建议》，《中国卫生经济》2021 年第 5 期，第 29～32 页。

（五）重特大疾病的自付医疗费用负担依然十分沉重

中国基本医疗保险和大病保险制度通常按照国家设定的基本医疗保险药品目录、诊疗项目范围目录、医疗服务设施标准（简称“三大目录”）对患者产生的目录范围内的医药费用进行报销，这些目录基本涵盖了城乡居民对常见急慢性病的医药服务需求。然而容易对城乡家庭造成医疗灾难性支出的重特大疾病（如恶性肿瘤或罕见病）却没有纳入现行的“三大目录”中来。这就导致由于遭遇重特大疾病的家庭往往无法通过基本医疗保险和大病保险等机制减轻医疗费用负担，在这种情况下申请医疗救助也往往只能杯水车薪。

（六）新冠肺炎疫情对医疗救助的运行模式提出新要求

新冠肺炎疫情暴发以来，不仅给社会带来了沉重的疫情防控成本，也对不幸感染新冠肺炎的患者造成了重大的健康和经济冲击。疫情的突发性和传染性决定了感染者必须在最快时间内获得有效的救治，然而公共卫生事件中疾病诊治的快速响应的救治机制与现行医疗救助的事后经济补偿机制存在明显的时间差，后者按照常规的申报、核查、审批等手续，将使得患者很难及时获得有效的救治。这次新冠肺炎疫情暴发对中国应急医疗救助的冲击启示我们，在应对公共卫生事件的过程，医疗救助除了原有的一套基于“家计调查”运行模式的救助机制之外，还亟须建立一套能够匹配于突发公共卫生事件诊疗救治机制的机制。

总体而言，人口流动、城乡低收入人口结构的变化导致现行的医疗救助制度的部分具体政策内容有待做出适应性的调整。而地方政府财政能力阶段性偏弱和重特大疾病未包含在基本医疗保险目录之内，也导致医疗救助制度的实际作用空间相对较小。这些问题和挑战是“十四五”时期医疗救助制度改革与完善必须着力解决的难题。

三　医疗救助制度的完善对策

“十四五”时期是中国开启全面建设社会主义现代化国家新征程、向第二个百年奋斗目标进军的第一个五年。转向高质量发展阶段是中国这一时期的基本特征。在2021年2月，习近平总书记就促进社会保障事业高质量发展可持续发展做出了一系列战略部署。2020年3月发布的《中共中央 国务院关于深化医疗保障制度改革的意见》和2021年9月发布的《“十四五”全民医疗保障规划》都为中国“十四五”时期医疗救助的总体发展思路提出了要求。

（一）加快实现医疗救助省级统筹

要在更大范围内发挥医疗救助的互助共济和促进共同富裕作用，就必须提高医疗救助的统筹层次。具体而言，包括医疗救助的基金、经办、监管等具体环节的统筹层次均应提高。依据中国人口流动趋势，医疗救助的统筹层次应当提高到省级统筹。一方面，医疗救助省级统筹可以满足省内流动的务工人员对便捷高效的医疗救助的需求。另一方面，医疗救助制度实现省级统筹后，可以完成与已经实现省级统筹的城乡基本医疗保险制度衔接整合，为符合救助条件的受助者提供政策全周期的医疗保障。此外，加快实现医疗救助省级统筹，有利于缓解基层地方政府财力不足和财力不均衡的难题，在全省范围内实现医疗救助基金的调剂使用，在更大层面实现互助共济，推动省内各地之间医疗救助待遇更加公平。

（二）完善医疗救助分层分类救助办法

随着中国摆脱绝对贫困，处于相对贫困的低收入群体成为医疗救助的主要政策对象。现行的医疗救助制度执行的是最为严格的“家计调查”筛查办法，对低保户、“三无”人员等提供兜底性医疗保障。随着贫困人口结构和贫困特征的转变，医疗救助应当将处于相对贫困状态的人群按照可支配收入和患病情况等多方面因素给予分类分层阶梯式医疗救助。在相对贫困阶段，疾病是低收入家庭和中产家庭容易陷入贫困的重大风险之一。在发挥社会保障促进共同富裕的背景下，更加重视发挥医疗救助的减贫作用是重要政策着力方向。

（三）引导政府主导的医疗救助与社会力量参与的医疗救助形成合力

政府主导的医疗救助与“十四五”时期中国城乡居民的医疗保障需求还存在不小差距，充分发挥各方力量，尤其是公益慈善的力量。推动公共财政承担主要财政责任的医疗救助与社会公益组织实施的医疗救助形成合力，提升中国医疗救助制度的总体效能。具体来看，一方面要加强对公益慈善医疗救助行动的扶持和监管，充分发挥中国互联网平台的技术和资源动员优势，调动全社会参与公益慈善进行医疗救助的积极性。另一方面，完善政府主导的医疗救助和公益慈善医疗救助的合作机制，既发挥政府在受助者信息审核与发布方面的权威性，也要发挥公益慈善组织募捐和就近配置涉及医疗资源和相关服务方面的便捷性。

（四）推进医疗救助与其他医疗保障制度的有效整合

在当前我国医疗保障制度框架内，医疗救助只是扮演托底角色的制度。医疗救助制度功能的发挥及其承受的救助压力，取决于基本医疗保险、大病保险、商业医疗保险等多层次多支柱医疗保障制度作用的有效发挥。在一定程度上，医疗保险发挥的作用越大，医疗救助需要承担的托底保障压力就越小。因此，要从系统思维出发，从整个医疗保障体系中考虑医疗救助与医疗保险制度的衔接整合问题。从目前来看，一方面，要继续发挥好医疗救助资助受助者参加基本医疗保险的功能。另一方面，要根据中国疾病谱的变化，及时调整基本医疗保险药品目录、诊疗项目范围目录、医疗服务设施标准，使更多发病率高的重特大疾病纳入“三大目录”范围。使目前城乡居民在重特大疾病治疗中自付费用过高的问题得到有效解决。

（五）强化医疗救助基金应对突发公共卫生事件的治理能力

2020年在中国暴发的新冠肺炎疫情对中国公共卫生资源造成了重大冲击。为了切实保障新冠肺炎患者的诊疗，中国采取了免费治疗的方式消除大家的担忧与恐惧，推动了新冠肺炎防治工作有序进行。目前学术界关于应该用社会保险资金还是医疗救助资金来支付新冠肺炎患者的诊疗费用存在争议。这一争论背后反映着中国在应对突发公共卫生事件的战略性政策储备还存在短板。对于遭受突发公共卫生事件的受害者，政府为其提供医疗救助责无旁贷。具体而言，要拓宽医疗救助基金的应急使用范围，确保中央政府能够迅速有效地统筹调配全国各地的医疗救助基金，以应对突出的公共卫生事件，以此使医疗救助基金在更多领域发挥支撑作用。

（六）推动医疗救助内容朝综合救助方向发展

从建设健康中国的战略目标出发，事后经济补偿远不是中国医疗保障制度体系的最终目标，加大预防性医疗服务供给，对需要医疗救治的患者提供经济、服务、情感慰藉等多方面的救助，有利于使患病者及其家庭更好从经济负担和精神负担中解脱出来，加快健康状况的恢复，提升人口素质水平。这就要求中国当前的医疗救助要在拓宽救助对象进行分类分层救助的过程中，创新救助理念和救助方式，坚持以提升健康水平和提高人口素质为核心，通过综合性的救助手段，帮助受助者尽快恢复健康，重新回到劳动岗位并全面融入家庭生活和社会生活。

G.9
商业健康保险的发展现状、问题与对策

汪连新　黄秀莲*

摘　要： 商业健康保险是我国多层次医疗保障体系的重要组成部分，遵循自愿投保原则，自主管理健康风险。在多层次医疗保障体系中，商业健康保险的补充性作用主要体现在自愿灵活的相机效益、市场供给的延展效益以及多方共赢的经济效益上，其中，最重要的是弥补基本医疗保险供给不足，根据不同健康保障需求设计个性化产品，提供满足大众化、多层次、多元化需求的健康保险产品。本研究从宏观保险市场和微观保险需求两方面调查分析商业健康保险现状。近十年商业健康保险增速高于其他保险产品，公众对补充保险的需求逐步提升，保险机构也积极参与疫情防控和医疗保障体系建设，商业健康保险的健康管理功能进一步显现。但是，我国商业健康保险仍然存在大众投保意愿乏力、产品同质、缺乏竞争力、差异化供给不足、创新不够、区域发展不平衡、省际差异较大等问题。究其根源主要是民众对商业健康保险重要性认知不够、缺乏健康风险管理意识、保险公司专业人才缺乏、保险市场垄断经营、信息不对称等。本文提出的政策建议主要包括：明确政府责任，推动商业健康保险发展；保险机构提升专业能力，强化健康管理功能；医疗机构强化与保险公司合作，提升健康保障水平；民众增强健康风险管理意识，投保商业健康保险。

* 汪连新，中华女子学院管理学院副教授；黄秀莲，中央财经大学保险学院博士研究生。

关键词： 商业健康保险　现状调查　政策建议

党和政府高度重视国民健康。2016 年 10 月，国务院颁布《“健康中国 2030”规划纲要》，提出将保障人民生命健康作为国家战略，并提出具体实施要求和行动方案。2020 年 6 月，习近平总书记主持召开专家学者座谈会，在谈到防范卫生健康领域重大风险时，提出“要强化底线思维，增强忧患意识，树立全生命周期的健康管理理念”。2020 年 10 月，党的十九届五中全会提出“全面推进健康中国建设，实施积极应对人口老龄化国家战略”。2021 年 3 月，“十四五”规划提出了“稳步建立长期护理保险制度，积极发展商业医疗保险”的战略任务。探究商业健康保险在规避疾病风险方面的重要作用，对完善多层次医疗保障体系目标、促进国民健康保障具有重要现实意义。1982 年，国内恢复商业健康保险业务，至今健康保险研究和实务都还处于初级阶段。① 为明确健康保险的未来发展方向，本文首先在简要阐述多层次医疗保障体系组成部分的基础上，着重分析健康保险在多层次医疗保障体系中的重要作用；其次，通过统计数据和实践调查分析我国健康保险现状，找到当下健康保险发展存在的问题，并追本溯源分析主要原因；最后，提出完善和发展我国健康保险的政策建议。

一　多层次医疗保障体系与商业健康保险

（一）多层次医疗保障体系

历经 20 多年的发展，我国医疗保障制度改革措施不断推进，保障覆盖面从小到大，保障水平从低到高，中国特色医疗保障体系得到不断的完善和

① 袁成、刘舒亭：《空气污染、居民风险认知与我国商业健康保险消费》，《保险研究》2020 年第 8 期，第 88 ~ 102 页。

发展。为深入贯彻党的十九大关于全面建立中国特色医疗保障制度的决策部署，2021年3月5日，党中央、国务院发布《中共中央国务院关于深化医疗保障制度改革的意见》，明确力争到2030年，全面建成以基本医疗保险为主体，医疗救助为托底，补充医疗保险、商业健康保险、慈善捐赠、医疗互助共同发展的多层次医疗保障体系，即“三层次”医疗保障体系。

学者们对多层次医疗保障体系的理解不甚相同，郑秉文认为，“‘真正’的‘多层次’不仅仅是指国家亲力亲为，包揽建立起所有的制度，还应指国家要发挥政府、企业、市场、个人作用的多层次医疗保障制度”①。郑功成认为医疗保障体系应划分为三个层次，即政府负责的法定医疗保障、个人承担的商业健康险以及社会非营利性的公益医保。② 而许飞琼则补充了企业责任，加入企业补充医疗保险，将医疗保障体系扩展为四个层次，即“四层次医疗保障体系”：第一层次体现政府责任，包括基本医疗保险、大病保险和医疗救助；第二层次以企业责任为主体的补充医疗保险，包括企业补充医疗保险、商业医疗保险、社会互助和社区医疗保险等；第三层次商业健康保险，体现自愿自主原则；第四层次体现社会责任，包括慈善捐赠和医疗互助。③

（二）商业健康保险在多层次医疗保障体系中的补充功能

美国最早提出健康管理概念，商业健康保险是健康风险管理工具。④ 美国健康保险协会（HIAA）对健康保险功能进行了科学界定，即“当被保险人有医疗需求时，能为其提供经济补偿的一种保险，此外还包括残疾保险，

---

① 郑秉文：《“多层次”医疗保障体系三大亮点与三大挑战——抗击疫情中学习解读〈中共中央国务院关于深化医疗保障制度改革的意见〉》，《中国医疗保险》2020年第4期，第6~9页。

② 郑功成：《多层次社会保障体系建设：现状评估与政策思路》，《社会保障评论》2019年第3期，第3~29页。

③ 许飞琼：《中国多层次医疗保障体系建设现状与政策选择》，《中国人民大学学报》2020年第5期，第15~24页。

④ Yao-Chiang Kan, Kai-Hong Chen, Hsueh-Chun Lin, Developing a Ubiquitous Health Management System with Healthy Diet Control for Metabolic Syndrome Healthcare in Taiwan, 2017, 144: 37–48.

对被保险人因生病或事故而丧失工作能力而造成的收入损失的经济赔偿”①。商业健康保险具有健康管理和风险防范的社会保障功能，对分散疾病管控风险、完善我国基本医疗保障体制、破解经济社会发展难题以及维护社会公平与正义有着重要意义。② 作为补充医疗保险，商业健康保险有效弥补了社会医疗保险的不足，推动了我国医疗保险事业持续健康发展。

商业健康保险的补充保障功能主要体现在以下几个方面。一是商业健康保险作为补充医疗保险体现了自愿灵活的“相机效益”。基本医疗保险具有强制属性，直接从工资收入中扣除规定比例的保险费，而商业健康保险为自愿投保，可以自主选择投保时间、投保险种、保障程度等投保内容，③ 具有较大的灵活性，能够满足多元化和个性化需求。二是商业健康保险作为补充医疗保险体现了市场供给的延展效益。基本医疗保险只能满足人们就医时最基本的需求，而商业健康保险则可以有效弥补社会保障在供给上的不足，不但提供了一些医保目录无法覆盖到的保障，而且可以提供较高保额的保障需求，给予民众更加多样化的选择，有助于提高群众医疗保障水平、满足多层次健康需求。④ 三是商业健康保险作为补充医疗保险体现了多方共赢的经济效益。不但减轻了政府承担过多医疗卫生费用的负担，有助于国家财政的可持续发展，而且为保险公司带来了更多的保费收入，保险公司通过提供多元化产品供给和服务增强了竞争力。此外，对投保人来说，商业健康保险能够分散超出基本医疗保险保障水平以外的风险，提供额外的经济补偿和健康管理服务。

---

① Richter Sophie, Winzeck Stefan, Kornaropoulos Evgenios, et al., 93 Acute Magnetic Resonance Imaging for Mild Traumatic Brain Injury, 2020, 37 (12): 840 - 840.

② 李玉华：《我国商业健康保险：发展现状、问题及对策》，《山西财政税务专科学校学报》2015 年第 17 期，第 9 ~ 13 页。

③ 陈静姝：《商业健康保险对社会医疗保险的补充作用探究》，《经济研究导刊》2016 年第 30 期，第 38 ~ 39 页。

④ 李庆堂、王公明：《奋力开创职工互助保障事业创新发展新局面》，《中国工运》2020 年第 6 期，第 30 ~ 33 页。

二 我国商业健康保险发展现状

（一）健康保险宏观市场现状

1. 健康保险市场规模快速增长

商业健康保险保费收入连年递增，呈现上升态势，从2010年的近600亿元增长到2020年的8000多亿元，增速略高于整体商业保险保费收入增速。从图1可以看出，2010～2016年，健康保险保费收入增速逐年提升，在2016年甚至高达67.71%，是财产险增速的7.42倍，是寿险增速的2.13倍，是意外险增速的3.76倍；2017年虽惨遭滑铁卢，但随后两年仍保持增长，2020年受新冠肺炎疫情的影响增速有所下降。整体看来，健康保险保费收入增速高于其他险种产品增速。健康保险的赔款和赔付支出也逐年增加，近几年年增速稳定在30%左右。健康保险受到更多人的关注和重视，居民对于健康保险的认可程度逐渐提升，并愿意通过购买相关健康保险提高自身的医疗保障水平，健康保险迎来发展的“春天”。

从市场规模占比来看，近十多年来，保险市场一直维持着人寿保险独大、财产保险次之、健康保险第三、意外保险最低的比重层次（见图2），放眼未来，健康保险仍有巨大的发展空间，应充分发挥健康保险分散风险的基础性作用。①

2. 保险机构积极参与多层次医疗保障体系建设

补充医疗保险有多种形式，包括企业补充医疗保险、商业健康保险、社会互助和社区医疗保险等。② 其中，商业健康保险发挥着举足轻重的作用，为不同人群的健康管理、医疗需求提供了更广泛的保障机会，保险机构致力于把自身发展融入国家医疗保障体系建设的大格局中，主要表现为以下三

① 马悦：《浅析健康保险与健康管理融合发展中的问题及建议》，《上海保险》2020年第10期，第42～46页。

② 江帆：《健康险稳居保险市场“帆位”》，《经济日报》2020年6月17日，第7版。

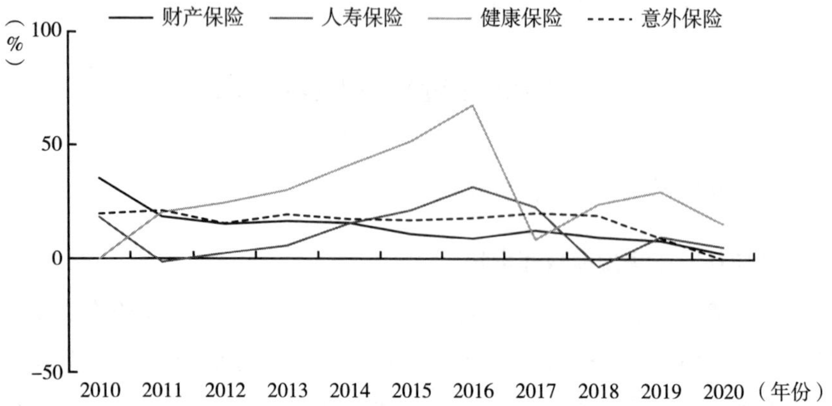

图 1　2010～2020 年不同保险险种保费收入同比增长率

数据来源：2010～2018 年数据来源于 EPS 全球统计数据/分析平台，2019 年、2020 年数据来源于中国银行保险监督管理委员会官网。

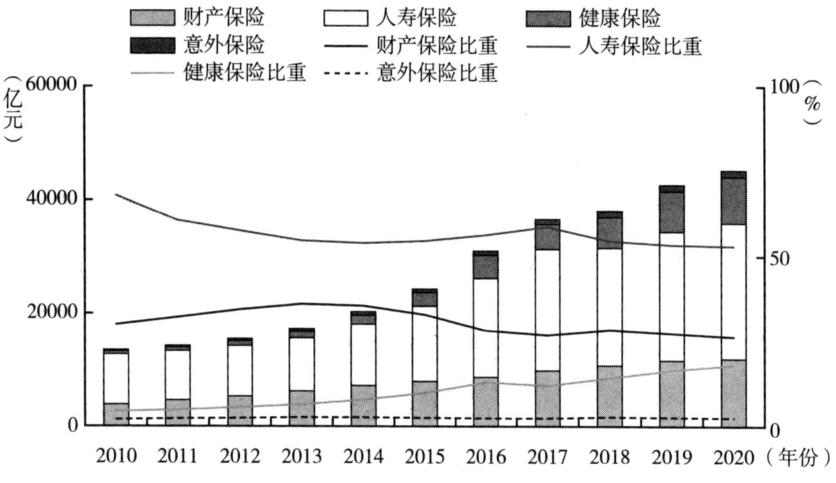

图 2　2010～2020 年不同保险险种保费收入及占比

数据来源：2010～2018 年数据来源于 EPS 全球统计数据/分析平台，2019 年、2020 年数据来源于中国银行保险监督管理委员会官网。

方面。

一是商业健康保险公司参与基本医疗保险经办管理服务，主要有委托管理型、保险合同型、共保联办型三种模式。委托管理型由政府主导基本医疗保障制度的建立和运行，并负责筹资、监督检查等工作；保险公司接受政府委托，提供方案测算、结算支付等经办管理服务，收取相应的管理费用，不对基金盈亏承担责任，如中国人寿保险公司的“新乡模式”。保险合同型是指政府通过与保险公司签订保险合同来解决基本医疗保障问题，保险公司独立承担被保人群的医疗保障责任，如广东省湛江市政府委托中国人保健康公司配合基本医疗保险，为湛江600多万名（约占全市人口的85%）参保群众提供补充医疗保险和健康管理服务。共保联办型是由保险公司与政府部门以共保的方式，共同承担基本医保赔付责任，分担基金亏损，联合开展医疗行为监督、费用审核等各项管理服务工作，如北京平谷新农合项目。①

二是开发补充医疗保险险种。保险公司允许已参加基本医疗保险的单位和个人投保综合性健康保险，如城镇职工补充医疗保险，还开发了针对某种特殊疾病的险种，如城乡居民大病保险、癌症保险等。商业补充医疗保险的“起付线”为基本医疗保险的“封顶线”，起付线以上的高额医药费由商业医疗保险承担，但不高于最高给付限额。

三是积极推进“互联网+保险”的服务模式。各大保险公司开发建立官方网站，上线各类健康保险产品，标明产品特征、投保流程和赔付标准，并开通客服热线为售前、售中和售后服务体验保驾护航，鼓励投保人通过网络直接购买健康保险，创造“足不出户，自由投保”的良好体验。

3. 健康保险产品同质化严重

自1982年国内恢复保险业务，健康保险产品供给逐步丰富，供给主体不断增加。各保险公司健康保险产品种类繁多，2019年达到4283种，但是具体看来，疾病险和医疗险占比达到98%，长期护理险与失能收入险占比仅为2%。② 此外，产品保险责任大多相似，保险功能单一、产品同质化严重。虽然商业保险公司也推出了若干涉及慢性病的商业健康保险产品，但总

① 华山：《全面推动健康保险高质量发展》，《中国金融》2020年第16期，第56~57页。

② 汪瑾：《我国商业健康险发展现状及对策建议》，《经济视角》2017年第5期，第76~80页。

体说来，现有的保障覆盖范围不够、覆盖深度不足。① 健康保险产品和基本医疗保险相比有很强的替代性，前者产品设计以发生疾病或意外事故导致健康问题的经济损失补偿为主，其健康管理功能并未发挥，不能满足市场特色化需求。我国健康管理领域多年来重治疗轻预防，缺乏健康管理理念和健康风险干预机制。② 保险公司服务供给形式单一，市面上的健康保险注重"事后风险补偿"，而非"事前健康管理"，尚未形成健康管理系统，无法很好地对接基本医疗保险尚未覆盖的医疗服务需求，如提升投保人健康管理意识、监测医疗机构的道德风险问题等，对基本医疗保险的补充作用仍未得到长足发展。③

（二）健康保险微观主体现状分析

本文基于文献及政策发展要求编制调查问卷和访谈提纲，通过问卷调查的方式获得了微观主体的研究数据，调查地点为北京和石家庄等城市的公园、地铁和社区，调查对象包括从社区和公园里随机选取的人员到保险公司高级管理人员，调查内容主要包括被调查人年龄、性别、收入、健康状况等基本信息，也包括对健康保险的认知情况、健康保险投保情况、健康风险管理方式、健康保险市场存在问题等方面，共调查了 700 人，其中有效问卷 643 份，有效率达到 92%，调查问卷的 Alpha 信度系数为 0.6，效度为 0.822，均在可接受范围内，说明本调查问卷调查结果是可靠的，文中调查数据均来自此调查问卷。

1. 居民健康保障不足，医疗负担较重

基本医疗保险的参保率稳定在 95% 以上，为覆盖全民的基础性医疗保险，通过基本医疗保险系统内基金支出、住院诊疗情况、次均住院费用以及居民自付医疗费用，可看出我国居民健康保障现状不容乐观。首先，2020

① 周延礼：《着力加强健康保险交易平台建设》，《联合时报》2020 年 8 月 25 日，第 6 版。

② 孙祁祥：《从风险管理看长寿时代》，《中国银行保险报》，2020 年 7 月 30 日，第 6 版。

③ 郑莉莉、范文轩：《流动性约束、商业健康保险与家庭消费》，《保险研究》2020 年第 8 期，第 76 ~ 87 页。

年全国基本医保基金（含生育保险）总支出 21032 亿元，比 2019 年增长 0.9%，占当年 GDP 比重约为 2.1%。其次，以职工基本医疗保险为例，2012～2019 年享受待遇人次和人均就诊次数逐年递增，意味着出现健康问题的人数呈上涨趋势，且平均每人到医院就诊的次数也在增加，但 2020 年人均就诊次数有所下降，主要原因是受新冠肺炎疫情影响，人们考虑到就医会增加交叉感染的风险，主观减少就诊次数，因此参考价值不大。最后，次均住院费用连年递增，个人医疗自费支出占比处于较高水平。到 2020 年，全国职工医保次均住院费用为 12657 元，比 2019 年增长 6.5%（见图 3）。2019 年，政策内住院费用支付比例为 85.2%，实际住院费用基金支付 75.6%，个人实际负担比例为 24.4%。由上可知，居民的医疗支出持续增加，自费比例仍处于较高水平，健康保障仍有较大提升空间，迫切地需要商业健康保险予以补充。

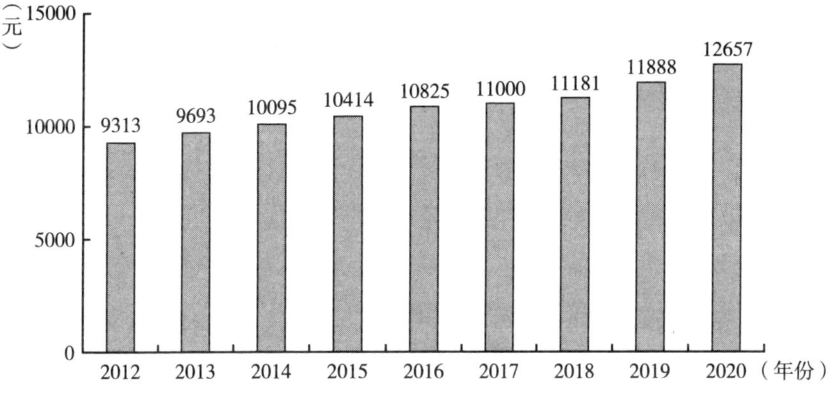

图 3　2012～2020 年职工医保次均住院费用

资料来源：《2020 年全国医疗保障事业发展统计公报》，https：//www. cn－healthcare. com/articlewm/20210610/content－1230517. html。

2. 健康管理意识不断增强，但投保意愿不强

随着经济社会的发展，人们更加注重食用绿色食品、增强体育锻炼、维持良好平和的心情等，以此进行健康管理。在对是否担心身体健康状况的调查中，有 56.77% 的人表示担心自己的健康状况，表明被调查者比较关注自

己身体健康问题，并呈现出一种担忧的负面情绪。由于新冠肺炎疫情的暴发，85.38%的被调查者表示增强了自身健康防护意识。大家逐渐认识到，面对未知的疾病，只有强壮的体魄才能与之抗衡，同时也激发了民众对健康保险的需求，健康保险市场发展空间愈发大，社会大众对健康管理的意识明显提升。①

民众对健康管理的认识深度仍不够，主要体现在对健康保险细分领域和健康风险管理模式认识不足。调查结果显示，被调查者对重大疾病保险最熟知，占比超过一半，后续依次是百万医疗保险，占比仅为8.7%，护理保险，占比1.9%，仍有182人对商业健康保险都不熟悉，占比为28.3%。针对重大疾病风险的管理方式，有269名被调查者认为定期体检可预防疾病，占比41.8%；选择通过锻炼身体预防重大疾病的有210人，占比32.7%；购买健康保险的被调查者有102人，占比15.9%；家里储备医疗基金的有62人，占比9.6%。总的说来，被调查者通过体检主动预防重大疾病，选择锻炼身体预防疾病意识较强，购买健康保险的仅有15%，人们通过商业保险投保来规避健康风险的意愿不够。

三　商业健康保险存在的问题及原因

（一）商业健康保险存在的问题

1. 商业健康保险在医疗保障体系中的补充功能尚未充分发挥

（1）产品设计为“治病”而非“预防”，健康管理功能较弱

随着健康中国战略的实施，我国政府和保险主管部门密集出台推进健康保险发展的政策措施，不断推动健康保险发展。近5年，我国健康保险保费年均增速达到35%，是保险业务增长最快的险种。但是无论从健康保险的产品多样性，还是对不同个体需求的满足程度看，健康保险发展不充分、不

① 陈笑玉：《健康保险中大数据的应用与风险》，《市场研究》2020年第5期，第36~37页。

均衡的问题仍然较为突出，健康保险的设计理念仍然以治病为中心，而不是以健康管理和疾病预防为中心。2019 年全国卫生总费用为 6.52 万亿元，其中健康保险理赔仅占 3.68%，而同期欧美、日本等发达国家这一占比达到 10% 左右。[①] 保险公司从自身经营风险和盈利角度，鼓励年轻人和身体健康群体投保健康保险，而老年人、有慢性疾病的人群却被排除在健康保险门槛之外。在医疗保障体系中，健康保险尚未发挥健康管理的基本功能。

（2）税收优惠型健康保险吸引力尚不足

为鼓励居民个人投保健康保险，我国政府出台税收优惠型健康保险政策，即以一定投保额度税前扣除的方式，激励投保健康保险。自 2016 年 1 月开始在全国每个省选择一个城市进行试点，每月税前扣除 200 元，1 年 2400 元的税前扣除限额，2017 年 7 月 1 日正式在全国范围内实施。相关数据显示，2018 年、2019 年的当年累计商业税收优惠型健康保险保费同比增速分别为 58.1% 和 15.9%，2020 年 1 ~ 6 月的保费同比增速降到了 -23.0%。截至 2020 年 6 月 30 日，全行业累计实现商业税收优惠型健康保险保费收入为 18.69 亿元，与预期相差甚远。[②]

2. 健康保险发展不充分，市场竞争不完全

（1）保险密度偏低，保险深度不足

保险密度是保费总收入与总人口的比，反映了当年人均保费收入水平、人们参与保险的程度、国民经济发展水平和保险业的发展程度，商业健康保险密度则是评估一国商业健康保险发展水平的重要指标。总的来说，我国商业保险密度稳步提升，其中，健康保险密度也逐年上升，从 2010 年的人均 42.57 元增加到 2020 年的人均 579.65 元，人均保费收入显著提高，但与国际水平相比仍处于低水平，表明中国的保险业仍需大力发展，健康保险产品还有很大的发展空间。

---

① 林喆等：《消费型商业健康保险市场趋势》，《保险理论与实践》2020 年第 9 期，第 15 ~ 22 页。

② 王赫：《商业税优健康保险市场发展现状与思考》，《中国保险》2020 年第 9 期，第 44 ~ 48 页。

保险深度是当年保费收入与GDP的比率，取决于一个国家的经济总体发展水平和保险业的发展速度，反映了一国保险业在整个国民经济中的地位，也是反映商业健康保险发展水平的重要指标。2010～2020年我国商业健康保险深度呈现上涨趋势，平均值为0.4%，保险深度较低，表明我国在大力发展保险产业的同时，需要在政策和市场两个方向共同发力，充分发掘商业健康保险产品，推动健康险的发展。

（2）健康保险密度省际差异大，区域发展不平衡

根据2018年的统计数据可知，商业健康保险的保险密度在省际区域间差异大。2018年全国商业健康保险的保险密度为人均332.15元，北京最高，为人均1403.47元，西藏仅为人均23.80元，不到北京的2%。此外，超过全国保险密度的省份、直辖市有14个，低于全国保险密度的省份、直辖市有17个（见表1）。总体来说，2018年，东部地区健康保险市场开发较好，北京、上海、江苏位列前三，西部地区健康保险市场发展相对落后，开发潜力巨大。商业健康保险区域间发展不平衡，严重制约了健康保险的发展，不利于我国健全医疗保障体系、加强全民健康理念的全面落实。

表1　2018年商业健康保险的保险密度

单位：元

地区	商业健康保险的保险密度	地区	商业健康保险的保险密度
北京	1403.47	陕西	281.80
上海	685.90	河北	279.40
江苏	457.50	四川	272.81
天津	449.56	山西	254.32
宁夏	396.28	辽宁	235.99
广东	385.94	海南	229.05
福建	384.62	湖南	224.65
黑龙江	381.45	江西	196.06
河南	372.39	安徽	191.64
浙江	370.71	甘肃	186.42
山东	363.12	青海	179.18
内蒙古	348.69	广西	159.37

续表

地区	商业健康保险的保险密度	地区	商业健康保险的保险密度
湖北	334.36	云南	156.02
重庆	334.18	贵州	134.53
吉林	319.24	西藏	23.80
新疆	304.30		

说明：各地健康险收入数据来源于《中国金融统计年鉴》中各人寿保险公司分公司业务统计表，计算得到总的健康险收入为4551.48亿元，和EPS统计平台统计的5448.13亿元有一定差距，主要原因是基于公司业务层面的统计使得部分保险公司数据并未被统计完全。

3. 保险机构竞争不完全，供需匹配错位

（1）保险机构竞争秩序不规范，呈现寡头竞争状态

保险市场呈现寡头竞争状态，从主要保险公司健康险收入数据可知，平安、国寿、新华、太平洋、太平、人保和泰康七家保险公司占据一半以上的市场份额，且份额逐年递增，2016年为54.47%，2018年达到69.79%，健康保险市场集中度较高，个人健康保险规模连年递增，且远高于团体健康保险规模，是健康保险市场的发力主体。因健康保险保费收入主体为人寿保险公司，所以专业健康保险公司市场份额明显不足，发展受限。仅2016年和谐健康保费收入占到健康保险保费收入的26.47%，但这一比例在2017年、2018年也急速下降，2018年专业健康保险公司市场份额仅占3.54%，产品吸引力不足，市场竞争力薄弱。

（2）健康保险供需不平衡

商业健康保险作为基本医疗保险的补充，共开发了四种险种，分别为疾病险、医疗险、护理险和失能收入损失险，也结合不同细分人群的特点，创新开发了满足不同目标人群需求的新险种，如专门针对女性群体的女性疾病关爱保险，免体检、不区分年龄、以家庭为单位的“惠民保”以及针对留学人员的综合医疗保险等。但是，各家保险公司提供的健康保险产品同质化严重，健康保险的保险责任条款雷同，并未体现出健康保险作为补充医疗保险的优势特征，创新性不足，难以满足个性化的需求。比如，中国平安E生平安百万医疗保险和中国人寿如E康悦百万医疗保险（C款）相比，保

险责任几乎一致，免赔额和赔付比例完全相同，差异化程度不明显。与此同时，部分保险公司营销模式粗暴，依靠“价格战”抢占市场份额，而不注重通过提升服务质量和提高专业技术来获得竞争优势。

此外，保险公司产品供给存在滞后性，供需匹配不足，矛盾突出。首先，保险的供给不能满足即时的短期需求。新冠肺炎疫情发生初期，几乎没有任何一款在售保险可以保障传染病导致的风险损失，面对未知的疾病和高昂的治疗费用，很多患者只能放弃治疗。新冠肺炎疫情的暴发使得 85.38% 的被调查者增强了自身健康防护意识，而其高传染性提升了民众对健康保险的投保意愿，但是却面临着“投保无门”的艰难境地。随后，政府宣布新冠肺炎患者可以得到免费治疗，由医疗保险基金支出，尽管各家保险公司已经在较短时间内开发出新冠肺炎保险，作为以健康保险为主险的附加险种上市，但是市场需求已然不大，没有体现出补充医疗保险的优势。其次，保险产品不能满足稳定的长期需求。50 岁以上的中老年人或者有既往病史人群的健康问题更严重，更需要健康保险的保障，健康管理服务需求较强，但是往往因为年龄、病史等原因成为保险公司的“拒保体”，或是面临承保难、保费难以承担等问题，产品的设计供给不能满足市场强烈的需求，从而导致产品供需错配。

（二）商业健康保险现状问题的根源

1. 民众投保健康保险意识缺乏

商业保险在我国恢复发展时间较短，民众对保险的认识和接纳度还不高，调查显示，有 28.3% 的人对健康保险完全不熟悉。尽管健康管理是很古老的话题，但是民众健康管理的意识仍较淡薄，大多数人认为健康保险主要是补偿医疗费用，对健康保险风险管理的功能认知不足、认可度不高。调查数据显示，利用健康保险防止健康风险的人仅占被调查人总数的 15%，而对定期体检、锻炼身体等重大疾病风险管理方式的认可度要高于健康保险，甚至有人“带病投保”、“患病骗保”等，往往事后才后悔未提前购买保险。民众对健康保险的功能和保险基本原则缺乏认知，导致管理事前健康风险的保险产品需求不足、保险公司开发动力不足。此外，保险市场也存在产品同质、营销方式落后、保险理赔服务态度差及理赔效率不高等问题，使得民众对保险存在诸多认识误区，难以形成正确的保险意识。

2. 商业保险公司专业技术人才短缺

目前我国专业经营健康保险的公司数量较少，很多保险公司有多类别保险经营牌照，并未专门培养健康保险专业技术人才队伍。一方面，保险行业从业人员入职门槛低、学历不高，入职专业要求不高，没有进行过长期系统性的学习，存在知识盲区，面对条款复杂、运营过程专业化的健康保险产品，很难获得深层次的理解。另一方面，缺乏懂医学、精算、管理学、保险学综合专业知识的人才，尤其是懂保险精算定价的专业技术人才短缺，现有非专业人员很难把握开发中产品的保费厘定和保额精算，制约了保险公司产品创新和产品供给。

3. 健康保险产品设计的精算数据支撑不足

健康保险产品的精算定价，需要大量的疾病数据、医疗费用数据和保险理赔数据，然后进行精算统计和统计结果分析，这样才能精准测算出健康保险产品价格，而目前医院、医疗保险机构和商业保险公司并没有实现数据共享，数据收集和测算难度也很大，这成为商业健康保险市场发展的障碍。

4. 大型保险公司健康保险还存在一些经营垄断

尽管小型保险公司保费相对便宜、保障也很全面，但是市场份额仍然较小。由于保险公司准入不易，经营监管严格，这也决定了保险公司不易破产倒闭。就算资不抵债，保险公司申请破产清算后，一种方法是由政府接管，政府用保险保障基金救助保险公司，如2007年接管新华人寿，2017年接管安邦保险。另外一种方法是保险公司破产后由其他保险公司或银保监会指定保险公司接手，对其进行兼并重组，保险人的保单效力也随之转移到新公司，保单利益几乎不受影响。相对于新兴健康保险公司，大型保险公司具有经营老练，产品成熟，资金实力雄厚，偿付能力强，经营风险相对较小，分支机构多，咨询办理业务便捷，且能够全国通赔等优势。大型保险公司具有

“品牌效应”和相对优势，投保人更倾向于在大型保险公司购买保险，从而导致保险市场呈现寡头垄断的市场竞争状态。

5. 商业健康保险的税收优惠力度不明显

尽管政府鼓励购买商业健康保险，给予税收递延优惠，但是需要明确的是，低收入人群以参加医疗救助、基本医疗保险为主，健康保险作为多层次医疗保险的补充险种，其主要目标群体为中高收入者，每月税前扣除 200 元，一年为 2400 元的税前扣除限额，考虑购买成本以及报税等复杂的操作流程等隐性成本后，其税收优惠吸引力有限。政策优惠力度不足是制约税收优惠健康保险发展的主要原因。

6. 商业健康保险存在信息不对称

健康保险投保、核保、理赔的每个环节，都存在信息不对称，因此商业保险规定了“最大诚信原则”。在投保阶段，保险公司对投保人的健康信息，完全依赖投保人的如实告知，或者只能通过被保险人的健康体检资料来了解，一旦被保险人为了投保而隐瞒疾病史就会出现保险欺诈现象，背离了保险对不确定性风险进行事前管理的基本理念，投保阶段保险公司处于健康信息获知的劣势；在被保险人不幸患病后在医疗机构诊断治疗过程，也存在严重信息不对称，被保险人和保险公司都处于信息获取劣势，医疗机构可能存在过度医疗、过度检查的行为，因为保险公司和被保险人都无法参与医疗过程；在理赔阶段，启动理赔程序和理财核赔过程，都由保险公司操作，被保险人处于劣势，健康保险的运行存在信息不对称，制约了健康保险的发展。商业健康保险的信息不对称问题制约保险业与医疗数据互联互通，难以提升健康专业化水平和提升服务能力，信息不对称也导致精算数据缺失、消费者逆向选择、道德风险和保险欺诈等一系列问题。

四　商业健康保险发展的政策建议

2014 年 10 月，国务院办公厅发布《关于加快发展商业健康保险的若干意见》，明确提出将商业健康保险发展成为医疗保障体系的重要支柱，成为促进健康管理、提升人民群众健康素养的基础保障。为了更好地促进商业健康保险的发展，发挥补充医疗保险的作用，本文从政府、保险机构、医疗机构和个人四个主体视角提出健康保险的发展建议。

（一）政府明确责任，规范健康保险发展

1. 加强宣传教育，提高居民健康风险管理意识

物质决定意识，意识对物质有反作用。我国保险业在发展初期，名声不佳，这种刻板印象让大部分人抗拒保险，对保险只有负面评价，不相信也不接触保险。要发展保险业，除了肃清不良风气、加强行业整顿、重新树立保险公司的形象之外，还需强化宣传教育以提升居民健康风险管理意识。因为健康风险管理具有预防疾病、补偿损失等基础功能，强化健康风险管理意识很有必要。一方面，要加强健康管理意识。健康管理意识是刺激商业健康保险市场发展的根基，是助推保险规模扩大的基础，是发展补充医疗保险的基石。只有形成良好的健康管理意识，才能达到事前预防、事半功倍的效果。另一方面，要加强用保险管理健康风险的意识。尽管定期体检和锻炼身体对疾病防治可以起到早发现、早治疗的效果，减小患重病的概率，但是并不能100%避免患病风险，还需要通过风险转移的方式转嫁风险，做到真正的“保险”。通过健康保险管理健康风险，可防患于未然，增加健康保险对家庭财富风险管理的基本功能，增强对健康风险认知，发挥健康保险的风险保障功能。因此，在实践中，可采用电视宣传形式，如投放公益广告、鼓励电视节目设定健康主题宣传等，也可以动员社区张贴海报、举办健康管理讲座、交流会等，通过宣讲或者案例分析的活动形式，让健康保险“多出镜”、“常出镜”，从而让民众逐渐形成健康保险意识。

2. 政府出台鼓励措施，加大政策优惠力度

2020年10月，党的十九届五中全会提出“十四五”规划和2035年远景目标规划，将积极应对人口老龄化提升为国家战略，提出全面推进健康中国建设，提出法制政府，明确发挥政府主导作用。因此，要想发展健康保

险，还需强化健康保险领域的政府责任。一是加大政府政策激励机制，让参保者享受到更多的政策红利。对于税收优惠健康保险，每年2400元限额的税收优惠额不够，应实施税收优惠限额的增长机制，政府激励保险公司开设税收优惠健康保险产品，根据被保险人的健康程度分类设立保险价格，不是只要被保险人体检不合格就拒保，而是扩大健康保险承保对象，出台对保险公司的财务支持政策，增加健康保险供给。二是政策激励措施须有的放矢，注重精准施策。一方面，加大对中小型保险公司的政策扶持，特别是专业化程度高的保险公司，从而形成保险行业的良好竞争环境。专业保险公司由于其“规模小，业务专”的特点，经营领域窄，很难形成规模效应，单一类业务风险大，抗风险能力弱。因此，在中小型保险公司发展初期，出台税收优惠措施，如对一定规模以下的保险公司减征营业税或公司所得税，对一些承担政策保险业务的公司还可以给予财政补贴，或者在一定限额内允许税前列入成本等。另一方面，出台对健康保险发展不足省份的鼓励措施，主要是针对低于平均保费水平的省份，从而缩小区域差距。保费投入往往和当地经济发展水平、个人收入状况紧密相关，保费水平低，通常也意味着收入水平较低。省、市级政府除了对参保人给予健康保险免征个人所得税等税收优惠之外，甚至可以给予一定限额内的财政补贴，同时，对当地保险公司给予适当政策红利，如减税降费等，促进健康保险的良好发展。

3. 建立保险大数据库，共享保险信息资源

2016年10月颁布的《“健康中国2030”规划纲要》明确政府对健康保险发展的责任，把人民健康放在优先发展的战略地位，以问题为导向，做好顶层设计，加快配套政策的制定和落实，弥补短板，加大政府投入，加快健康信息化服务体系建设。当前各保险公司信息资源通道闭塞，定价和理赔测算数据来源狭窄，不利于精准识别出险的风险概率及分布，很难精确计算保险产品的定价。由于数据信息对每个保险公司都很宝贵，企业没有共享信息的动力，因此只能由政府主导。应利用互联网和大数据技术，精准测算商业健康保险市场需求。在保险营销、投保服务、价格精算、产品设计、理赔服务等环节充分利用数字技术，促进健康保险快速发展。建立大数据保险数据库，不仅能够让各大保险公司受益，也能让政府更好地了解保险市场的动态、整个行业的发展情况，从而制定切实可行的政策。首先，政府机构应建立统一的数据库信息平台，鼓励各大保险公司进驻信息平台。设置固定的数据模块，从无到有，从少到多，循序渐进，比如，以投保和理赔数据为先，除了公司基本信息模块，还包括投保时间、被保险人年龄和性别、保费和保额等，理赔模块包括出险时间、保险事故、理赔额等。其次，需要明确的是，各家保险公司只有上传本公司数据，才能获得其他公司的数据，并且需要保证数据的真实性，对虚假数据制定处罚机制，以此保证平台数据的准确性。

（二）保险机构提升专业能力，强化健康管理功能

1. 提升健康保险专业化水平，提高保险精算水平

因为健康保险的专业化程度高，在精算定价、产品设计、核保理赔等方面有独特规律，保险公司经营健康保险应该与其他传统保险业务分开经营，实施专业化经营，培养健康保险经营团队，发挥其专业优势。健康保险的经营涉及多个主体，包括保险公司、被保险人、医院、社会保险机构等，医疗信息不对称、存在逆向选择和道德风险等问题必须依靠专业化经营来解决。应培养健康保险产品开发、核保核赔、产品精算等方面的专业人才，为其提供良好的工作条件，防止人才流失。建立健康保险人才培养体系，促进健康保险市场专业化发展。

利用大数据技术，一方面可使保险公司共享到医疗保险数据，另一方面可利用大数据增强健康保险产品定价精算精准性，精准定位具有健康保险需求的人群，利用互联网技术创新保险运营流程、简化理赔手续、提高运行效率，对客户需求和健康保险运行进行精准数据分析，提高健康保险的科学性。

2. 设计差异化和个性化产品，积极参与健康管理

健康保险发展的核心是产品设计，保险产品设计标准要依据 2020 年修订版重大疾病保险内容，科学核定轻度疾病和重度疾病，广泛宣传健康保险

对家庭财富的保障和风险管理功能，让健康保险成为每个人健康的“守护神”。

首先，健康保险产品的设计需降低投保门槛，开拓保障范围，设计适合不同年龄阶段、具有不同生命周期的健康保险个性化产品，增加产品供应，提高投保健康保险的效率和获得感。通过健康管理服务，提升被保险人健康管理意识，提高健康生活质量，满足不同人群对健康保障的需求。其次，健康保险公司不仅为投保人提供不幸患病产生的医疗费用的补偿，还要积极参与投保人的健康管理，把产品设计和健康服务结合起来，从投保人全生命周期的健康管理视角出发，增强健康服务。健康保险产品的创新不应只专注于“事后补偿”，还应注重“事前健康管理”，比如为投保人提供每年定期体检服务、健康咨询服务，发挥保险公司事前风险管理功能，培养投保人的健康管理意识。再次，保险产品的供给要更加细分化，细分疾病种类，细化不同群体的健康风险管理，明确目标人群，设计他们真正用得上、真正需要的产品。以存在既往病史的人群为例，应为病症复发、由既往病导致的关联性病症提供保险保障，想客户所想，急客户所急，这样才能设计出客户理想中的保险产品。最后，健康保险的创新开发，可从与社会医疗保险体系实现良好对接的思路展开，设计与基本医疗保险相适应的、与之衔接的补充医疗保险产品，将健康保险与健康管理服务融合，这样可以充分发挥商业健康保险大数据管理的专业优势，降低社会医疗成本。

3. 加强保险公司和医疗机构的合作

保险公司与医疗机构加强合作是医疗保险实现更好更快发展的重要途径，但至今双方仍未建成深层次合作机制。在如何建立合作关系上，应从两方面入手。一是建立健康服务管理信息系统，开发健康管理服务软件，建立更详细的患者健康档案。如医疗机构掌握患者的历史就医信息，有助于提升疾病确诊准确率，简化保险公司核保流程，降低信息不对称带来的道德风险和逆向选择问题，整体提升健康服务管理的效率和水平，实现真正的健康管理。二是共享资源，优势互补。保险机构的参保人可以在保险公司合作的医疗机构定期免费体检，保险机构为参保人提供如肿瘤的筛查、慢性病的管理等服务，医疗机构对其出具诊疗意见，给出健康管理方案，协助保险公司开展“事前健康管理”。若被保险人存在健康问题，患上保险责任病种，可选择在保险合同规定的医疗机构诊治，保额内的医药费可直接由医疗机构与保险公司在系统内自行处理对接，不仅方便了患者，也可以让保险公司获得更加全面、详细的患者数据信息，完善保险产品的定价和精算。

（三）医疗机构与保险公司合作，提升医疗保障水平

1. 发挥专业优势，积极参与健康风险管理全流程

健康保险的承保和理赔、疾病的诊疗都离不开医疗机构的配合和支持，医疗机构积极参与健康风险管理全流程，有助于加快推动健康保险功能由提供医疗费用补偿向参与医保体系建设、促进健康服务业发展等新方向扩展。医疗机构可以从两方面着手，一是对投保人进行常规体检，提供健康咨询服务，出具诊疗意见。通过健康体检，能够对投保前期投保人的健康状况有更加细致的掌握。保险公司能够根据医疗机构提供的被保险人年龄、性别、工作性质、家族病史以及投保人既往病史，更准确地估计投保人的出险概率。二是设置重点监测对象健康管理机制。对于多次出现不乐观诊疗结果的投保人，增加年度体检次数，预测可能导致的健康问题以及可能出现的并发症，给出专业就医建议。对健康状况长期未改善者，向被保险人和保险公司分别提交相关健康状况变化趋势报告，增强被保险人健康管理意识，使其尽快进行疾病诊治，这样不仅可以提高患者康复概率，也增加了保险公司理赔支出预测的准确性。

2. 培养健康管理双向专业人才，提升服务质量和效率

医疗机构不仅是健康风险管理的参与者，还在多层次医疗保障体系建立中扮演着不可或缺的重要角色，基础医疗保险和补充医疗保险都离不开医疗机构的支持与贡献，因此，医疗机构专业人才的培养、服务质量和效率的提升也尤为重要。一方面，要加强健康管理人才服务建设，培养医疗和保险相结合的健康风险管理双向专业人才。双向专业人才是指不仅能理解健康保险为被保险人带来的风险损失补偿，还能为其可能出现的健康问题或者既往病

症给出专业诊疗建议，让投保人安心，让保险公司放心。另一方面，医疗机构应加强与保险公司的紧密联系，提升医疗服务质量和效率。例如，提供集中就诊服务等，减少就医等待时间，为被保险人提供良好的就医环境。需要注意的是，医疗机构对有无投保群体应一视同仁，不能对投保群体肆意开药，开一些非必要的药物，提出非必要的治疗建议。

（四）增强民众健康风险管理意识，投保商业健康保险

1. 增强民众健康管理意识，提升保险素养

民众健康管理意识的形成除了需要政府、保险公司等外界的宣传和引导，还得有自主意识，这样才能将健康管理意识提升到更高的发展水平上。健康管理意识不同于健康意识，每个人都有健康意识，都知道身体健康很重要，但是并不一定有健康管理意识。自主的健康管理意识形成有三点需要重视。一是多接触、多交流。通过和周围健康管理做得好和做得不好的人沟通交流，观察是否存在健康水平的差距，也可以看一些健康管理类的节目，形成个人健康管理意识和观点。二是不盲从、不跟风。要想树立正确的健康管理意识，不应盲目寻求“偏方”、“网红药方”，正确的做法是尽可能多地了解健康管理知识，向专业人士咨询请教，针对个人生活习惯和健康状况，制定个性化健康管理策略。三是树立正确的健康保险风险管理意识。健康保险是健康管理的一种预防性方式，在被保险人发生保险合同规定的健康问题时，保险公司会给予一定保额下的经济补偿，具有风险转移、责任分担的特点。投保人不能因为以往的投保未发生保险事故，未获理赔，从而宣扬“保险无用论”；不能因为未在投保前遵循最大诚信原则，未曾如实报告被保险人年龄、病史等重大信息，而未获理赔，从而宣扬“保险欺骗论”等。因此，投保人应懂得细看合同，尤其是保险责任和除外责任方面的内容，多学习，多咨询，才能形成正确的健康保险风险管理意识。

2. 学习健康知识，提高健康素养水平

《健康中国行动（2019～2030年）》提出，我国将开展健康知识普及行动，推动全民健康素养水平到2022年不低于22%，到2030年不低于30%。

依据文件内容和调查情况，可从以下三点入手。一是学习健康知识。了解基本中医药健康知识，掌握基本的急救知识和技能，养成良好的生活习惯，如不抽烟、不酗酒、膳食平衡、早睡早起、加强体育锻炼等；二是注重疾病预防。注意个人和环境卫生，重视食品安全问题，保持愉悦的心情和积极乐观的心态，定期记录身体健康状况，定期体检等；三是进行生命周期健康管理。对不同年龄段的家庭成员采取不同的健康管理方式。不同生命周期的家庭成员有着不同的健康风险，以小孩和老年人为例，对小孩以健康教育为主，重视心理健康问题；鼓励老年人多参加感兴趣的老年活动，以预防癌症、老年痴呆等疾病为主。

G.10

基本医疗保险支付方式改革研究

廖藏宜　刘　彬*

摘　要： 我国基本医疗保险已经从管基金时代进入建机制时代，医保支付方式已经由按项目付费的数量付费阶段进入以病种付费为主的质量付费阶段。国家医保局成立以来，推动DRG和DIP支付方式国家试点、实现基金战略购买效能的改革步伐加快，以总额预算为基础的多元复合式医保支付体系越发健全，全国各地涌现了诸多典型改革样本。本文在梳理我国基本医疗保险支付方式改革历程的基础上，引入七个典型城市案例来解析七类专项医保支付方式的改革实操做法和五个典型城市案例来介绍其他类医疗服务的支付创新举措。同时，围绕各地医保支付方式的改革进展，总结当前医保支付方式改革面临的重难点问题并提出相应的政策建议。

关键词： 医保支付方式　改革历程　典型案例　政策建议

一　我国基本医疗保险支付方式的改革历程[①]

医疗保险支付方式是指医保机构作为第三方代替参保人向医疗服务提供方支付医疗费用的方法。在基本医疗保险制度建立后，为确保医保基金收支

---

*　廖藏宜，中国政法大学副教授；刘彬，中国政法大学硕士研究生。

①　廖藏宜、闫俊：《我国医保支付方式的改革历程及发展趋势》，《中国人力资源社会保障》2019年第6期，第5～13页。

平衡，加强对医疗费用合理增长的控制，我国开展了医保支付方式改革。

20 世纪 50 年代初，国家实施事业单位公费医疗制度和企业劳保医疗制度，两项制度付费呈现国家和单位全包全揽状态。1957 年开始调整医疗政策，党的八届三中全会提出“劳保医疗和公费医疗实行少量收费，取消一切陋规，以节约开支”。此后，从医疗服务需求端进行控制，变国家全包为国家为主、个人少量负担的管理方式，部分地区实施医疗服务特批或自付制度。

改革开放以来，随着我国经济体制向社会主义市场经济转型，公费和劳保医疗已不再适应时代的发展，为保证基本医疗，克服浪费的不良现象，国家开始探索新的职工医保制度。① 1985 年，随着国务院发布《关于卫生工作改革若干政策问题报告》，对医疗机构放权让利、提高其效率和效益经济的政策逐渐出台。但由于“只给政策不给钱”的政策导向，医疗服务供给仍然呈现过度趋势，医疗费用快速增长。

国务院于 1998 年印发《关于建立城镇职工基本医疗保险制度的决定》，全面实行社会医疗保险制度，我国医保制度从免费型劳动保险向社会医疗保险转变。在第二年的配套政策《关于印发加强城镇职工基本医疗保险费用结算管理意见的通知》中，“采取总额预付结算、服务项目结算、服务单元结算等方式”明确了医保基本支付方式。2009 年，国务院出台《关于深化医药卫生体制改革的意见》，“新医改”拉开序幕。文件要求完善医保支付制度，探索按人头付费、按病种付费、总额付费等方式并建立奖惩并重的约束机制，确定了医保支付方式改革的方向。

2012 年，人力资源和社会保障部出台的《关于开展基本医疗保险付费总额控制的意见》要求结合基本医疗保险基金预算管理，全面推行医保付费总额控制。同年，卫生部也出台了文件，推进以总额预付为主的门诊付费和以按病种付费、按床日付费等支付方式改革②，开启了农村地区对疾病诊

① 廖藏宜：《中国医保建制改革 70 年》，《中国人力资源社会保障》2019 年第 11 期，第 28 ~ 31 页。

② 卫生部、国家发展改革委、财政部：《关于推进新型农村合作医疗支付方式改革工作的指导意见》，http：//www. nhc. gov. cn/zwgk/wtwj/201304/91127d57798e476fa8eb7e0ebd71daec. shtml。

断相关组（Diagnosis Related Groups，DRG）付费改革的探索。

为了进一步强化医保支付方式的引导作用，提高医疗保险基金的使用效率，2017年国务院提出全面推行按病种付费为主的多元复合式医保支付方式改革，并鼓励部分地方选择一定病种开展DRG付费试点。[①] 到2020年，医保支付方式改革覆盖所有医疗机构及医疗服务，按项目付费占比明显下降。

2018年，国家医疗保障局成立，为更有力地破解医改深水区难题提供了体制机制支撑。同年发布的《关于申报按疾病诊断相关分组付费国家试点的通知》提出要落实国办55号文件要求，加快推进DRG付费国家试点。2019年，国家正式确定30个城市作为DRG付费国家试点城市，并出台了国家层面DRG付费技术方案[②]和统一的CHS-DRG分组体系[③]，这意味着我国医保DRG付费改革在技术和定价层面已初步完成了标准化工作。

2020年，《中共中央国务院关于深化医疗保障制度改革的意见》（以下简称《意见》）提出我国医疗保障改革的“1+4+2”制度框架，医保支付机制作为四个重要机制之一，提出要“建立管用高效的医保支付机制”。在《意见》的指导下，国家医疗保障局于2020年出台了《区域点数法总额预算和按病种分值付费试点工作方案的通知》，并选择71个城市开展按病种分值（Diagnosis Intervention Packet，DIP）付费国家试点。随后，国家医疗保障局出台了配套的DIP技术规范（《国家医疗保障局办公室关于印发国家医疗保障按病种分值付费（DIP）技术规范和DIP病种目录库（1.0版）的通知》）。

2021年9月，国务院办公厅印发《“十四五”全民医疗保障规划》，提出持续深化医保支付方式改革，“在全国范围内普遍实施按病种付费为主的多元复合式医保支付方式，推进区域医保基金总额预算点数法改革”，

---

① 国务院：《关于进一步深化基本医疗保险支付方式改革的指导意见》，http：//www.gov.cn/zhengce/content/2017－06/28/content_5206315.htm。

② 国家医疗保障局：《关于印发疾病诊断相关分组（DRG）付费国家试点技术规范和分组方案的通知》，http：//www.gov.cn/zhengce/zhengceku/2020－06/19/content_5520572.htm。

③ 国家医疗保障局：《关于印发医疗保障疾病诊断相关分组（CHS-DRG）细分组方案（1.0版）的通知》，http：//www.gov.cn/zhengce/zhengceku/2020－06/19/content_5520572.htm。

“制定医保基金总额预算管理、按床日付费、按人头付费等技术规范”，“深化门诊支付方式改革，规范门诊付费基本单元，逐步形成以服务能力、服务项目、服务量为基础的支付方式”，“探索符合中医药特点的医保支付方式，发布中医优势病种，鼓励实行中西医同病同效同价”，并提出到2025年，实行按DRG和DIP付费的住院医疗费用占全部住院费用的比例达到70%。

围绕“十四五”改革目标，国家医疗保障局于2021年11月19日印发了《DRG/DIP支付方式改革三年行动计划的通知》，更进一步提出“2022到2024年，全面完成DRG/DIP付费方式改革任务，推动医保高质量发展；到2024年底，全国所有统筹地区全部开展DRG/DIP付费方式改革工作，先期启动试点地区不断巩固改革成果；到2025年底，DRG/DIP支付方式覆盖所有符合条件的开展住院服务的医疗机构，基本实现病种、医保基金全覆盖”的住院支付方式改革目标。同时，在2021年12月9日，国家医疗保障局办公室公布了18个DRG示范点、12个DIP示范点和2个综合（DRG/DIP）示范点，引领医保DRG/DIP付费改革走向深入。

随着国家医保支付方式改革的持续推进，目前，我国医保支付中按项目付费不断减少，基本上形成了以总额控制为基础，普通门诊按人头付费、门诊慢性病、特殊疾病和急性住院按病种付费、长期住院（医疗康复类、慢性精神疾病类、安宁疗护类长期住院）按床日付费为特点的多元复合型支付体系。

二　我国基本医疗保险支付方式改革的地方实践

（一）专项支付方式的地方典型改革案例

1. 总额预算管理的上海经验

上海市于2002年明确“总额控制、按月预留、年度考核”的费用控制原则，其明确总额预算管理的规范性文件是2009年发布的《上海市定点医疗机构医保支付费用预算管理试行办法》，具体可以分为预算确定、年中调整和年终清算三个环节。

（1）预算确定

年初预算是按照以收定支的原则，下一年度医保预算总额为当年实际收入与下一年度医保基金收入预期增长之和，含基数和增量两个部分。基数部分考虑医疗机构的门诊空挂号人次（未发生医疗费用）、七天内重复住院人次、门诊大病和病种结构等因素。增量部分考虑医疗特点、城乡差异、重大市政工程和医疗机构功能分布等因素。

预算安排体现了三大管理导向：年初预算总体与 GDP 预期增速基本一致；医改专项资金主要用于年中调整，适用年内医保政策调整和支持医改总体部署；机动预算是在基金预算已做支出考虑的情况下，通过加强管理形成部分结余。在此基础上采用“四项公开、三轮协商”的协商协调方式，公开医保基金收支预算安排和具体分配、执行、清算的全过程，合理拟定各级医院的预算总额，按月均摊拨付。医保部门对指标异常增长的医院，实行全额或部分缓拨办法。

（2）年中调整

年中调整主要考虑两方面的因素：年初预测误差和年内医保、医改政策的出台对年度预算指标的影响。按照分级管理的原则，市医保经办机构在年中组织区县医保经办机构和医疗机构对年度预算指标进行调整。各区县医保经办机构根据辖区内一、二级医院情况进行总额调整，如需调整辖区预算指标，需向市医保经办机构提出申请。对于三级医院，如因特殊情况追加医保预算指标的，需向市医保部门正式申请以调整预付额度。

（3）年终清算

年终清算环节，市医保经办机构按照制定的考核指标如门诊人次、门诊次均费用、住院人次、住院次均费用、重复住院率等进行年终考核。考核无误，对实行预付的医院采取“结余留用、超支分担”，依照超支情况、医院各项指标的合理程度、诊疗行为的规范程度等进行按比例分担；对实行非预付的医院采取“结余留用、超支不补”的方法。

上海市通过实施医保总额预算管理，有效控制了医保费用支出增速，城镇职工医保基金适度结余，初步达到了基金收支平衡、医院适度发展的阶段性目标。并在约束、激励的复合机制下，有效推动医院主动控费、自主管理。[①] 上海市总额预算管理不仅实现了医保控费的预期目标，而且推动了医保对医疗服务的有效监控。

2. 普通门诊按人头付费的珠海经验

珠海市在落实医保差别化支付工作中，于2009年7月1日实施总额预算下的普通门诊按人头付费，即对所有基本医疗保险参保人（除门诊特定病种以外）的普通门诊采取普通门诊服务包、定点医疗、不同年龄人群定额结算和“结余留用、超支分担”的方法。

（1）实行普通门诊服务包

按照《珠海市基本医疗保险普通门诊统筹办法》，参保人在选定签约的门诊统筹定点机构就医，发生的属门诊统筹支付范围的费用，70%由门诊统筹基金支付，不设起付线和封顶线；属门诊统筹支付范围的费用包含基本诊疗服务费用，符合医疗保险支付范围的药品，医疗服务设施费用，三大常规、生化、黑白B超、心电图以及其他符合国家规定的社区卫生服务中心应提供的诊疗项目费用。在门诊统筹定点机构同意转诊的定点医疗机构就诊或在市内其他门诊统筹定点机构急诊时的费用，基金报销50%，设1500元封顶线。

（2）定点医疗机构管理

实施“首诊在社区”的门诊统筹定点医疗机构管理，参保人选取一家门诊统筹定点机构签约，作为其普通门诊就医机构并维持一个社保年度不变更。

（3）不同年龄人群定额结算

依据参保人群的年龄、疾病构成等因素和门诊统筹制度运行统计的不同年龄参保人医疗消费的历史数据，采用“聚类法”归类医疗消费水平相近

① 郑树忠：《上海医保总额预算管理的实践探索》，《中国医疗保险》2013年第3期，第24～26页。

的人群。即按年龄和消费水平将参保人分为五个服务组群，每个组群设定一个人均年结算额度，并根据实际统筹基金情况调整（见表1）。

表1　2018年珠海市门诊统筹按年龄人均年结算标准

单位：岁，元

服务人群	年龄区间	人均年结算额度
第一组	0,14～25	62
第二组	1,10～13,26～32,90岁及以上	117
第三组	2,7～9,33～52,88,89	234
第四组	6,53～64,81,83～87	301
第五组	3～5,65～80,82	376

资料来源：笔者调研过程中，珠海市医保局提供。

（4）建立“结余留用、超支分担”的激励约束机制

珠海的门诊统筹按“总额预算、定额结算”原则按月结算、年度清算，并建立“结余留用、超支分担”的激励约束机制。医保经办部门根据每个参保人的月定额结算额度和定点机构签约人数计算出该机构月结算额度，在月结算额度内每月与门诊统筹定点机构结算。

医保年度结算后，门诊统筹定点机构的年门诊医疗费用按以下办法清算：92%以内的，据实结算；92%～96%的，据实结算外，其92%～96%未使用部分的50%及96%～100%的未使用的费用给门诊统筹定点机构；96%～100%的，100%给门诊统筹定点机构。因签约人数、疾病构成差异等原因造成超支的，设立门诊统筹定点医疗机构管理量化指标，将超支补偿比例与门诊统筹定点机构医疗管理量化表分值挂钩。

3. 门诊慢性病按人头病种付费的柳州经验

柳州市于2015年开始探索实施门诊慢性病人头病种付费改革，目前覆盖到29种门诊特殊慢性病，具体政策做法如下。

（1）定点医疗机构管理

参保人员可以自由选择三级、二级、一级及一级以下定点医疗机构各一家和一家定点药店作为就诊定点，选定后一年不变，第二年度可以根据参保

人员的需要重新选点。

（2）实行一个病种一个支付标准

柳州市制定门诊慢性病费用标准坚持三条原则。一是保基本，柳州市在基本医疗保险三个目录中选取支付内容，同时适当限制部分辅助药品和进口药品的使用。二是建立专家评议机制，在确定门诊慢性病标准范围时，组织医保专家委员会进行集体讨论，并广泛征求定点医疗机构的意见。三是尊重事实，柳州市确定各病种的年度人均费用的方法是，通过上一年度定点医疗机构发生的门诊慢性病进行测算。对于治疗用药单一、年用药产生费用较大的药品，如冠心病支架术后抗凝药、慢性肾功能不全腹透液、器官移植术后抗排异药物以及糖尿病的胰岛素等，从定点医疗机构的药品费用比和减轻患者个人负担出发，不列入病种费用标准管理，另行安排参保患者于定点统筹药店购药。

（3）不同等级医疗机构差别支付

根据医保基金和患者承受能力，柳州市实行不同等级定点医疗机构差异化补偿机制，三级、二级、一级及一级以下医院统筹基金支付比例分别为60%、80%、90%，从而保证参保患者在选择的基层定点机构首诊购药。

（4）实行病种包干结算

定点医疗机构的门诊慢性病费用指标根据选点人数、病种数和各病种费用标准确定。医保部门通过设定合理的门诊慢性病统筹支出费用指标，每月按指标向医疗机构预付。年终结算以实际人数拨付（包括指标下达后新增选点人数），结合医疗机构服务质量的考核，结算时遵照“结余留用、超支不补”机制，实际超支的由定点机构承担，结余的由定点机构留用。为保证服务质量，规定结余超出预算指标30%的，超出部分不予结算。①

从改革成果上看，病种包干付费方式改革成效显著。在医保基金使用上，柳州市门诊慢性病年度结算统筹支付占比从2014年的25.18%降低到2017年

① 张永强、蓝志成：《精准施策付费 成就和谐共赢——广西柳州市深化医疗保险付费方式改革见成效》，《人事天地》2017年第10期，第26~29页。

10.99%，明显改善了医保基金支出结构。同时，不同等级医疗机构差异化支付助推了分级诊疗政策的实施，医疗资源下沉趋势显著。2017年，职工医保统筹基金支付三级医疗机构的费用为2339.18万元，支付一级及以下医疗机构的费用为8473.28万元，比例为1∶3.6，2014年这个比例是1∶1。

4. 单病种收付费的徐州经验

徐州市自2013年9月启动单病种收付费结算以来，积累了丰富而宝贵的政策经验，其做法如下。

（1）遵循临床路径和智能审核

针对按病种付费可能诱发的医疗机构医疗服务提供不足问题，徐州市坚持以临床路径和诊疗规范为基础，确定每个病种治疗所需的所有药品、诊疗项目、医疗服务设施、医用耗材等，并以此作为诊疗方案标准。同时将病种路径、诊疗方案维护进医保端的智能监控系统，对医生的医疗服务行为实施实时监控。①

（2）以价格谈判为核心确定结算标准

在参照国内其他城市以病种次均费用作为支付标准的基础上，徐州建立了医保谈判机制，严格按照医疗机构申报、医保中心初审、医学专家复审、价格谈判、签订协议、智能监管的工作流程进行病种确立和管理，最终确定的病种支付价格，压价不低于申报价的10%。比如，子宫内膜息肉最终与医院协商谈判确定的定价额度只有上报价的62%，胆道镜取石只有上报价的76%。经过价格协议谈判后的支付标准可以倒逼医疗机构规范内部管理，对不同科室之间的费用占比进行结构调整，对药品和耗材的使用范围和标准进行审核，减少过度和滥用医疗行为发生。

（3）建立结算标准的动态调整机制

徐州在单病种的结算标准方面，已经建立起常态化的动态调整机制。比如，为了克服内科病种易滥用、小病高套问题，将短暂性脑缺血发作、脑梗

---

① 黄广振、李岿、赵韡：《徐州按病种付费的实践探索与思考》，《中国医疗保险》2019年第6期，第47～49页。

死等6个内科病种限制为终生只能使用1次，2019年4月，在重新测算谈判基础上，对按病种收付费的132个病种结算标准和限制规范进行了适当调整。2021年6月，又对25个病种结算标准进行了再次调整。

（4）建立医疗机构和参保人的双向激励机制

对医疗机构的激励表现为：一是在基金安排上，按病种结算的费用不占总额控制指标，根据《徐州市基本医疗保险医疗费用结算办法》，预留年度病种结算基金，再确定各医疗机构住院医保统筹基金的总控指标，不足部分从调剂金中列支；二是降低考核保证金预留比例至5%，同时按照“结余归己，超支不补”原则进行年终结算；三是“次均住院费用”考核采用包含和不包含按病种收付费两种方法，考核时择低使用；四是年终清算时对政策执行较好的医疗机构进行奖补。

对参保人员的激励表现为：一是医疗费用不受基本医疗保险最高支付限额限制；二是报销范围广，不受基本医保“三个目录”限制；三是报销比例高，开展按病种收付费后，相比于正常结算，职工医保个人自付比例降低了9.46个百分点，约为12%，居民医保个人自付比例降低了9.55个百分点，约为27%；四是“多退少不补”，当实际医疗总费用高于医保结算标准时，按医保结算标准计算自付，反之，据实结算。

2020年，徐州按单病种收付费的病种数量已达782种，结算标准有1922个，其中门诊病种28个、按疗程付费住院病种47个、按床日付费病种3个、日间手术病种55个、日间化疗病种19个，病种收付费基本上覆盖到了医保能够结算的各类医疗服务。截至2021年5月底，徐州已形成787个病种共1942个结算标准。除了实际结算的病种数量多之外，其病种收付费实际结算的基金占比也高，截至2020年底，按病种收付费结算的基金占到了总支出的49.68%。另外，按病种付费对于控制医疗费用不合理增长和节约医保基金效果突出，职工住院医疗总费用增长率从2014年的31.25%下降为2018年的8.29%，2019年同比负增长7.82%，2020年更是同比负增长10.54%；居民医保从2014年的32.21%下降为2018年的5.9%，2019年同比负增长2.36%，2020年同比负增长14.63%。以老年性白内障为例，实施按病种付费后，最高支付标准（进口晶体）仅为6200元，而原按项目付费的次均住院费用为8373.05元，远高于按病种付费。6年来该病种共有1.35万例患者，按病种付费相对按项目付费节约基金支出2934万元。

5.病种分值付费的广州经验

广州市自2018年1月根据全市定点医疗机构前3年出院病例的临床主要诊断编码（ICD-10国际版）和手术操作编码（ICD-9-CM-3广东版），实施基于大数据按病种分值付费改革，医保按照“总额控制、病种赋值、月预结算、年终清算”的原则与定点医疗机构进行结算①，其政策做法如下。

（1）建立总额预算下的按病种分值付费方式

综合考虑全市医保基金收入水平、参保人员住院就医人数增长率、医疗保健消费价格增长率、省市规定的医疗费用增长率控制目标等因素，确定年度住院统筹基金支出增长率和住院支出总额。对于部分实际费用超额的医院，建立调节金补偿机制。在此基础上，明确按病种分值付费的范围，参保人员在市内定点医疗机构住院发生的医疗总费用都按病种分值付费方式结算（单病种、医联体总额付费、按床日付费、门诊特定病种等基本医疗费用不纳入按病种分值付费范围）。②

（2）实行月底预付和年度考核清算

月底预付即按定点医疗机构申报的统筹基金记账金额的95%拨付。年度清算指通过定点医疗机构统筹基金支付率、年度考核系数、费用明细审核减扣金额和病例评审情况等确定应支付总额。年度清算时，为避免定点医疗机构减少医疗服务，对各定点医疗机构按病种分值付费总额进行分段支付，具体包括：实际发生的记账费用总额未达到应支付总额85%的，按实际记账的合规费用支付；在85%～100%的，按照是否有责令限期整改或暂停服

① 国家医疗保障局：《关于政协十三届全国委员会第二次会议第2790号（社会管理类193号）提案答复的函》，http：//www.nhsa.gov.cn/art/2019/12/3/art_26_2106.html。

② 张映钰、乐煦、曾茜：《广州市基于大数据的病种分值付费实施路径与成效》，《中国医疗保险》2020年第9期，第47～50页。

务处理；超过100%的，由调剂金补偿，补偿的数额受医疗机构的医保分级管理等级评定结果（A级、AA级、AAA级）和是否有责令限期整改或暂停服务影响。

（3）建立涵盖多方位的智能监管体系

按照“依托大数据、覆盖全流程，支付监管一体化、线上线下相融合”的总体思路，建设智能监控信息系统，从而能够从病种维度实现医疗机构间的总费用、费用结构、住院床日等的横向对比分析，进行针对性管理。该系统将病种分值付费和过程监管置于同一套数据框架内，一体化运行，运用人脸识别、主动预警、自动拦截等智能化手段对不合理诊疗行为进行快速识别、科学评价及合理纠正，并向医疗机构推送运行数据实时反馈，促进医保双方信息平等。在后续调整中，通过执行复合监管规则，结合医疗机构的数据分析，及时调整和优化监管规则，提升管理针对性、及时性和可行性。

（4）动态调整病种组合、分值和权重系数

广州市基于技术、药物、疾病谱和现实实施按病种分值付费出现的问题，及时调整病种组合体系，并综合考虑年龄、疾病严重程度对病例进行细化分型，在基础分值上加以矫正，以最大限度契合成本，实现“大病大治、小病小治”。为了契合临床医疗的需要，医疗机构权重系数根据医院级别、医保评定等级、疾病平均难度系数（Case Mix Index，CMI）、不同年龄段患者比例及重点专科等正向加成指标和频繁转院患者比例等负向指标进行动态调整。

从实施效果来看，按病种分值付费有效控制了分解住院行为，优化了医疗费用结构，减少了医疗资源浪费，从而减轻了参保人医疗费用负担。2017年广州市住院总人次增长率为10.75%，人均住院次数为1.71次，2019年，在参保人数持续增加的情况下两项指标连续下降至6.85%和1.65次。参保人员的人均自付比例也有很大程度的下降，2018年，人均自付比例下降2.87个百分点，2019年下降1.26个百分点。与2018年相比，全病种中31%（共3125个）的病种次均费用显著下降。同时，药占比从2017年的

31.47%降至2019年的24.08%。[①]

6.按疾病诊断分组付费的佛山经验

佛山市于2017年12月印发了《关于试行基本医疗保险住院医疗费用按病种分值付费的通知》，从2018年1月1日起，在全市104家定点医疗机构推行DRG－点数法付费改革，其政策做法如下。

（1）建立合理的支出预算增长机制

实行DRG付费的城市在总额预算上基本都是在统筹基金大盘子中切出一块用于住院医疗费用DRG付费，但在预算管理和总额控制上存在一定差异。佛山市根据经济增长水平和广东省下达的佛山市医疗费增长率控制目标，确定住院统筹基金支出预算合理增长水平。在总额控制上，采用的是区域总控，不再对单个医疗机构进行总额指标分解。

（2）运用点数法进行基金预算分配

在基金分配上，佛山市采用点数法进行基金分配，其计算公式为：某病组DRG付费＝该组DRG权重×点数×调整系数；点值＝决算总额/总点数。由公式可知，点数法不与年初预算直接挂钩，而是通过年终决算精确计算点值后，才知道各DRG组的支付标准，因此点数法配置基金实现了医保基金的“以收定支，收支平衡”。同时，佛山市在体现不同级别医疗机构成本差异和规范医疗机构行为、鼓励重点（特色）专科发展和临床创新上，设置了医疗机构系数和考核清算系数两个调整系数。医疗机构系数是根据医疗机构的卫生级别、等级和社保类别等指标，将其分为七类，规定下一类别医疗机构的系数不高于上一类别的最高系数，基础病组所有医院的系数一致。考核清算系数则由医疗费用增长率、人次人头比和病案编码填写准确率三个指标综合确定。

（3）建立“结余留用，超支自付”的激励约束机制

在年终清算环节，佛山建立了基于清算区间的激励约束机制，具体包

① 汪欢、李锦汤、彭秀萍：《广东推进按病种分值付费改革的做法和成效》，《中国医疗保险》2019年第9期，第50～52页。

括：医疗机构年度实际统筹基金报销总额未达到年度应支付总额90%的，按照实际统筹基金报销总额的110%作为年度实际支付总额；未达到70%的，按实际报销总额结算；在90%以上（含90%）的，按年度应支付总额作为年度实际支付总额。同时，为了支持重点医疗机构的建设，佛山对纳入广东省“登峰计划”的3家医院和“登峰计划”培育建设单位的8家医院实施点数激励。

7. 紧密型医联体（医共体）打包付费的德清经验

医疗机构联合体（简称“医疗联合体”）是通过纵向或横向医疗资源整合将不同级别、类型的医疗机构整合在一起。组织形式上分为紧密型医联体和松散型医联体，其中紧密型医联体的最大特征是人、财、物统一调配，经济利益一体化。[①] 浙江省德清县于2017年9月被确定为县域医共体建设试点，通过整合医疗资源、改革管理体制、联通服务环节等措施，实现县域医疗水平提高、基层服务能力提升和健康管理实化等改革目标。[②] 德清紧密型医共体的建设思路及医保打包付费的具体做法如下。

（1）打造“服务共同体”

德清县整合了3家县级医院，12家镇（街道）卫生院和141家村卫生室资源，组建了两大健康保健集团[③]，下设统一的业务管理和共享服务中心，管理同标同质和服务优质优效。同时医共体内人员实行统一定编，在集团内打破身份限制，合理轮岗，有序流动。

（2）打造“利益共同体”

健康保健集团内部设立计划财务管理中心，负责集团的财务预算及管理。财务资金核算后打包采取拨付的方式给予医共体使用。集团各成员单位单独设账，统一管理，集中核算，统筹运营。[④]

---

① http：//www. bjzx. gov. cn/ztzl/zxqh/zxh2020/mcjs202001/202001/t20200113_ 27493. html.

② 江蒙喜：《县域医共体改革发展效果的评价指标体系构建——基于浙江省德清县的案例研究》，《卫生经济研究》2018年第12期，第11～13页。

③ 郭潇雅：《医联体·医共体：从“德清经验”到“湖州样板”》，《中国医院院长》2020年第16期，第26～29页。

④ 张平：《县域医共体建设的浙江传承》，《卫生经济研究》2018年第12期，第3～6页。

（3）打造“责任共同体”

一是差别化发展牵头医院和基层医疗机构的功能，重点提高乡镇卫生院诊治常见病、慢性病、多发病及特色中医服务能力，以实现分级诊疗目标；二是提升医共体内部的医疗服务能力，对4家乡镇卫生院实行标准化建设，购置DSA等大型医疗设备，通过医疗设备的现代化带动医疗服务能力的提升。同时开展医护人才培养，由牵头医院向基层进行培训与理论授课，开展全科医生、乡村医生模块化培训。

（4）打造“管理共同体”

集团在组织结构上成立业务管理中心，对成员单位的医疗质量、人力资源、财务和后勤等进行规范化管理；在床位、设备、药品等资源上统一配置，集中采购；建立共享服务中心，共享检验、影像、心电等检查结果，实现县域结果互认。

（5）实行总额预算打包的复合式医保支付方式

德清县医共体实行总额预算下“结余留用、超支分担”的机制，采用住院按DRG付费、门诊按人头付费支付方式。

总额预算打包是指德清县以每个医共体为单位，不再对医共体内各医疗机构进行细分，将职工和城乡居民医保参保人员年度内本地医疗和异地医疗所发生的基金包干给医共体（不包括大病保险基金、城乡困难人员医疗救助资金、精神病救助资金及财政专项资金）。同时，实行“结余留用、超支合理分担”的激励约束机制，住院部分年度预算总额结余时，按结余部分70%的比例留用，年度预算总额超支时，超过部分由各医共体承担；门诊部分年度预算总额结余时，按结余部分50%的比例留用，年度预算总额超支时，由医共体按超支部分85%的比例进行风险分担。

德清县住院医疗费用推行按DRG付费，通过提高技术难度和基层的病种权重，从而鼓励医院提升医疗技术水平、规范诊疗行为。而门诊医疗费用则按人头总额预付，城乡居民基本医疗保险按参保人员所属镇（街道）划分，职工基本医疗保险按单位（单位职工）和户口（灵活就业人员）所属镇（街道）划分，参保人头根据实际就医情况给予适度调整。

在清算考核环节，德清县从制度化管理、费用转嫁、合理住院、管辖区域内参保人员对集团的信任度、医疗服务下沉镇（街道）级基层卫生院、县域外基金支出增长控制、平均住院天数增长控制、集团服务能力、DRG付费管理、参保人员满意度这10项指标，考核确定医共体留用和分担比例。

（二）其他类型的医保支付地方改革经验

在长期住院（医疗康复类、精神疾病类、安宁疗护类）医疗服务、中医、高值耗材和重特疾病药品支付等方面，在一些地区也探索出了值得借鉴的基本医疗保险支付方式。

1. 深圳医疗康复按床日付费

2009年开始，深圳市启动医护康复按床日付费改革，包括3家公立医院、2家三级医院在内的13家具备资格的医疗机构与医保经办部门订立专项服务协议，解决康复患者在大医院压床和回家康复困难的问题。[①] 2014年深圳市正式印发《深圳市社会医疗保险定点医药机构费用结算办法》，规范了康复按床日付费的定义和支付标准，第二十二条明确“按床日付费是指社会保险机构按照住院参保人员每住院一天（一张床日）确定一个定额付费标准，并按参保人员实际住院天数向定点医药机构支付医疗费用的方式”。

清华大学医院管理研究院课题组研究数据显示，2014年以来，康复患者中就诊于三级医院的占总人数的33.4%，其余就诊于二级以下医疗机构和民营医疗机构，缓解了三级医院的接诊和压床压力；同时，2012～2017年深圳市医疗康复按床日付费中床位费占9.14%、检查化验费占10.14%、药费占20.31%、治疗费占60.31%[②]，并且医保支付占90%，个人自付仅为10%，医疗费用结构比较合理。

2. 遵义精神类疾病按床日付费

精神疾病作为一种较为特殊的疾病，具有住院时间较长、次均费用较

---

① 杨燕绥、沈华亮：《康复的医保支付探索》，《中国劳动保障报》2018年8月7日，第4版。

② 因四舍五入，故总占比不为100%。

高、易复发的特点，采用项目或人次定额结算方式会导致医保基金支付和患者承受较大压力，或诱导医疗机构分解住院现象发生。[①] 遵义市自2011年开始实施职工基本医疗保险精神病类疾病按床日付费，后经2012年和2017年二次政策调整，形成了医院申报费用、医保依临床路径按项目测算费用标准、对不同级别医疗机构分类支付的按床日付费制度。

遵义市医保部门根据物价收费、临床路径、诊疗原则和医院服务能力，对精神病住院费用进行了测算，确定费用标准如表2所示。

表2 遵义市精神类疾病按床日付费标准

单位：元

类型		市级医院	县级医院	乡镇级医疗机构
城镇职工标准	基金承担	73	66	65
	个人承担	7	6	5
城镇居民标准	基金承担	60	58	55
	个人承担	20	14	10

资料来源：《关于调整遵义市城镇基本医疗保险精神病类疾病床日结算标准的通知》，2017。

从改革效果来看，与按项目付费相比，2017年遵义市的精神类疾病在职工医保基金上少支出232.1万元，少支比例为36%；城镇居民医保基金少支出286万元，少支比例为35%。

3. 德阳安宁疗护按床日付费

德阳市于2017年11月被国家卫生计生委确定为5个全国首批安宁疗护试点城市之一，并于2017年12月24日启动试点，实行安宁疗护按床日付费。

在《关于开展安宁疗护试点工作有关问题的通知》中，对不可逆转的慢性疾病或恶性肿瘤终末期患者进行分类，预估生存期6个月内的患者可收入安宁病房；预估生存期12个月内的患者可接受安宁疗护居家服务。

① 郎婧婧、周海龙、于丽华：《精神疾病住院按床日付费方法研究》，《卫生经济研究》2017年第4期，第43~45页。

二级以下医院结算标准为280元/天，二级及以上医院结算标准为320元/天。进行安宁疗护的参保患者，其在医疗服务按床日付费标准和基本医疗保险报销比例内的费用与定点医院结算，超标准的床位费、膳食费、护工费等，由患者自行负担。

4. 柳州中医医疗服务按疗效价值付费

柳州市自2018年6月1日起，为鼓励中医事业的传承创新发展，结合DRG－点数支付标准，探索按疗效价值付费。《柳州市基本医疗保险支付方式改革实施方案》中规定，对使用传统中医治疗方法治疗诊断明确、方法成熟、疗效易于评估且与手术治疗相似的病种，其点数与手术治疗点数一致。目前，柳州市按疗效价值付费已覆盖至腰椎间盘突出、锁骨骨折和混合痔等19个病种。[①] 柳州中医按疗效价值付费的政策做法如下。

（1）协商遴选病种，医院申报、专家论证和医院表决相结合

遴选具有明显中医特色优势、治疗路径清晰、临床疗效和准确治愈标准突出的病种，实行按疗效价值付费的支付方式，以此促进中医特色优势学科发展。程序上，医院首先推荐待选中医优势项目、数据及方案，医保部门再组织专家据此分析论证，最终由医院代表表决确定。

（2）确定各个病种各项标准，规范临床路径，实施标准管理

医保部门组织专家确定疗效价值付费病种的各项标准，包括各个病种的中医和西医诊断标准、收入院标准、住院基本治疗、住院天数、出院疗效判定标准等，规范临床路径，防止出现低指征入院、医疗服务质量下降等问题。[②] 以桡骨远端骨折为例，中医第一诊断为骨折病（TCD编码：BGG000），西医第一诊断为桡骨远端骨折（ICD编码：S52.500）；成人和未成年人（14岁及以下）分别界定6种可收入院治疗情况；基本住院治疗方法包括手法复位治疗、外固定治疗及调整、外敷中药膏剂、中药离子导入治

① 杨燕绥：《广西柳州：多方联动、精细管理促医保健康发展》，《中国卫生》2019年第6期，第82~84页。

② 廖藏宜：《DRG时代中医疗效价值付费的理念与政策架构》，《中国人力资源社会保障》2021年第5期，第59页。

疗；出院天数≥12 天；出院疗效判定标准包括骨折局部肿胀减轻和疼痛缓解，外固定有效固定骨折，连续三次规律 X 线检查，骨折对位对线稳定，达到功能复位标准。

（3）基于疗效价值，实行中西医同病同效同价付费标准

在按疗效价值付费范围内，对符合相应诊断标准、住院治疗遵循中医药服务特点、中医治疗达到西医做手术同等疗效的病种，根据中西医同病同效同价原则，按照医保按病种所在 DRG 组外科不伴合并症、伴随症病组基准点数的 80% 支付，根据医院等级再做调整。[1]

（4）建立严格的疗效付费监督机制

医保专家委员会和医疗机构协商明确每个中医病种的监管考核标准。考核标准包括基准点数、治疗效果、住院天数等。评估设置明确的预期治疗效果，医保为达到效果的病例支付费用，否则扣除点数。同一次住院期间因治疗失败转为手术治疗的，按 DRG 付费；引入“保质期”概念，按治疗后复发时间扣减点数的方式处理因治疗失败再入院的病例。如腰椎间盘突出症的疗效评估“保质期”规定：3 个月内复发扣减 100%，3 个月以上、6 个月以内复发扣减 80%，6 个月以上、12 个月以内复发扣减 60%，12 个月以上、18 个月以内复发扣减 40%，18 个月以上、24 个月以内扣减 20%。

柳州中医疗效价值付费取得了很好的改革效果，清华大学第三方评估显示，相较于西医手术治疗，中医治疗的 6 个骨折病种出院时痊愈率更高，患者平均费用为西医手术治疗的 1/3，患者对中医保守治疗的疗效、康复指导及整体评价满意度高。

5. 成都高值耗材和重特大疾病药品的医保付费经验

（1）高值耗材实施医保限额支付

成都实行医保限额与医保自费率考核联动，引导高值耗材生产厂商降低价格以获取合理利润。如 2016 年，针对同一品规的一次性肛肠吻合器

---

① 廖藏宜：《DRG 时代中医疗效价值付费的理念与政策架构》，《中国人力资源社会保障》2021 年第 5 期，第 59 页。

销售价格相差过大的情况，对其出厂价、挂网价、医院销售价等展开调研询价，在保证质量的前提下，结合专家意见，制定了肛肠吻合器纳入基本医疗保险限额支付的基数，限额支付标准较原最高销售价格降幅达70.56%。

(2) 重特大疾病药品采用分类支付、分类管理、分类供给、分类结算方式

对于重特大疾病药品，成都实行单独的医保支付和“六定”管控（定病种、定用药方案、定认定机构、定治疗机构、定认定医生、定治疗医生），减轻重病患者经济负担的同时有效防止高值药品的滥用。截至2018年12月底，成都市共计39232人次享受重特大疾病药品报销待遇，医保基金支付27460.6万元，次均支付0.69万元，人均支付3.43万元，参保人员个人支付额较成都市重特大疾病医疗保险制度建立前降低60%以上。

三　我国基本医疗保险支付方式改革的难点及重点问题

（一）如何做好总额预算的精细化管理

医疗保障基金是人民群众的“看病钱”、“救命钱”，但随着经济下行压力增大、人口老龄化加剧和参保人就医需求的增加，医保基金面临收入增长有限而支出无限的矛盾。为坚持医保基金“以收定支、收支平衡、略有结余”的基本原则，各地支付方式改革需要坚守总额预算管理，而如何做好总额预算管理是各地面临的难点问题。

除上海、北京等发达城市外，其他地区的总额预算办法仍处于尚未实施或实施效果不佳的状况。以浙江省为例，根据笔者2019年的调研结果，职工医保有12个统筹区当期赤字、1个统筹区累计结余耗尽，居民医保有22个统筹区当期赤字、2个统筹区累计结余耗尽，而基金当期赤字和累计结余耗尽的统筹区基本上没有做总额控制。同时，有的地区（如江苏省）只对职工医保

进行总控，居民医保因缺乏总控而导致支出增长过快，面临穿底风险。

对于总额预算管理，总的来说，面临以下需要解决的具体政策问题。

一是单一医疗机构总控还是区域总控。对于佛山和深圳这类医疗资源配置不足、医疗机构还处于规模发展阶段的城市而言，如若按国办 55 号文要求不再使用具体医疗机构医保基金总额控制而使用区域总额控制，不利于当地医疗卫生事业的发展。但对于北京、上海、广州、重庆等医疗资源供给过剩、超大规模医院林立的地区而言，放开对单一医疗机构的总控管理，会加剧医保对医疗费用增长的控制压力，也会产生对其他医疗机构的“预算虹吸”问题。

二是需不需要对统筹基金进行分类预算管理。比如，对于不同医疗服务类型，是否需要按门诊、住院和特殊疾病进行板块预算；对各级医疗机构是否需要进行分级预算；对异地就医、高值耗材、特效高价药品等是否需要进行限额或定额预算。

三是如何选择科学的测算方法，进行精细、科学的总额预算指标分配。上海市可以依托第三方力量，采用数学模型，建立 250 多个指标对各个医疗机构确定精确的总额预算指标，但对于其他城市，受限于医疗数据的信息化水平和医保管理能力，难以做到科学的总额分配。

四是总额预算管理过程中，如何完善对医疗机构的激励机制和风险分担机制。《关于进一步深化基本医疗保险支付方式改革的指导意见》明确了对医疗机构的“结余留用、合理超支分担”的激励和风险分担机制，“结余留用”可以有效提升医疗机构的医疗服务供给积极性，但是“合理超支分担”有可能成为医保管理的政策风险点，对于基金紧张的地区，一旦留用“合理超支分担”的政策口子，必然会削弱医疗机构控费的动力。比如，无论是普通门诊按人头付费，还是住院按 DRG 或 DIP 支付，支付基础还是以费用为基数进行测算，若实行“合理超支分担”，医疗机构会做大费用基数，提高第二年医保支付单元的额度。同时，结余如何留用、留用比例多大，超支如何分担、分担比例怎么确定，如何确定合理与不合理的边界等，需要国家层面给予具体的政策指导。

（二）单病种、DRG 和 DIP 付费的路径选择与融合问题

随着国家 DRG 和 DIP 付费试点的深入推进，各地对住院医疗费用按病种付费路径存在选择难题，具体表现在以下几个方面。

一是如何因地制宜地选择单病种、DRG 与 DIP 付费改革路径。单病种付费是医保 DRG 的初级阶段，DIP 付费是中国原生原创的简单版 DRG 付费，DRG 付费又对病案数据基础、分组技术和管理要求很高。在各统筹地区医保付费改革的基础条件差异较大的情况下，很难一步到位实现 DRG 付费。为达到改革预期效果，各地应当因地制宜地选择按病种付费路径。哪些地方适合选择 DIP 付费，哪些地方适合 DRG 付费，已实施按 DIP 付费的地区是否需要转化为 DRG 付费，是各地医保部门面临的选择难题。

二是 DRG 和 DIP 付费国家试点全面铺开后，单病种付费是否还要保留的问题。部分先行地区已经推行了单病种付费的支付方式，并取得了较好成效。在当前全国推进 DRG 和 DIP 付费改革的政策背景下，如何处理业已存在的单病种付费，需不需要将单病种并入 DRG 或 DIP 分组体系中，这是目前各地医保部门疑惑的主要问题。

三是 DRG 和 DIP 付费如何融合的问题。2018 年和 2019 年国家医疗保障局先后推行了 DRG 和 DIP 国家试点改革，从国务院办公厅发布的《“十四五”全民医疗保障规划》来看，国家在“十四五”期间不会进行 DRG 和 DIP 付费整合。但从国家支付制度标准化来看，国家应该对两套技术标准的融合问题给予明确的改革方向。

（三）医共体如何进行打包预付

据笔者前期的调研了解，医保对医共体进行总额打包预付没有清晰的实施路径。具体改革的难点问题突出表现在以下几个方面。

第一，对进行总额打包预付的医共体类型还没有清晰的界定。2017 年国办出台《关于推进医疗联合体建设和发展的指导意见》（国办发〔2017〕32 号），将医联体分为城市医疗集团、县域医共体、专科联盟和远程医疗四

种类型。一些城市会理解为这四类医联体都要进行打包付费。梳理这四种医联体属性，前两种属于紧密型医联体（医共体），是区域内部医疗资源的重组，通过医共体建设，以实现管好区域居民的健康水平、提升基层医疗服务能力、促进分级诊疗的目标；但后两种属于松散型医联体，是医疗机构之间的业务协作，“联”的是疾病，是一种服务技术层面的帮扶关系。通过属性界定可看到，只有紧密型医联体才符合打包付费的要求，各地需要对医联体的发展理念进行清晰认识。同时，从目前全国实践状况来看，在城市里建设城市医疗集团不是普遍情况，而县域医共体则在国家政策指导下全面铺开。因此，笔者认为，医保付费的医共体类型应仅针对县域医共体。

第二，医保如何对医共体进行精细化付费，避免成为“第二财政”。各地医共体的打包付费实践都出现了医保部门在医共体建设过程中如何进行功能定位和精细付费的尴尬局面。医保不是“第二财政”，是参保人防范疾病风险的代理人，对医共体绝对不能一包了之，要从基金预算到医疗服务过程再到医疗服务产出，进行全过程的监督管理，既要保证基金的使用效率，又要促进医共体的合理发展，还要保障参保人的权益，这些需要明确医保的角色定位和职责范围，再依此探索精细化付费方式。以浙江省医共体付费为例，全省实行在总额预算管理下门诊按人头、住院按 DRG 点数法进行打包的付费方式，但如何最大程度发挥医保的经济杠杆作用，在保证基金平衡可持续的同时又能引导医共体朝现代医院管理方面发展，还需要进行更具体的制度设计。因此，本报告认为，某些城市对医共体进行基金全盘打包的做法不值得提倡，医保要对医共体实施门诊和住院服务的精细化付费，同时还需做好监督管理与绩效考核。

第三，医共体自身建设问题。医保付费是从外部推动医共体发展，而医共体发展的好坏，其核心在于医共体自身的内部建设。从调研结果来看，许多地区的医共体都未实现真正的人财物一体化。人员不能一体化，造成医共体内部医疗机构之间的人员能上不能下，即使人员下到基层，也只是帮扶性质，看似基层医疗机构的诊疗量提升，实质并未提升基层医疗机构的服务能力；在功能定位上，过于强调基层的诊疗能力提升和健康管理责任，会导致责任错位，将医共体发展的压力放在基层医疗机构身上，不利于基层医疗机构的发展；在利益分配上，没有实现财务的一体化，无论是超支，还是结余，目前各地没有一个合理的分配机制，导致医共体内部医疗机构之间的分配矛盾；在绩效考核方面，已建立的考核指标比较粗糙，特别在健康管理方面难以实现量化。

四　完善我国基本医疗保险支付方式的政策建议

（一）强化总额预算管理

无论是门诊还是住院支付方式改革，其前提是要坚持总额预算管理，总额预算管理不仅不能放弃，还要全面实施、不断加强、进一步完善。

第一，统筹地区根据基金收支状况、医疗资源配置情况做好预算分配，实现“收入预算－支出预算－分块预算－分级预算－医疗机构预算”闭环式的精细化管理。具体而言，对于基金收入预算状况不乐观的统筹地区，尤其要做好基金收入预算管理，建议做“零基预算”；对于基金收入增长率大于支出增长率的统筹地区，可以按照国家和省市的医疗费用控制要求，结合物价上涨等因素，确定医保基金支出预算的合理增长率，做好总额支出预算管理；同时建议统筹区推进医保分块预算，按现行医保待遇政策，结合历史数据，按普通门诊、门诊特殊疾病（门诊大病）、急性住院、长期住院、异地就医、风险储备等板块做好总额分块预算管理；对于不同等级医疗机构发展差异较大的统筹地区，建议做好三级、二级和一级医疗机构的总额分级预算管理，促进各级医疗机构的相对均衡发展，避免虹吸现象发生；对于医疗资源供给过剩的统筹地区，建议做好具体医疗机构的总额预算控制，强力约束大医院的支出规模发展。

第二，在总额预算分配方法方面，可以利用医疗大数据方法，建立科学的量化指标体系，精准测算预算分配指标。在量化指标体系中，不仅要纳入医疗服务产出方面的指标，还需要纳入患者自费比例、医疗费用控制、诊疗行为规范、医疗服务质量等指标。同时引入第三方力量，采用科学的数学、统计学测算方法，使预算分配指标更符合医疗机构的发展实际。

第三，建立平等协商、公开透明的谈判机制。医保部门在总额预算分配过程中，坚持医疗服务治理理念，建立相应的协商谈判机制，鼓励利益相关方参与总额预算分配过程，医保扮演好裁判员角色，预算指标确定做到公开、公正、透明，预算调整做到有理、有节、有据。

第四，完善“结余留用，合理超支分担”的激励约束机制。建议将结余部分真金白银地留给医疗机构，充分发挥“结余留用”对医疗机构主动控费、管控成本的激励作用。另外，建议实行“合理超支分担”的政策清单制度（不是“超支合理分担”），鼓励医疗机构接收疑难重危症和临床技术创新，同时建立合理超支认定的专家审核机制，专家审核认定的合理超支部分，医保按政策规定予以比例分担。

（二）大力推进 DIP 付费

从 DRG 和 DIP 的融合方向来看，DRG－点数法是未来实现二者整合的可行性路径。但就现阶段各地的改革基础看，DIP 操作相对容易，更适合在病案信息基础较差、数据质量不高、人口规模小、经办能力较弱的统筹地区推进，也可为向 DRG 付费融合做规范化的前置准备。但在推进 DIP 付费改革过程中需要完善以下政策机制。

第一，优化 DIP 技术分组。当前的国家版 DIP 技术分组规范是基于真实的费用数据进行的病种分类，并没有像 DRG 一样进行临床路径的标准化，容易使过度医疗合理化，不利于控费和挤压按项目付费的“水分”，且为医疗机构技术性套高诊断提供了正当理由。因此，国家需要对 DIP 的病种分值库进行优化，充分论证每一病种的诊疗科学性和分值合理性。

第二，完善特病单议机制。在面临多疾病、疾病伴随合并症并发症和基础病史复杂的病人时，由于 DIP 付费考虑的是主要诊断和主要操作的匹配关系，所以这类病种分值逻辑很难体现医疗资源消耗水平。同时，DIP 结算的同一病种组内费用差异很大，也造成了医疗机构更可能选择轻病入院。因此，高倍率和低倍率病例问题更易在 DIP 付费中出现。各地针对此问题应当完善相应的特病单议机制，合理甄别高低倍率病例，以真实补偿医疗机构的成本，促进医疗机构合理诊疗。

第三，建立健全 DIP 付费监管机制。在同一病种组内的费用分布方面，DIP 付费的离散度较 DRG 付费更大，更容易诱导管理能力强的大医院采取高套分值、分解住院等不合理手段。因此，实行 DIP 付费的地区应当按照《按病种分值付费（DIP）医疗保障经办管理规程（试行）》，配套建立智能审核监管系统，健全相应的监管机制，完善对数据的收集、规整和分析，依托大数据分析工具助力医保监督管理。

（三）稳步推进 DRG 付费

医保应用支付 DRG 工具进行打包付费，是实现价值医疗和精细化管理的重要举措。但 DRG 付费并非万能神药，稳步推进 DRG 付费改革还需要在实施路径和政策配置上进行完善。

第一，建议选择点数分配方法进行 DRG 结算。目前实践 DRG 付费的城市在基金分配时，有费率法和点数法两种方法。费率法与病组付费金额直接挂钩，事先测算出固定的基础费率，但医疗机构知晓每个病组的医疗服务产出价格，容易产生基金超支风险。而点数法不与病组付费金额直接挂钩，医疗机构在医疗服务过程中只知道每个病组的点数，每点价格多少需要在年终清算时才能计算出来，因此，点数法可以实现医保基金的收支平衡，理论上不会出现超支风险，更利于医保基金管理。

第二，通过设置综合系数驱动价值医疗与价值医保的协同发展。考虑客观存在的不同级别医疗机构的收费差异，在 DRG 付费改革初期，建议设立针对不同级别医疗机构的差异补偿系数；也可同步设置基础病组，取消差异补偿系数，通过同城同病同治同质同价来促进分级诊疗；设立考核清算系数，包括病案编码准确率、人头人次比增长率、医疗费用增长率、自费率、检查检验占比等指标，引导医疗机构行为的规范化；设置核心病组系数（比如点数大于 500 的病组），鼓励医疗机构诊疗疑难危重症和临床创新；设置重点学科和弱势学科的倾斜系数，如儿科、ICU、感染、老年性疾病、中医等，引导医疗机构的专科能力建设。

第三，建立医疗服务行为监管和质量评估机制，防范医疗机构套高编码、轻症入院、推诿病人、分解住院、乱收费、医生收入绩效与 DRG 付费相挂钩等问题的出现。一方面建立智能审核系统和病案校验系统，加强对医院住院病例的前置审核监管，建立基于 CMI 值与疾病编码相一致的可对照和可追溯的评价体系，探索医院合理接诊和推诿病人的界线，防范医疗机构在病人医疗费用消耗达到均值界限而强推病人出院的非正常现象产生；另一方面依托大数据分析工具，管控好异常的人头人次、低倍率病例和高倍率病例等增长现象。同时，加强对病案编码员专业素养的培训，以规范职业伦理和提高病案质量。

（四）完善紧密型医共体总额打包预付制度①

中共中央、国务院《关于深化医疗保障制度改革的意见》提出“探索对紧密型医疗联合体实行总额付费，加强监督考核，结余留用、合理超支分担”，因此，建议国家医保局根据国家顶层设计要求，制定相关政策规范，指导地方完善医共体总额打包预付制度。

第一，医保基金支付规则不因医共体服务模式的创新和产权组成方式的不同发生变化，在打包预算总额的基础上，对门诊和住院付费进一步精细化。具体支付规则建议如下：为保证医共体合理发展，建立医共体总额预算合理增长机制；对医共体内部基层医疗机构，医保采取月度或年度按人头打包预付，建立包括签约人口的疾病谱、年龄结构、发病率和常见病及慢性病管理绩效的评估体系，在年终清算时依据评估结果进行绩效付费；对医共体内部所有的业务型医院采取一个“预算总额包”，住院按 DRG 付费结算；落实“结余留用、合理超支分担”激励机制，补偿对由政策改革、流行性疾病发生和技术创新等产生的合理超支部分。

---

① 廖藏宜：《DRG 时代医保实现医共体打包付费的政策储备》，《中国人力资源社会保障》2020 年第 9 期，第 56 页。

第二，明确医保部门的职责定位和责任。医保部门不仅具有第三方支付的功能，同时也具有确保医保资金合理使用、安全可控的责任，在医共体打包付费过程中，医保部门不能一包了之当“第二财政”，要强化对医共体医疗服务的全过程监管，引导医疗机构规范诊疗行为、保障服务质量、提高服务效率。

第三，督促医共体自身一体化的管理体制和运行机制建设。管理体制方面，建议采用法人化治理，成立医共体理事会并确定具体职责和工作章程。运行机制方面，建议实施行政管理一体化，由牵头医院对乡镇卫生院、乡镇卫生院对村卫生室分别实行一体化管理；实施人员管理一体化，医共体统筹编制使用，实行“县管乡用”“乡聘村用”，根据岗位需要统一调配人员，做到人随事走、能上能下；实施财务管理一体化，不分医疗机构核算，强化内部控制风险；实施药械管理一体化，由牵头医院组建中心药房，负责医共体药械采购配送和药事管理，同时统一用药范围、网上采购、集中配送、药款支付等；实施医疗业务管理一体化，统一规章制度、技术规范、人员培训、业务指导和考核要求，分医疗、护理、检查检验、院内感染、公共卫生等业务，实现管理标准化；实施绩效考核一体化，按照二类事业单位绩效考核原则，结合各级别医疗机构职能和业务定位，形成量化考核体系，开展绩效考核与分配；实施信息系统一体化，医共体内部基本医疗、公共卫生、运营管理等信息系统互联、互通、互认，实现电子健康档案和电子病历的连续记录和信息共享。

第四，防止“独联体”出现，促进医共体间的良性竞争。“独联体”容易产生医疗服务垄断、运行效率相对不高的问题，医保对其的约束能力也比较弱。2 个及以上的医共体进行良性竞争能够使医保的管理职能发挥得更加主动，且医共体间的服务效率、服务质量、管理水平可以进行横向比较。

（五）探索和创新其他医疗服务的医保支付模式

1. 门诊医疗服务[①]

在按病种付费改革全面落地及门诊共济保障机制推开后，可能发生住院

---

① 廖藏宜：《后 DRG 时代门诊医保付费方式的改革趋势》，《中国人力资源社会保障》2021 年第 4 期，第 59 页。

费用向门诊转移和门诊费用激增等问题，这将导致医保在基金支付和监督管理方面的压力激增，因此，推进门诊医保付费方式改革刻不容缓。按照《关于进一步深化基本医疗保险支付方式改革的指导意见》要求，门诊支付方式依照不同医疗服务特点分为两类，依托基层医疗卫生机构推行门诊统筹时按人头付费，治疗方案标准、评估指标明确的门慢门特病按人头付费；不宜人头打包的复杂病例和门诊费用可按项目付费。本文对门诊医疗服务支付方式改革的政策建议如下。

第一，明确不同门诊医疗服务类型的人头付费政策差异。两类人头付费方式的政策逻辑不同，门诊统筹按人头付费是针对供方（医疗机构）的，门慢门特按人头付费是针对需方（参保人或患者）的。居民与家庭医生签约后，其门诊基金按人头打包给基层医疗卫生机构或家庭医生团队，因此如果患者向上转诊，其转诊费用也由基层医疗卫生机构或家庭医生团队支付。而门慢门特按人头付费则是将患者在某个特定病种上的医疗待遇进行年度人头包干，该病种的临床路径明确且人群规模固定，严格意义上应称之为按人头病种付费。

第二，借鉴病例分组思想和基金点数法进一步精细化门诊按人头包干付费。已实施 DRG - 点数法改革的城市，门诊病例分组可参照 DRG 分组机理，如金华市实行普通门诊、慢性病种门诊统筹基金人头额度包干到医疗机构，按包干基金结合门诊病例分组（Ambulatory Patient Groups，APG）点数法付费。已实施 DIP 付费改革的城市，可以将门诊统筹服务包和门慢门特病种的人头定额标准点数化，实施门诊人头点数法付费。

第三，制定配套政策保障门诊医疗服务的精准支付效果和基金使用效率。一是强化门诊基金预算管理，在区域总控基础上建立分块总控机制后，实行门诊小总控；二是将患者就医行为基层定点化、首诊化，严格门诊分级诊疗程序，规范随意就医行为；三是门慢门特病的支付标准循证化，按照地区疾病谱、临床路径、医疗机构诊疗成本等，做好每个病种的成本测算，科学确定分级别医疗机构的病种支付标准；四是加强对医疗机构的行为监管与绩效考核，依托定点协议管理，重点监控不按标准收治、不合理用药、过度检查、随意转诊、乱收费等行为；五是落实“结余留用，合理超支分担”的激励约束机制，特别要加大对基层医疗机构和医务人员的激励力度。

2. 长期住院医疗服务

对长期住院医疗服务（医疗康复、精神类疾病、安宁疗护），需要结合住院 DRG/DIP 实施分类分级的按床日点数付费。具体而言：一是明确长期住院医疗服务的医保付费范围，仅是跟医疗行为发生相关的服务；二是从国家层面出台相应的指导性文件，确定长期住院医疗服务的类型、付费规则和管理规范；三是对医疗康复服务，根据国家现行的三级医疗康复标准，测算不同级别医疗康复类型的病种服务成本，依此确定不同等级医疗机构的床日付费标准，再结合住院 DRG/DIP 实行分类分级的床日点数付费；四是对于精神类疾病，建议地方出台对患者精神疾病严重程度的评估标准，再根据各级别医疗机构类型测算不同等级疾病严重程度的服务成本，依此确定各级别医疗机构的床日付费标准，最后结合住院 DRG/DIP 实行分类分级的床日点数付费；五是对于安宁疗护服务，建议对患者的预估生存期（生命终末期、生存期 6 个月内、生存期 12 个月内等）进行分类，对各类预估生存期患者在各级别医疗机构住院的服务成本进行测算，确定不同级别医疗机构的床日付费标准，结合住院 DRG/DIP 实行分类分级的床日点数付费。

3. 日间手术

对于日间手术，建议按 DRG/DIP 实施点数付费。

一是建议以省为单位，出台日间手术病种目录、临床规范和管理要求的指导性文件；二是合理确定日间手术的总额控制指标；三是根据既往的医疗大数据，精确测算不同级别医疗机构每个日间手术病种的医疗服务成本，依此确定每个日间手术病种在不同级别医疗机构的付费标准，并建立动态的调整机制；四是医保与协议医疗机构签订日间手术付费服务协议，只要是日间手术目录中的病种，严格按照诊疗规范和付费规则实施；五是对日间手术医疗费用，按 DRG/DIP 折合成相应点数进行付费。

4. 中医服务

对中医医疗服务，可按照中医保守治疗、西医手术治疗和按疗效价值付费三种路径进行医保付费。

一是选择中医保守治疗，可以在 DRG/DIP 中提高点数予以倾斜扶持；二是选择西医手术治疗，可以按 DRG/DIP 进行点数结算；三是选择按疗效价值付费，可以借鉴柳州的中西医同病同疗同价经验，确立中医病种临床路径、疗效评估标准和监督管理规范，参照该病种所在的 DRG/DIP 西医手术病组（病种）同点数或折算点数（柳州是同西医手术病组的 80% 点数）进行付费。

5. “互联网 +”医疗服务

对于“互联网 +”医疗服务的医保支付方式，建议按照《关于完善“互联网 +”医疗服务价格和医保支付政策的指导意见》，基于现行的医保付费政策体系，以省为主导，结合“互联网 +”医疗服务特点，在合理确定总额控制指标前提下，综合考虑临床价值、价格水平、医保支付能力等因素，探索和创新地方特色的支付方式。

6. 高值耗材和重特大疾病药品

对于高值耗材和重特大疾病药品，建议医保基金充裕的统筹地区，实施基于专家合理认定标准的限额点数付费制度。

一是结合当地基金收支水平和患者的医疗服务需求，合理确定高值耗材和重特大疾病药品的总额控制指标；二是建立专家委员会，为确定高值耗材和重特大疾病药品付费标准以及甄别合理需求提供专业技术支持；三是将高值耗材和重特大疾病药品从 DRG/DIP 中分离，对确实有助于降低患者疾病风险、提高医疗质量且临床必需的高值耗材和重特大疾病药品，医保按照专家认定标准，予以限额点数付费。

G.11

大病保险制度的发展现状与未来展望

赵东辉*

摘　要： 对“大病”进行保障是我国医疗保障制度体系建设的主要动力和核心内容，2012年正式建立的城乡居民大病保险制度则是解决城乡居民大病保障问题的重要制度安排。大病保险制度在发展过程中经历了基本保障与制度酝酿、制度初创与试点运行、全面实施与倾斜补偿、制度整合与调整完善等不同阶段，“十四五”时期仍需进一步完善和规范。从提供大病保障和创新经办模式两个目标的实现情况看，大病保险制度取得了一定成效，但距离制度设定的目标仍有一定差距。影响其运行效果的因素包括：缺乏清晰明确的制度定位、对关键概念的有意化用、“类保险化”的补偿政策以及筹资机制与保障需要不匹配。当前及未来一段时期，大病风险仍将持续存在，建议基于不同收入群体的大病保障需求设置不同的大病保障政策，依托现有的医疗保障制度体系，建立多层次、综合性的大病保障制度体系，并通过近期和中长期的不同规划，逐步实现充足的大病保障目标。

关键词： 大病保险制度　大病保障制度体系　大病保障

我国目前已经建立了以城镇职工基本医保和城乡居民基本医保为主体的基本医保制度体系，并达到95%以上的参保率，初步实现了“人人享有医

* 赵东辉，国家卫生健康委员会卫生事业发展研究中心副研究员。

疗保障”的目标。但是，由于制度建设秉持“广覆盖、保基本”的原则以及受筹资水平的限制，现阶段基本医保制度对费用水平较高、目录外费用较多的大额医疗费用的保障能力仍有不足。2012 年，我国正式建立了城乡居民大病保险制度（简称“大病保险制度”），这是我国医疗保障制度体系中第一个专门以全部参保人的大病负担为保障对象的医保制度，其建立目标是基本解决城乡非正式就业居民的大病保障问题。截至目前，大病保险制度已经走过了近 10 年的发展历程，在取得一定成就的同时，也存在一些亟待解决的问题。2020 年，中共中央、国务院联合下发《关于深化医疗保障制度改革的意见》，提出“健全重特大疾病医疗保险和救助制度”“完善和规范居民大病保险、职工大额医疗费用补助、公务员医疗补助及企业补充医疗保险”等工作要求，从而为大病保险制度建设，以及更广义的大病保障制度体系的建设指明了方向。随着医疗保障制度进入高质量发展的新阶段，当前，有必要对大病保险制度的发展历程进行回顾，并梳理现状、展望未来，以便为进一步健全和完善大病保障制度体系、解除城乡居民的大病就医后顾之忧提供参考。

一　大病保险制度的发展历程与制度框架

（一）大病保险制度的发展历程

1. 基本保障与制度酝酿阶段（2002 ~ 2011年）

城乡居民大病保险制度不是凭空产生的，而是在以往已经建立运行的基本医保制度以及地方实践探索的基础上逐步酝酿形成的。在大病保险制度正式建立之前，大病的保障问题始终处于基本医保制度建设的核心，一些地方还通过建立补充保险等方式探索解决高额医疗费用的保障问题，这些都为大病保险制度的正式建立奠定了基础。

1990 ~ 2011 年，住院医疗费用水平偏高，这给城乡居民尤其是农村居民带来了沉重的负担。这一时期，综合医院人均住院费用最高约相当于城镇居民年人均可支配收入的50%、农村居民年人均收入的1倍以上（见图1）。“住上一次院，三年活白干”、“十年努力奔小康，一场大病全泡汤”成为这一阶段农村居民看病就医负担的真实写照。因此，这一时期建立的医保制度都是以住院费用和门诊特慢病等大病的医疗费用补偿为核心展开的，新农合制度和城镇居民医保制度在建立之初即明确以大病的保障为主要任务，与基本医保同步建立的城乡医疗救助制度也重点对救助对象难以负担的大病医疗费用予以救助。

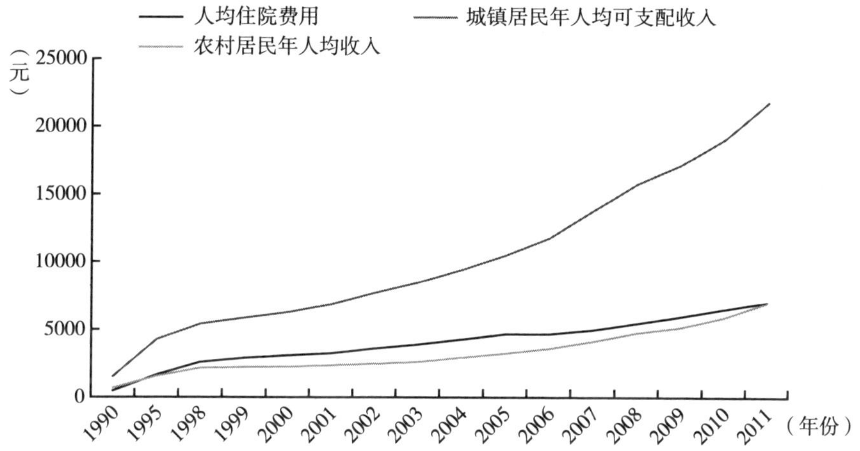

图1　1990～2011年综合医院年人均住院费用与城乡居民年人均收入水平对比

资料来源：《中国卫生统计年鉴2012》、《中国统计年鉴2012》。

自2006年开始，在农村居民收入水平快速增长和新农合补偿水平提升的双重作用下，农村居民年人均纯收入开始超过新农合补偿后的个人自付住院费用，此后二者差距不断拉大，虽一般性疾病的住院费用给农村居民带来的经济压力显著缓解，但重大疾病的住院费用负担过重的问题凸显，恶性肿瘤、心肌梗塞冠状动脉搭桥等疾病的次均住院费用超过了城乡居民的年收入水平，大病保障开始向部分重点疾病的费用补偿问题倾斜。2010年，《医药卫生体制五项重点改革2010年度主要工作安排》首次提出，在城乡居民基本医保制度下开展儿童白血病、先天性心脏病等儿童重大疾病医疗保障试点。2010年6月，卫生部、民政部印发相关文件，提出优先解决14岁以下农村儿童的急性白血病等重大疾病医疗保障问题，通过采取定点就医、规范诊疗和定额收费、定额补偿等综合措施，将农村儿童重大疾病的补偿水平提高到70%以上，以切实解决特定疾病患者的医疗费用负担问题。2011年，各地在落实农村儿童“两病”倾斜保障政策的基础上，探索扩大了纳入补偿的病种范围。与此同时，城镇居民医保也要求在普惠性政策的基础上对重大疾病的医疗费用实施更加优惠的补偿政策。截至2010年9月底，全国共有1290名农村先天性心脏病患儿完成救治并获得补偿，其医疗费用的实际补偿比例高达81.4%，患者医疗费用负担得到明显减轻。[①]

这一时期，部分地区还开展了以医疗费用水平为受益资格判定标准的大病保障试点，探索在基本医保制度之外建立补充医疗保险制度，对高额医疗费用给予进一步补偿，这些试点探索在一定程度上为城乡居民大病保险制度提供了设计蓝本。按照原保监会的统计，截至2011年年底，云南等24个省份已经在部分地区探索建立了覆盖城镇居民的补充医疗保险，广东等16个省份在部分地区探索建立了针对农村居民的补充保险。[②] 从江西、青海、云南等省的实践看，城乡居民补充医保较多地借鉴了建制更早的城镇职工补充医保制度的做法，如单独筹资、覆盖超过基本医保最高支付限额且符合基本医保目录限制的费用、补偿比例较高（70%以上）等，同时也探索了从基本医保基金中提取资金、委托商业保险机构运作等新做法。在各地关于城乡居民大病补充保障的实践探索中，江苏太仓和广东湛江的做法被原保监会总结为“太仓模式”和“湛江模式”，这两种模式经总结提炼后上报到国务院并获得高层领导的批示，成为引发城乡居民大病保险制度决策的重要源流之一，为城乡居民大病保险制度的最终创制提供了重要的参考方案。

---

① 《卫生部办公厅关于提高农村儿童重大疾病医疗保障水平试点工作进展情况的通报》，2010。

② 陈文辉等：《我国城乡居民大病保险发展模式研究》，中国经济出版社，2013，第14页、51页。

2. 制度初创与试点运行阶段（2012～2014年）

2011 年前后，廖丹刻章救妻、农妇剖腹自救和河北硬汉锯腿等由高额医疗费用所引发的极端事件引起了社会各界的普遍关注，直接推进了大病保险制度的创制进程。

2011 年，时任国务院副总理李克强指示国务院医改办（设于发改委）成立跨部门的工作组，研究解决城乡居民大病保障问题的政策方案。工作组由国务院医改办牵头，成员来自财政部、原卫生部、人社部、民政部、原保监会等与大病保障相关的职能部门。在实地调研考察的基础上，经过充分讨论协商，工作组形成了大病保险制度的初步政策方案。2012 年 8 月，发改委等 6 部门正式印发《关于开展城乡居民大病保险工作的指导意见》，城乡居民大病保险制度正式创建并启动试点。2013 年，原保监会、财政部先后印发《保险公司城乡居民大病保险业务管理暂行办法》《关于利用基本医疗保险基金向商业保险机构购买城乡居民大病保险财务列支办法的通知》等文件，进一步完善大病保险制度的运作细则，为大病保险试点的推进提供了更加细致的行为规范和指引。

作为一项新的制度安排，大病保险制度要求从基本医保基金中提取资金专项用于高额医疗费用保障，并以向商业保险机构购买保险产品的形式运作，这种做法不仅对基本医保基金的收支平衡有所影响，还对地方政府开展政商合作、创新公共服务的能力提出了挑战，因此使得地方政府对于推进大病保险制度存在一定顾虑，部分地区对于大病保险的制度框架表示不理解，个别地区试点工作进展缓慢、对商业保险机构承办大病保险存在抵触情绪。同时，由于《关于开展城乡居民大病保险工作的指导意见》对地方政府做了较多的授权性规定，地方政府为启动大病保险试点而进行的前期准备工作耗时较长。多种因素叠加，使得各地的大病保险试点进展较为滞后。据医改办统计，截至 2013 年年底，全国共有 28 个省份启动试点工作，但仅有 9 个省份全面推开，部分省份仍在文件制定的过程中。

2013 年，李克强等国务院领导多次对加快推进和完善大病保险工作做出批示，国务院办公厅牵头组织对部分省份的大病保险情况进行督查，国务院医改办赴辽宁、吉林、广东、福建等8个省份开展现场调研，分析大病保险试点工作面临的形势和存在的问题。在此基础上，2014年1月，国务院医改办印发《关于加快推进城乡居民大病保险工作的通知》，要求2014年必须启动试点并全面展开城乡居民大病保险工作。

在推动试点工作的同时，国务院医改办开始着手研究全面实施大病保险制度的相关问题。2013年年底和2014年年初，国务院医改办委托独立的第三方机构对大病保险试点情况进行评估，分析全面推开的可行性，中国医疗保险学会和卫生部新型农村合作医疗研究中心分别承接了对城镇居民大病保险和农村居民大病保险进行评估的任务。两项评估均认为，大病保险试点进展情况良好，前期效果初步显现，可以在更大范围内加大推进力度，由试点转入全面推开和实施阶段。

3. 全面实施与倾斜补偿阶段（2015～2017年）

2015年，《政府工作报告》明确提出要全面实施城乡居民大病保险制度。按照相关工作部署，国务院医改办等部门共同组成工作组，起草全面实施城乡居民大病保险制度的政策文件；5月22日，国务院常务会原则通过了工作组起草的文件稿；7月28日，国务院办公厅正式印发《关于全面实施城乡居民大病保险的意见》，对此前确定的大病保险制度框架进行了必要的调整，并要求各地在2015年年底前全面实施大病保险制度。2015年10月，“全面实施城乡居民大病保险制度”被列入中共中央关于“十三五”规划制定的建议之中，成为“十三五”时期医疗保障领域改革的重点任务之一。

进入全面实施阶段后，城乡居民大病保险制度发生了两个方面的变化：一是结合试点阶段总结的经验、发现的问题等对制度的总体框架进行了调整和完善，二是根据健康扶贫工作的需要，将大病保险的补偿政策进一步向城乡贫困人口和困难群众倾斜，以提高保障的精准性。

在制度框架调整方面，国家级政策文件开始明确基本医保新增筹资中用于大病保险的额度或比例，以确保大病保险能够获得相对充足的筹资来源；对大病保险补偿水平的要求从不低于50%调整为应达到50%以上，保障目标进一步提高；明确以费用为大病的主要界定标准，并强调原来在新农合中实行的特定病种重大疾病保障要向大病保险平稳过渡；在继续坚持以商业保险机构承办为主的前提下，将承办机构的确定方式由全部通过招标选定调整为由地方政府明确承办机构的产生办法；进一步完善了大病保险的盈亏调节机制，明确基本医保基金要参与政策性亏损的分担。此外，相关职能部门也对大病保险制度相关的配套制度进行了更新，使大病保险制度的政策体系更加完备。

在向城乡困难群体提供倾斜保障方面，随着脱贫攻坚战的启动，以解决因病致贫、因病返贫问题为主要目标的大病保险制度被赋予提高贫困人口医疗保障水平、助力脱贫攻坚的使命，并通过降低起付线、提高补偿比例等措施使贫困人口受益更多。大病保险开始由全体参保人员普遍受益转向普遍受益与贫困人口特殊受益相结合，针对低收入人口的保障精准性有所提升。

根据相关统计，截至2015年年底，全国所有省份均已实施大病保险制度，保障人口约7亿人，在基本医保的基础上，大病患者进一步获得10%～15%的补偿，医疗费用负担有所减轻。贫困人口在大病保险中的受益面和实际获得的补偿比例均高于一般人群，大病保险显现出明显的利贫效应。① 根据相关资料，到2016年9月底，大病保险的保障人口进一步扩大到10.5亿城乡居民，实现了对城乡居民的全覆盖。

这一时期，一些地区在基本医保和大病保险的基础上又实施了新的大病保障计划，如天津市利用部分城乡居民大病保险资金建立了重特大疾病医疗保险制度，重庆市利用财政资金为农村贫困人口购买商业补充保险等。这使得有限的保障资金被进一步分散，不同政策之间的分工和协作成本进一步增加，事实上降低了医疗保障基金的运行和保障效率，因此也成为下一阶段大病保险制度发展中重点解决的问题之一。

---

① 国家卫生健康委网站。

4. 制度整合与调整完善阶段（2018年至今）

2018 年，国家医疗保障局成立，整合了原来分散于多个部门的医疗保障制度管理职责，消除了因管理体制分散而对包括城乡居民大病保险制度在内的各项医疗保障制度长远发展的不利影响。

国家医疗保障局成立后，从三个方面推动了城乡居民大病保险制度的改革和完善。

一是加快推动大病保险制度整合，优化医疗保障制度体系的整体框架。一方面，在着力推进城乡居民基本医疗保险制度整合的基础上，积极督促各地实现城乡居民大病保险制度的整合，以减少制度摩擦带来的不必要成本消耗。另一方面，针对部分地区在基本医保和大病保险制度之外另建制度或政策的做法，指导地方通过基金并轨和权益置换等方式，将多项医疗保障制度向“基本医保—大病保险—医疗救助”三条保障线并轨，消除制度或政策间的交叉重叠。

二是明确大病保险的筹资渠道，提高筹资水平。2018 年和 2019 年的基本医保文件均明确指出，城乡居民基本医保新增财政补助的 50% 要用于大病保险，从而使得城乡居民大病保险的人均筹资水平提高了 35 元，在多数地区达到筹资翻番的效果，大大提高了大病保险制度的筹资水平和保障能力。

三是在倾斜保障的基础上，普惠性降低大病保险的受益门槛、提高保障待遇。政策文件规定，将大病保险起付线调整为上一年城乡居民人均可支配收入的 50%，同时提高政策范围内大病费用的报销比例，全面取消贫困人口的补偿封顶线。

经过制度整合和调整，大病保险制度的受益面明显扩展、保障水平有所提升，但制度运行中存在的一些深层次问题尚未得到解决。相较于之前的几个阶段，近年来国家层面制定的大病保险政策文件相对较少，大病保险制度处于改革的“静默期”。2021 年印发的《“十四五”全民医疗保障规划》提出，要完善和规范城乡居民大病保险制度。当前，基本医保的保障水平尚未实现充足保障，人口老龄化、疾病谱变化和医学技术进步等因素还将带动医疗费用适当增长，有鉴于此，大病保险制度仍需加强建设，以持续应对城乡居民面临的大病风险，并在缓解疾病经济风险方面发挥更加重要的作用。可以预见，在医疗保障制度体系不断完善的过程中，大病保险制度也将开启新的改革征程，并有望通过制度体系的全面规划、制度要素的重要改革等破解以往数年困扰大病保险制度发展的关键问题，在大病保障方面发挥更大的作用。

（二）大病保险制度的总体框架与政策现状

根据相关政策文件，大病保险制度的直接目标为对城乡居民的高额医疗费用风险提供保障，防止发生家庭灾难性医疗支出，切实避免因病致贫、因病返贫问题。同时，大病保险制度也旨在通过委托商业保险机构承办的形式创新政府提供公共服务的方式，激发公办医疗保险经办机构的运行活力，弥补其在人力、技术、服务、网络等方面的不足，从而在医疗保障领域树立“有限政府”的理念和预期，实现政府与市场有效分工协作的目标。

在筹资方面，大病保险制度通过从城乡居民基本医保基金中划出一定比例或额度获取资金，筹资来源较为单一；具体的筹资可能来自存量部分（基本医保基金的结余），也可能来自增量部分（基本医保制度提高筹资标准时的新增筹资）。试点初期，大病保险制度的资金主要来自城乡居民基本医保基金的结余，进入全面实施阶段后，大病保险制度的筹资更多来自基本医保的新增筹资。近年来，经过不断的增资调整，大病保险制度的实际筹资水平明显提高，2019 年，城乡居民大病保险的人均筹资水平达到 66.3 元。

大病保险制度的保障对象是参加了基本医保的城乡居民，覆盖的医疗费用是城乡居民就医时发生的高额医疗费用。高额医疗费用的判定有两个要点：一是应为合规医疗费用，二是个人自付费用必须达到一定标准。在地方实践中，多数地区均将合规医疗费用界定为符合基本医保用药目录等限制的费用，判定标准最初设定为上一年度当地城乡居民的人均收入水平，2019 年调整为上一年度城乡居民人均可支配收入的 50%。

对于进入补偿范围的医疗费用，城乡居民大病保险设定了起付线（免赔额)、补偿比例和医保补偿的封顶线。2019年，全国各统筹地区大病保险起付线/免赔额的均值为1.9万元，众数为1万元，补偿比例主要集中在50%~85%，近40%的统筹地区未设置补偿封顶线，设置封顶线的地区主要集中在20万元、30万元或40万元。

二　大病保险制度的运行效果与主要问题

（一）大病保险制度的运行效果

提供大病保障和创新运行模式是大病保险制度的两大目标，大病保险制度的运行效果可以从两大目标的实现情况来进行大体判定。总体上看，在建立了近十年之后，大病保险制度已经取得了一定的成效，使城乡居民在基本医保的基础上获得了进一步补偿，高额医疗费用负担有所减轻。但是，由于多种因素的限制，大病保险所达到的效果距离制度设定的目标仍有一定差距，这也为下一步大病保险制度的进一步改革完善埋下了伏笔。

1. 大病保障：有所增强但仍不充足

在提供大病保障方面，大病保险实现了在基本医保的基础上对高额医疗费用进一步提高补偿水平的目标，但提高幅度相对有限。2013年，在开展农村居民大病保险的试点地区，农村居民大病保险的受益人数约占新农合参合人数（即受益面）的0.4%，对医疗费用的实际补偿比例约为12%，大病保险与基本医保对医疗费用的实际补偿比例合计达到60%左右[①]；城镇居民大病保险的受益面为0.24%，实际补偿比例为11.22%，与基本医保合计的综合补偿比例达到58.44%[②]；2018年，城乡居民基本医保的参保者中，约有0.8%的人获得大病保险补偿，实际补偿比例平均为13%[③]。可以看

① 卫生部新型农村合作医疗研究中心：《新农合大病保险评估报告》，2014。

② 中国医疗保险学会：《城镇居民大病保险评估报告》，2014。

③ 王芳琳：《在增强大病保险保障能力上下功夫》，《中国医疗保险》2020年第5期，第26页。

出，筹资水平提高使得大病保险制度的受益面有所扩大，但实际补偿水平相对于试点初期并无实质性提高。实际上，大病保险制度在建立之初希望达到的政策补偿比和实际补偿比目标分别为50%和25%①，但从最终的保障效果看，2017年，经过基本医保和大病保险补偿后，大病保险受益患者个人承担的自付费用仍占到全部医疗费用的41.2%，与大病保险的实际补偿比目标存在一定差距。②

在防止发生家庭灾难性卫生支出方面，有研究估计，2011年我国家庭灾难性卫生支出发生率为12.9%，有学者利用中国家庭追踪调查（China Family Panel Studies，CFPS）的数据进行估算，认为2016年中国城乡居民灾难性卫生支出的发生率为15.11%。③ 无论从哪一个数值看，大病保险当前的补偿受益率都无法覆盖全部发生灾难性卫生支出的家庭或个人。

从最终的保障效果看，基于CFPS公开的数据，以自付费用大于总收入的40%为发生灾难性卫生支出的判定标准，则2014年CFPS的调查对象中，家庭灾难性卫生支出的发生率为5.96%，2016年略有降低，2018年又升至6.92%；按收入水平对调查对象进行分组，年收入在5000元及以下的极低收入家庭（大体相当于当前实行民政托底救助的特困供养人员）灾难性卫生支出发生率高达35%左右，而且呈现逐年上升趋势；年收入在5001～10000元的低收入家庭（大体相当于城乡低保家庭）的灾难性卫生支出发生率虽有下降，但2018年仍居于20%的高位（见表1）。这表明，在调查地

① 实际补偿比目标按基本医保补偿50%的医疗费用，同时未补偿医疗费用全部为大病保险可补偿费用进行估计。

② 国务院医改办：《2016年度医改工作进展监测报告》，国务院深化医药卫生体制改革领导小组简报（第201期），2017年7月12日。

③ Ye Li, Qunhong Wu, Ling Xu, et al. Factors Affecting Catastrophic Health Expenditure and Impoverishment from Medical Expenses in China: Policy Implications of Universal Health Insurance. Bulletin of WHO, 2012, (90): 664 – 671. Yang Zhao, Brian Oldenburg, Ajay Mahal, et al. Trends and Socio-economic Disparities in Catastrophic Health Expenditure and Health Impoverishment in China: 2010 to 2016. Tropical Medicine and International Health, 2020, 25 (2): 236 – 247.

区，包括大病保险制度在内的各项医保制度尚未实现降低灾难性卫生支出发生率或防止发生家庭灾难性卫生支出的目标，而且低收入人口得到的保障相对弱于其他人群。

表 1　调查地区被调查家庭的灾难性卫生支出[a]发生率

单位：%

调查对象收入分组[b]		2014 年	2016 年	2018 年
5000 元及以下	极低收入家庭	34.96	34.96	35.25
5001～10000 元	低收入家庭	21.59	17.58	20.64
10001～20000 元	中低收入家庭	9.63	10.04	10.64
20001～50000 元	中等收入家庭	3.71	4.70	4.16
50001～100000 元	中高收入家庭	1.82	1.52	1.79
100001 元及以上	高收入家庭	0.40	0.50	0.95
全体调查对象		5.96	5.79	6.92

说明：a. 考虑到数据可得性以及与大病保险相关概念的一致性，表中的“灾难性卫生支出”以家庭自付医疗费用超过家庭年收入的 40% 为判定标准；b. 表中调查对象收入分组的依据是家庭的年收入，即计算调查时点起向前 12 个月，在此期间内被调查对象整个家庭的收入总和。

资料来源：本表使用的数据来自中国家庭追踪调查（CFPS），该调查由北京大学和国家自然科学基金资助、北京大学中国社会科学调查中心执行。

2. 创新经办模式：市场机制尚未发挥作用

在政府监管下由专业机构承保是大病保险制度相对独特的运行机制特征，也是制度要达成的重要目标之一。自 2012 年试点以来，委托商业保险机构参与大病保险工作一直在推进之中。2013 年，71.88% 的农村居民大病保险试点地区和 88% 的城镇居民大病保险试点城市选择商业保险机构作为大病保险的承办方；到 2019 年，在城镇居民大病保险、农村居民大病保险和城乡居民大病保险中，由商业保险机构承办大病保险的县（市、区）分别占 99.0%、100% 和 96.9%，仅北京市及四川省乐山市等 12 个地市由于招标流标等原因由社保机构经办大病保险业务，商业保险机构承办模式成为大病保险制度运行经办的主流模式。

但是，从大病保险的实际运行情况看，商业保险机构承办大病保险的实际情况与制度设计中的理想模式仍存在一定差距。

一是参与承办的商业保险机构市场集中度过高，商业保险机构之间未能形成充分竞争。2019 年，我国共有各类商业保险机构 229 个，银保监会认定的满足大病保险经营资质要求的商业保险机构共 32 个，最终参与到大病保险承办业务中的商业保险机构仅 15 个。在已经参与到大病保险业务的商业保险机构中，按保费收入计，市场份额居于前四位的商业保险机构的市场份额合计达到 86.1%，已远远超过 30% 的临界标准，属于极高寡占市场。这种市场格局虽然有利于稳定大病保险的承办业务，增强已进入机构的业务能力和长期承办的预期，但同时也难以通过市场竞争机制激发参与主体活力、提高总体效率，并且可能削弱政府部门相对商业保险机构的谈判和制衡能力，形成社会事业和公共利益被商业利益绑架的不利格局，需要引起警惕。

二是商业保险机构受到一定限制，发挥专业优势的作用空间相对有限。作为依据市场化原则运营的专业机构，理论上，商业保险机构在承办大病保险方面具有开展数据分析和产品精算的技术优势、全国联网和快速协作的网络优势、用人机制灵活的体制优势和开展细致的服务监管、费用管控的能力优势，但这些优势的发挥都必须得到委托方的充分授权并具备一定的外部条件支持，包括允许其调用必要的基础数据、进入医疗机构进行医疗服务的事前和事中监管、对医疗机构的监督和处罚权等。从对商业保险机构的访谈结果看，在大病保险的实际运行中，对于向商业保险公司进行授权，地方政府往往是较为谨慎的，尤其是在信息数据共享和开发利用方面更加偏于保守，商业保险机构难以深度参与到大病保险政策制定、医疗费用管控和信息管理等核心环节。目前，多数地区受托承办大病保险的商业保险机构主要在聘用专业人员补充基本医保经办人力不足、协助开展异地就医和外伤事故核查等领域提供服务，未能作为专业机构在大病保险运行中发挥更大的作用。

三是商业保险机构承办的大病保险项目存在一定收支压力，部分地区难以实现“保本微利”。在一些统筹地区，由于补偿政策变动频繁以及地方政府片面压低大病保险筹资标准、大病保险增资调整不及时等原因，大病保险项目的亏损已经成为经常状态。以湛江市为例，其由人保健康承办的城乡居民基本医疗大额补助保险和城乡居民大病保险仅在2007～2012年的第一个委托期略有结余（300万～500万元/年），在2013年之后则开始连续超支，其中2013～2017年超支1.45亿元，2018～2019年超支约2亿元。

（二）影响大病保险制度运行效果的主要因素

1.制度性质不够明晰

医疗保障学的基本理论认为，医疗保障制度的性质直接决定着制度的保障目标、基本原则、框架设计等关键特征，因而是影响医疗保障制度运行的核心要素，必须加以明确。国民卫生服务制度以公民权为受益资格获得的前提，实行差别筹资（个人按其收入能力纳税等）和同等补偿；社会医疗保险制度以缴费为参保人获得受益资格的前提，实行与收入挂钩的差别缴费和基于需求的同等补偿；专门覆盖弱势群体的医疗救助制度以家计调查等资格鉴定为受益资格获得的前提，实行公共财政出资、按需补偿，体现社会补偿和权利救济原则；而商业健康保险或补充医疗保险则遵循个人意思自治、市场运作等原则，将制度建设和选择的权利交给个人、家庭以及市场，政府只需承担起监管和规范的责任即可。① 大病保险制度运作面临的首要问题，恰恰在于制度创制过程中对制度性质这一核心问题采取了模糊化处理的策略，结果导致相关主体在确定制度的根本性质、秉持的原则、制度的目标设定等关键问题上存在不同的理解和认识，进而引发了执行中的各种差异和分歧。

在国家级政策文件中，大病保险制度既是基本医保制度的拓展和延伸、建立健全基本医保体系的重要组成部分，也是与医疗救助制度共同发挥托底保障功能的保障制度，同时还是与基本医保、医疗救助并列的保障层次，这种关于制度性质的多元化表述使得大病保险的研究者和实践者对制度性质产

---

① 娄宇：《大病保险制度的法律定位存疑与改革思考》，《中国医疗保险》2015年第8期，第11～13页。

生了不同的认识和结论。一些研究者认为，城乡居民大病保险由政府主导，资金来自城乡居民基本医保基金，不具有独立的筹资渠道，因此仍为基本医疗保险。① 一些研究者则认为，城乡居民大病保险由商业保险机构承办，针对的是基本医保无法覆盖的高额自付医疗费用，因此应属于基本医保之外的补充保险。② 除上述两种观点外，还有研究者将大病保险定位为将医疗费用风险转嫁出去的政策性保险，或者城乡居民基本医保制度的再保险。③ 在实践中，一些地区出现了弱化参保人个人责任或将大病保险与商业健康保险混淆的问题，部分地区把大病保险定位为基本医保补偿之后的二次补偿，参保人虽然能普遍受益，但大病保险未能聚焦高额医疗费用患者，反而削弱了其保障作用。④

2. 关键概念的使用与其原始定义存在偏离

对于“大病”的界定是大病保险制度的核心问题之一。在大病保险制度的创制过程中，决策者借用了世界卫生组织提出的灾难性医疗支出（Catastrophic Health Expenditure，CHE）概念来界定大病和判断应纳入补偿范围的高额医疗费用，从而使得这一概念成为大病保险制度中的关键概念。但是，灾难性医疗支出本身是一个与不同个体、家庭的收支能力挂钩的个性化概念，其具体执行需要对不同个体、家庭的收支能力和医疗费用等进行相

① 朱铭来：《融资模式和补偿条件决定了大病保险的性质》，《中国医疗保险》2013 年第 8 期，第 46 页。

② 董曙辉：《关于大病保险筹资与保障范围的思考》，《中国医疗保险》2013 年第 4 期，第9～11 页。褚福灵：《构建重特大疾病保障机制》，《中国医疗保险》2015 年第 8 期，第 17～20 页。

③ 胡思洋：《大病医疗保险中医保机构的道德风险问题研究》，《西安财经学院学报》2017 年第 1 期，第 91～96 页。刘慧侠、邵静、曹芳芳等：《商业保险承保大病保险的融资及补偿模式研究：以陕西省为例》，载《陕西省保险学术优秀论文集（2013－2014）》，2014，第 3～34 页。乔石、李祝用：《大病保险的性质与法律适用问题研究》，《北京航空航天大学学报》（社会科学版）2018 年第 6 期，第 22～27 页、第 68 页。

④ 黄国武：《我国医疗保障从“无感增长”到“有感发展”的路径研究》，《社会保障研究》2014 年第 2 期，第 93～103 页。戴伟：《政策精准治理视角下我国大病保险定位与发展研究——基于四省大病保险试点运行数据的分析》，《社会保障研究》2019 年第 5 期，第 42～51 页。

对精确的度量，操作成本较高。出于政策落地执行的可行性考虑，大病保险制度并没有完全遵循灾难性医疗支出的原始定义和操作办法，而是保留了判定临界值等内涵因素，同时对其判定过程进行了扩大化和均一化的化约使用。这种化约使用使得大病保险制度在一定程度上偏离了防止因病致贫、因病返贫的制度目标，其结果是既不必要地扩大了补偿对象范围，又在一定程度上遗漏了部分应当纳入保障的对象，因而难以实现精准保障和充足保障的目标。

从灾难性卫生支出的定义和计算过程看，这一指标虽然名为“灾难性”，却并不必然意味着会导致致贫的后果，因此不能与致贫性卫生支出画等号。按照 WHO 的定义，对于非贫困家庭而言，灾难性卫生支出和致贫性卫生支出的计算方法接近，但判定的临界值却存在较大差异，目前的研究一般使用个人自付医疗费用占非食品支出的 40% 作为判定是否发生灾难性卫生支出的临界值，而致贫性卫生支出的临界值则是 100%，即自付医疗费用占用甚至超过了全部非食品支出，导致个体或家庭陷入绝对贫困，方可定义为“致贫性卫生支出”。[①] 显然，致贫性卫生支出是灾难性卫生支出达到一定严重程度的结果，它包含于灾难性卫生支出之中，是灾难性卫生支出中对家庭经济冲击程度更为严重的部分。

一般来说，由于判定的临界值更低，灾难性卫生支出的发生率要高于致贫性卫生支出。Yang Zhao 等学者用中国家庭追踪调查 2010 ~ 2016 年的数据进行估算，发现这一时期中国城乡居民的灾难性卫生支出发生率由 19. 37% 下降到 15. 11%，同期致贫性卫生支出的发生率则从 7. 39% 下降到 5. 14%。[②] 世界卫生组织的研究也表明，在自付医疗费用占卫生总费用比例

① Christopher J. L. Murray, David B. Evans ed. Health Systems Performance Assessment: Debates, Methods and Empiricism. WHO: Geneva, 2003. Ke Xu. Distribution of Health Payments and Catastrophic Expenditures Methodology. WHO Discussion Paper EIP/HSF/DP. 05. 2. Geneva: WHO, 2005. 陶四海、赵郁馨等:《灾难性卫生支出分析方法研究》,《中国卫生经济》2004年第23期，第9 ~ 11页。

② Yang Zhao, Brian Oldenburg, Ajay Mahal, et al. Trends and Socio-economic Disparities in Catastrophic Health Expenditure and Health Impoverishment in China: 2010 to 2016. Tropical Medicine and International Health, 2020, 25 (2): 236 - 247.

存在明显差异的不同国家，灾难性卫生支出的发生率都要高于贫困发生率。[①] 因此，用灾难性卫生支出来衡量是否发生了因病致贫或因病返贫并对其给予补偿，必然会在一定程度上扩大受益范围而摊薄平均的补偿水平。在现有的筹资能力下，为更好实现保障目标，大病保险制度应当有意识地缩窄受益对象范围，专注于解决致贫性卫生支出问题。

正如Ke Xu等学者指出的，灾难性卫生支出并不必然意味着高额医疗费用，对于有较高的医疗保险补偿待遇或自身支付能力较强的家庭而言，即使是高额的手术费用也未必是“灾难性”的，而对于缺乏医疗保险制度保护的低收入家庭而言，即使是一般疾病产生的小额医疗费用也可能是“灾难性”的。[②] 因此，灾难性卫生支出是一个个性化的概念，其具体数值的获得和最终判定需要基于家庭层面的详细调查数据，要对家庭的具体收支能力等进行调查和对比后才能做出反映家庭真实情况的判断。[③] 如果用统一的标准取代个性化的数值，就会忽略低收入群体未达到平均标准的真实的灾难性卫生支出，而将中高收入群体达到平均标准但对家庭而言尚未构成灾难性卫生支出的费用纳入补偿，从而产生双重的瞄准偏误，即保障了不需保障的，而忽略了应当保障的。

从中国家庭追踪调查提供的数据看，灾难性卫生支出的发生率总体上呈现随经济状况下降而提高的趋势，对于年人均收入在5000元以下的需要托底保障的低收入人口，若按家庭收入计，其灾难性卫生支出发生率为35.25%，而以其所在省份城乡居民人均收入计，灾难性卫生支出发生率仅为6.91%；对于年人均收入在10万元以上的高收入群体，按家庭收入计，

① WHO. The World Health Report 2010：Health Systems Financing：the Path to Universal Coverage. Geneva：WHO，2010.

② Ke Xu，David B. Evans，Kei Kawabata，et al. Understanding Household Catastrophic Health Expenditures：A Multi-country Analysis. Christopher J. L. Murray，David B. Evans ed. Health Systems Performance Assessment：Debates，Methods and Empiricism. Geneva：WHO，2003.

③ Ke Xu，David B. Evans，Kei Kawabata，et al. Understanding Household Catastrophic Health Expenditures：A Multi-country Analysis. Christopher J. L. Murray，David B. Evans ed. Health Systems Performance Assessment：Debates，Methods and Empiricism. Geneva：WHO，2003.

其灾难性卫生支出发生率仅为0.95%，若按其所在省份城乡居民人均收入计算，则这一收入群体的灾难性卫生支出发生率将上升到6.96%（见图2）。显然，用平均收入标准对单个个体进行灾难性卫生支出的判定，会将高收入群体的部分非灾难性卫生支出纳入补偿，而遗漏低收入群体的部分灾难性卫生支出保障需求，从而加剧医疗费用负担的不公平性。

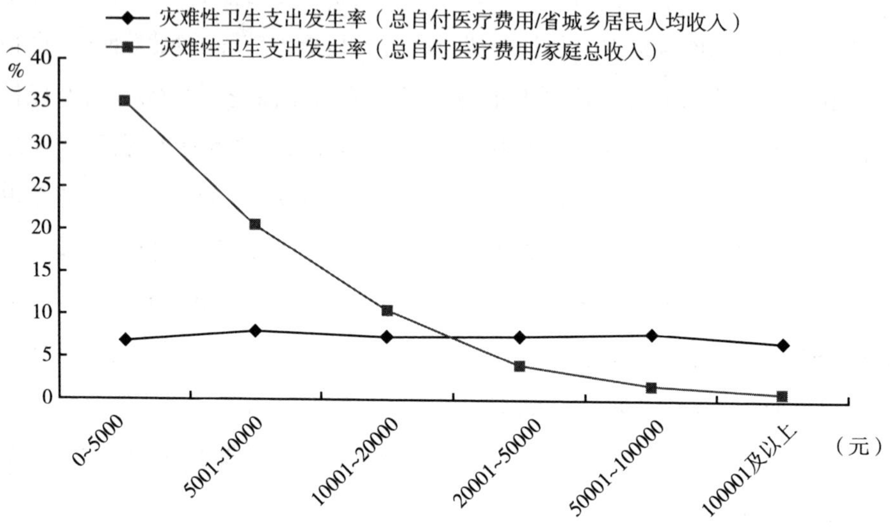

图2　基于个体数据的不同收入等级家庭灾难性卫生支出发生率（2018年）

资料来源：《中国家庭追踪调查》，2018。

3. 补偿政策设计与基本医保同向而非互补

在基本医保制度下，参保者的自付费用主要受自起付线（免赔额）、共付额、共付比例、封顶线等补偿政策影响，这些要素的设置主要是为了约束患者的就医行为，防止完全免费可能导致的过度利用医疗服务等道德风险的出现。如果不对个人自付费用加以干预，患者承担的自付费用就可能超过其承受能力，从而导致因病致贫等与医疗保障制度目标背道而驰的结果。基于上述原因，主要国家普遍采取反保险化的保障措施，如降低个人的共付额或共付比例、降低免赔额、实行个人自付封顶等，从而将个人的自付费用负担限制在合理限度内，防止发生因病致贫或服务利用不足等问题。澳大利亚的医疗福利计划（Medicare Benefits Scheme，MBS）规定，参保者利用院外服务（out-of-hospital services）需要承担一定的个人自付费用，但当医疗服务的 MBS 费用标准（the MBS Fee）与 MBS 补偿标准（the Medicare Rebate）之间的差额累计达到年度门槛（2020 年这一门槛为 477.90 美元）时，该日历年余下的所有院外服务的 MBS 补偿标准都将提高到费用标准的 100%，即不再需要患者承担自付费用。[①] 卢森堡社会医疗保险规定，被保险人自付的年度医疗费用上限为上一年度可保收入的 2.5%（或最低收入水平的 2.5%，以二者中较低者为准）。德国法定健康保险规定，全体参保人的自付费用以家庭收入的 2% 为上限，如家中有患有严重慢性病的患者，则限额将进一步降至家庭收入的 1%。[②]

城乡居民大病保险制度针对城乡居民经基本医保补偿后的自付费用进行进一步补偿，要实现针对高额医疗费用的充分保障，也应当采取与基本医保补偿政策互补的“去保险化”保障措施。从各地制定的大病保险补偿政策看，大病保险制度在落地过程中普遍采取了与基本医保同向的补偿政策设置方法，即通过设置起付线、补偿比例、封顶线（近年逐步取消）等政策要素，将大病保险制度的保障责任限定在有限范围内，而将承担剩余医疗费用的无限责任和风险留给参保者个人，这与大病保险制度减轻个人医疗费用负担，解决因病致贫、因病返贫问题的初衷是不相符的。

在各项补偿政策要素中，约束和限制大病保险保障效果的主要因素是目录范围和起付线。出于基金安全和操作便利性等考虑，多数省份的大病保险直接沿用基本医保的药品目录、诊疗项目目录等。城镇居民大病保险评估报告显示，在 70% 的试点地区，城镇居民大病保险以基本医保的三大目录来界定合规医疗费用；对省级大病保险文件的政策梳理发现，在 27 个对“合规医疗费用”做出明确界定的省份中，13 个省份在一定限度内突破了基本医保的目录范围，其余 14 个省份则明确规定大病保险执行基本医保的目录

---

① 澳大利亚卫生部。

② WHO. The World Health Report 2010：Health Systems Financing：The Path to Universal Coverage. Geneva：WHO，2010.

范围。实际上，恶性肿瘤、罕见病等治疗费用较高的重大疾病往往需要使用较多的基本医保目录外药品、诊疗项目等，从而产生较多的目录外费用，大病保险与基本医保执行同样的目录范围，就会使得这类疾病的患者在基本医保和大病保险中都难以得到较高的补偿，患者的自付医疗费用负担难以有效减轻。

在起付线方面，从相关政策规定看，大病保险最初并未设定旨在扣除补偿费用的起付线（即免赔额），而是以城乡居民年人均收入作为个人负担医疗费用是否构成“高额医疗费用”的判定标准。然而，在地方落地执行的过程中，设置起付线、补偿比例和封顶线的思维惯性使得多数地区将高额医疗费用的判定标准理解为起付线，较高的起付线不仅限制了大病保险的受益面，也使得获得受益资格的个人能够获得的实际补偿水平被大幅削减。

从江苏 D 区等地提供的基本医保和大病保险的补偿数据看，由于高额医疗费用判定标准和起付线设置较高，调研地区大病保险的起付线约相当于高额医疗费用患者年自付费用的 40% 左右，也就是说，即使假定高额医疗费用患者承担的个人自付费用全部为大病保险的可补偿费用，也仅有 60% 左右的自付医疗费用可以进一步按比例获得大病保险的补偿，偏高的起付线对大病保险实际补偿水平的影响可见一斑（见表 2）。

表 2　部分地区大病保险起付线与个人年自付费用对比（2014 年）

单位：元，%

县(市、区)	大病保险起付线	个人自付费用低于起付线人群		个人自付费用等于或高于起付线人群			
		人数占比	个人自付费用均值	人数占比	个人自付费用均值	扣除起付线后的个人自付费用均值	起付线占个人自付费用比例
江苏 D 区	16414	95.4	2433.4	4.6	37519.8	21105.8	43.7
江苏 J 市	15893	89.6	3740.3	10.4	38298.8	22405.8	41.5
安徽 Q 县	12919	94.5	2090.5	5.5	27652.1	14733.1	46.7
安徽 F 县	7843	88.9	1996.7	11.1	20794.3	12951.3	37.7

续表

县(市、区)	大病保险起付线	个人自付费用低于起付线人群		个人自付费用等于或高于起付线人群			
		人数占比	个人自付费用均值	人数占比	个人自付费用均值	扣除起付线后的个人自付费用均值	起付线占个人自付费用比例
河南X县	8512	89.3	1679.6	10.7	22619.4	14107.4	37.6
贵州K县	10227	96.3	1480.8	3.7	23835.7	13608.7	42.9

说明："大病保险起付线"为调研地区城乡居民大病保险制度设定的起付线，"个人自付"为以个人为单位统计的年度自付住院费用的累计额。

资料来源：调研地区提供的相关数据。

4. 筹资机制难以支撑保障需求

大病保险制度实行从基本医保新增筹资或结余基金中提取资金、不新增财政投入或个人缴费的筹资机制，未能开辟独立的筹资来源。这种筹资机制使得大病保险制度的筹资规模和筹资水平高度依赖基本医保基金，难以形成制度化、可预期的筹资确定和调整机制。在总体筹资有限的情况下，大病保险制度与基本医保制度就会形成资源竞争关系，当基本医保面临一定的收支压力时，大病保险筹资规模就容易被压缩。因缺乏独立的筹资来源和稳定的筹资调整机制，大病保险的筹资水平与保障需求之间尚未建立有机联系，其筹资水平不是遵循收支联动原则、根据保障需求来确定和调整的，而是在基本医保运行情况、地方政府财力与受重视程度等多方因素的综合作用下最终形成的，具有较大的不确定性。

医疗保障制度遵循当期收支平衡原则，无论其财务原则坚持以收定支或是以支定收，一旦筹资水平和筹资规模确定，医疗保障制度能够实现的保障状况也随之基本确定。① 从大病保险的运行实践看，由于筹资的非独立性，在基本医保本身也面临较大的收支压力、国家层面并未对大病保险的筹资水平提出硬性要求的前提下，多数统筹地区确定的大病保险筹资水平都是偏低

① 吴明、张里程：《医疗保险与医院改革第三讲：医疗保险费测算》，《中国医院管理》2000年第20期，第58~59页。

的。与预设的保障目标相比，大病保险在多数地区均处于筹资不足的状态，筹资水平难以支撑保障需求。这一问题自制度试点之初即开始显现，导致国家级政策文件虽然明确了大病保险制度的目标补偿比（50%），但多数统筹地区的实际补偿比始终低于期望值。

2011年，国务院医改办根据城乡居民基本医保近1亿人的补偿数据测算发现，如果要以个人自付医疗费用补偿50%作为保障目标，则大病保险制度的人均筹资水平应达到45元左右。[①] 宋占军根据2014年部分城市基本医保参保患者的医疗服务信息，利用数据对大病保险的筹资水平进行测算，发现要使合规医疗费用的补偿比例达到50%，大病保险的人均筹资水平应达到37.06元。[②] 然而在2013年，试点地区新农合大病保险的实际人均筹资水平仅为20元；2014年，62.2%的城镇居民大病保险试点城市大病保险的筹资水平介于20~30元。[③] 2016年以来，为提高大病保险的筹资和保障能力，国家级政策文件对大病保险制度增加筹资做出了明确规定，这使得大病保险的人均筹资标准和总体筹资规模明显提升。但是，新增的筹资主要被制度扩面、补偿政策调整等新增补偿需求所消耗，大病保险制度自建立之初即面临的筹资不足问题仍未得到解决（见表3）。

表3　大病保险的增资要求及新增筹资主要用途

单位：元/人

年份	新增筹资来源	新增筹资水平	新增筹资主要用途
2015年	居民医保人均财政补助标准新增部分	未明确	支持大病保险全面实施
2016年		10元/人	鼓励各地对困难人员给予适当倾斜
2018年		20元/人	对农村建档立卡的贫困人口、特困人员等困境人群实行倾斜补偿政策
2019年		15元/人	降低起付线、提高补偿比例，普惠性提高大病保险的保障水平

资料来源：王芳琳：《在增强大病保险保障能力上下功夫》，《学习时报》2019年11月4日，第6版。

① 陈文辉等：《我国城乡居民大病保险发展模式研究》，中国经济出版社，2013年，第14页、51页。

② 宋占军：《大病保险筹资可持续性的再分析——基于基本医疗保险医疗服务利用调查数据的测算》，《保险理论与实践》2016年第3期，第48 60页。

③ 卫生部新型农村合作医疗研究中心：《新农合大病保险评估报告》，2014。中国医疗保险学会：《城镇居民大病保险评估报告》，2014。

三 大病保险制度未来发展路径展望

自 2012 年正式试点运行以来，城乡居民大病保险制度已经走过了近十年的发展历程，如果加上部分地区先行探索的实践，则城乡居民大病保险所经历的发展历程已逾十年，在向城乡居民提供高额医疗费用的进一步补偿方面发挥了一定作用。但是，受制于制度设计中的一些固有缺陷以及具体落地执行中的各种限制，大病保险制度未能较好地达成制度设计最初设定的目标，其对高额医疗费用、灾难性卫生支出等的界定和目标人群的瞄准不够精准，提供的保障水平相对较低，城乡居民的大额医疗费用负担问题虽然有所缓解，但尚未得到根本解决。然而，多年来制度运行的实践也积累了一些经验教训，同时使得有关各方充分认识到提供大病保障的必要性，并引发了社会各界关于如何建立和完善中国特色的大病保障制度的思考和讨论，这些都为我国大病保障制度体系的进一步改革与完善奠定了基础。

从现代医疗保障制度的产生历史看，超越家庭保障之上的各种医疗保障形式，包括社会医疗保险、国民卫生服务、医疗救助、商业健康保险等都是基于个体及家庭无法单独负担高额医疗费用、需要分散风险的需求而产生的。因此，医疗保障制度的首要使命应当是化解疾病经济风险，尤其是大额医疗费用风险，补偿个人因疾病风险遭受的经济损失，缓解患病给家庭带来的难以承受的经济冲击，这也是在基本医保制度保障不足时设立大病保险制度的必要性所在。然而，为避免参保人员滥用医疗服务等道德风险的发生、将基本医保的补偿支出控制在可行范围内，医疗保障制度一般都会设置免赔额、共付额或共付比例等增加个人责任的补偿要素，以提高参保人利用医疗服务的审慎性。[①] 在这种制度设计下，个人自付费用将始终存在，并且越是在总体费用较高或者目录外费用较多的大病治疗中，个人自付费用负担也将

---

① Kenneth J. Arrow. Uncertainty and the Welfare Economics of Medical Care. The American Economic Review, 1963, 53 (5): 941 -973.

越发沉重。同时，基于人口老龄化、疾病谱变化以及医疗科技进步等不可逆转的趋势，在当前和今后一段时期，针对大病风险进行保障都是必要的。

安全感是风险社会的稀缺资源，健康权是与生命权并重的基本人权。在风险社会时代，向国民提供有安全感的医疗保障制度或健康保障制度，消除公民对因病致贫、因病返贫问题的恐惧，确保其健康权益不因经济原因受到损害，应当是有为政府必须担负起的重要职责。鉴于大病风险长期存在的形势，建立和完善能够从根本上解决因病致贫、因病返贫问题，逐步解除大病经济风险的大病保障制度仍然任重道远。①

（一）大病保险制度的发展方向是融入大病保障制度体系

“大病”是一个与不同个体或家庭支付能力相关的差异化概念，从同时保障基本医疗服务需求和保障基本生存需要这一角度，解决大病保障问题需要根据不同群体差异化的大病风险和保障需求，建立和完善多层次、多支柱的大病保障制度体系。这里所说的大病保障制度体系，是指包含了回应不同大病风险保障需求而设置的制度或政策，由所有以大病保障为主要目标或具有大病保障功能、可以在一定程度上对“大病”进行补偿的各种医疗保障制度及特定政策共同构成的综合性制度体系。

从我国当前的实际情况看，不同人群所面临的大病风险及其保障需求至少可以分为四类，即社会救助兜底保障对象的基本医疗服务需求及其费用支出风险、边缘贫困人口能够造成致贫性卫生支出的基本医疗服务需求及其费用支出风险、中等收入群体在利用基本医疗服务过程中可能面临的灾难性卫生支出和致贫性卫生支出风险，以及高收入群体在利用基本医疗服务过程中可能遇到的灾难性卫生支出或高额医疗费用支出风险。

与上述风险和保障需求相对应，我国的大病保障制度体系至少应当包含以下四类制度。

---

① 习近平：《全面提高依法防控依法治理能力，健全国家公共卫生应急管理体系》，《中国民政》2020 年第 5 期，第 4 ~ 6 页。

一是基本医保制度，面向全体居民提供普惠性的基本保障，对包括大病医疗费用在内的基本医疗服务费用实行无差别的补偿支付，为其他制度针对大病支出做进一步补偿提供基础。

二是大病保险制度，包括职工大病补充保险制度和城乡居民大病保险制度，面向全体参保人提供专门针对高额医疗费用的普惠性补充保障。

三是医疗救助制度，向社会救助兜底保障人口的基本医疗服务费用和边缘贫困人口的致贫性卫生支出提供兜底性的救助补偿，确保上述群体不因必要的医疗费用支出而陷入或困于贫困。同时，面向中等收入群体的致贫性卫生支出提供以个人或家庭申请为前提的临时救助，防止发生因病致贫。

四是补充医疗保障制度，包括商业健康保险、互助保险等多种形式，向中等收入群体和高收入群体的灾难性卫生支出或高额医疗费用补偿需求提供以自愿参保为基础的补充保障，满足参保人的风险规避需求。

可见，大病保障制度体系所包含的医疗保障制度均已存在于现有的医疗保障制度体系中，可以被视作整体医保制度体系中以提高大病保障水平为目标的专项子体系。但是，现有的各项制度需要结合大病风险的分层和保障需求进行必要的改造，以进一步提高大病保障的针对性、公平性和充足性。作为大病保障制度体系的重要组成部分，城乡居民大病保险制度在当前和今后一段时期也需对制度框架和政策要素等予以改革，以更好发挥针对城乡居民大病风险的保障作用。

（二）明确改革的目标与基本原则并达成共识

根据大病保障制度体系的建制宗旨和现实国情的要求，大病保障制度体系改革的目标应当是：基于不同人群的大病保障需求，以现有的医疗保障制度体系为依托，建立保障目标明确、保障功能清晰、资金投入充足、对象界定精准的大病保障制度体系。在近期，应集中资源解决社会救助兜底保障对象等最急需保障群体的医疗费用保障问题，彻底移除其因病致贫、因病返贫的风险，使其免于被迫在大病就医和维持基本生活之间做出取舍，确保社会公平正义和共同富裕目标的实现；在中长期，为全体居民构建能够抵御大病经济风险的医疗保障安全网，从根本上解除高额医疗费用带来的经济压力，真正使城乡居民免于大病风险的困扰和威胁。

为达到改革目标，改革需要遵循以下基本原则。

一是精准识别、分类施策。区分不同收入群体的保障需求，并针对不同需求分别确定保障形式、筹资责任、保障水平等政策要素，确保保障政策与保障需求相匹配。

二是以支定收、充分保障。在大病保险制度中建立以支定收的财务准则，按提供充足保障所需的资金规模确定筹资水平，筑牢大病保障的网底。

三是政府主导、多方参与。大病保障制度是维护社会公平的重要手段，政府在组织运行和监管规范等方面均需发挥主导作用，并在针对弱势群体的大病保障方面承担主要的筹资责任。同时，商业保险机构、慈善机构等社会组织也可以在大病保障制度建设中发挥各自的作用，通过参与筹资、提供多样化的项目、产品与服务等满足不同的大病保障需求。

四是上下贯通、左右联动。大病保障制度体系内部有多个层次的保障制度，不同层次保障制度之间要建立上下贯通、协同配合的衔接关系，实现对不同群体的无缝保障。同时，包括大病保障制度在内的医疗保障制度体系还需要与生活保障制度体系以及医疗卫生服务保障体系形成有效联动，在解决医疗费用补偿问题的同时，使民众基本生活需求得以满足，并能获得优质高效的医疗卫生服务（见图3）。

（三）远近结合规划具体的改革路径

针对不同类型的大病保障需求和制度体系的建设目标，大病保障制度体系改革要依托现有的医疗保障制度体系，建立起“基本医保＋大病保险＋医疗救助＋补充保险”的制度框架，并对不同制度进行相应的调整和改革，以使各项制度更加契合满足差异化大病保障需求的保障目标，共同向城乡居民提供多层次的大病保障。

在近期，应继续保持基本医保和大病保险的普惠性保障政策，针对高额医疗费用提供基础保障。通过增加个人缴费等措施拓展大病保险制度的筹资

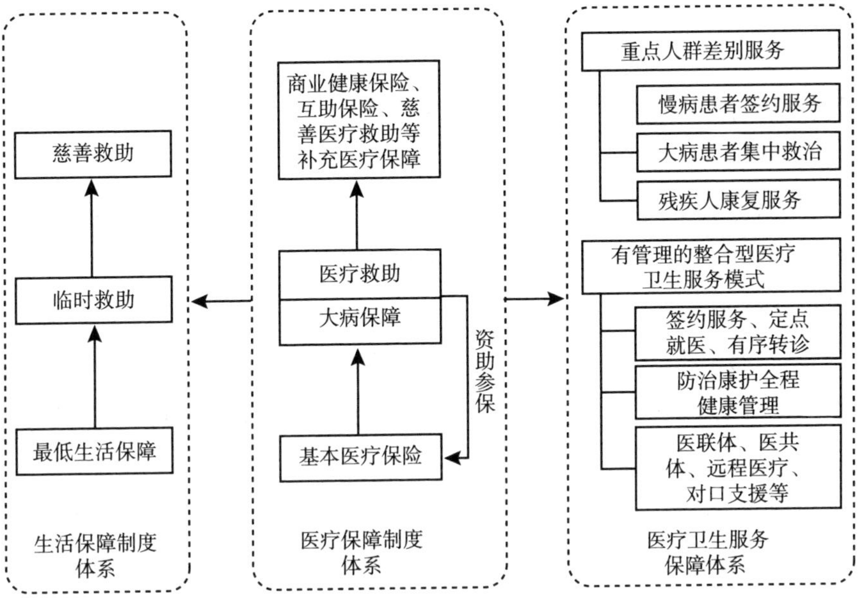

图 3　基于大病保障的医疗保障、生活保障、医疗卫生服务保障体系联动

渠道、提高筹资水平和保障能力，逐步使大病保险制度形成独立的筹资来源，减少对基本医保制度的依赖。在基本医保和大病保险中探索开展不同经办模式的效率对比，即允许不同地区在政府机构同时经办基本医保和大病保险与商业保险机构同时承办基本医保和大病保险两种模式中进行选择，发现不同模式的优势与不足，逐步构建多元主体竞争性经办或承办基本医保和大病保险的局面。探索发展和完善参保人有序参与基本医保和大病保险决策的机制和途径，使基本医保和大病保险制度的重要决策能够体现参保人的意志和利益，推动形成多元主体共治的医疗保障治理格局。

增加医疗救助制度资金投入，强化其大病救助功能。以财政足额出资为保障，将大病保险制度针对低收入人口的倾斜性补偿政策以待遇平移的方式转入医疗救助制度中，实现对社会救助兜底保障人口基本医疗服务费用和边缘贫困人口致贫性卫生支出的高额保障，切实防范因病致贫和因病返贫风险。以中等收入群体主动申请和必要的医疗服务利用行为限制、家庭负担能力审查为前提，向发生致贫性卫生支出的中等收入家庭提供大病救助，防止其因大病支出陷入贫困。

加强对城市保、惠民保等商业健康保险产品的规范和监管，鼓励中高收入群体购买商业健康保险、参加互助医疗保险，通过多种途径满足其高额医疗费用风险保障需求。

在中长期，随着筹资水平的不断提高，基本医保和大病保险对高额医疗费用的保障能力也将不断提升，当基本医保和大病保险对高额医疗费用的实际补偿比例能够达到70%以上时，就可以将大病保险制度与基本医保制度进行整合，并在基本医保制度中建立与家庭收入和支付能力挂钩的个人自付费用封顶机制，实现对全体参保人大病风险的根本保障，从根本上解除大病风险威胁。作为针对社会弱势群体的救助手段，医疗救助制度继续提供覆盖社会救助兜底保障人口和边缘贫困人口的大病救助政策，以弥补基本医保和大病保险制度普惠性补偿与这一群体特殊保障需求之间的差距，为社会弱势群体彻底解除疾病治疗后顾之忧，保障其健康权和生存发展权的公平实现。

（四）同步推进配套改革和支撑条件建设

一是建立财政投入的保障机制，确保足额投入。以财政投入为主要来源筹措资金、向低收入人口提供充足的大病保障是后脱贫攻坚时代解决因病致贫问题的必要措施，也是构建新型减贫战略的重要内容。要从维护社会公平正义、织牢织密社会安全网的角度充分认识政府在向低收入人口等弱势群体提供大病保障方面的作用，明确主体责任，建立制度化、常态化、稳定的大病保障制度投入机制。

二是健全完善保障对象的调查识别机制。目前，国家已经通过完善各类信息登记、管理的相关要求，建立了覆盖公民及其家庭基本信息、收入支出、资产状况等重要数据的管理网络。以此为支撑，包括大病保障（医疗救助）在内的与社会成员收入和资产状况核定相关的社会政策在执行过程中，都可以进行更加精准的受益资格审查和保障待遇核定，从而更加精准地瞄准保障对象、满足保障需求。

三是建立致贫性卫生支出的监测和预警机制，尽早发现、及时介入、充分补偿。建立社会救助兜底保障人口和相对贫困人口等重点人群致贫性卫生支出的监测和预警机制，通过“先诊疗、后付费”、取消垫付和预支补偿资金等措施，减少重点人群在就医方面的经济困难，避免其因支付能力放弃必要的医疗服务。

四是加强大病保障制度体系与医疗卫生服务体系、生活保障制度体系的协同联动，构建综合性、立体化的弱势群体保障体系。

G.12

医疗保障决策体制的演进与展望

丁 怡 单大圣*

摘 要： 医疗保障决策体制是医疗保障管理体制的组成部分。合理、科学地界定基本制度、基本政策和项目标准，这是医保制度走向成熟、稳定和高效的重要表现。本文通过梳理中国医疗保障决策体制的历史沿革和现状分析，提出我国医疗保障决策体制面临法制化程度较低、部门决策重心偏低、职能关系尚未理顺等问题，进而分析了中国医保决策体制转变面对中央与地方关系以及部门绩效竞争两个维度的制度约束，在此基础上提出促进医疗保障决策体制转变与完善的政策建议。

关键词： 医疗保障 决策体制 决策重心

目前，我国基本医疗保险制度已基本实现全民覆盖，构建起世界上最大的医疗保障体系，是人类发展史上的医保改革与发展奇迹。随着医保制度日益健全，群众就医负担持续减轻，医疗服务需求不断释放，国民主要健康指标总体上优于中高收入国家的平均水平。但现有医保体系在基本制度、政策设计和标准设置的具体决策方面还比较分散，各级政府决策过程不够科学规范，不能够适应医保治理现代化的要求，制约了医保作用的有效发挥。医疗保障决策体制作为医疗保障管理系统的重要组成部分，其设置与调整尤为重要。基于医保治理体系与医保治理能力现代化的背景，合理的决策体制一方

* 丁怡，中央财经大学讲师；单大圣，国务院发展研究中心研究员。

面要有利于确定各级政府医保决策权限的责任边界，确保制度基本框架和实施机制的统一，另一方面要能够规范各地方政府的医保决策程序，科学界定基本制度、基本政策和项目标准，这是医保制度走向成熟、稳定和高效的重要表现。本文在构建相关理论分析框架的基础上，回顾了我国医疗保障决策体制改革的历史进程，总结了其基本特征，并分析了如何进一步完善医疗保障决策体系。

一　中国医疗保障决策体制的历史和现状

（一）中国医疗保障决策体制历史沿革

在决策主体层面，由于医保法治化程度较低，行政管理部门通常主导并掌握了医保相关具体政策的决策权力。总体来看，中国医保决策体制改革与医保行政体制改革是一致的，以医保行政管理部门的职能和机构设置为主要实现形式。按照决策主体进行分类，中国医保决策体制改革可以分为四个阶段。

第一阶段（1949～1978年）：计划经济时期高度集中的医保决策体制。新中国成立初期，以1951年《中华人民共和国劳动保险条例》为依据，企业部门建立起劳保医疗制度。1952年，根据政务院对于国家工作人员公共医疗出台的一系列指示和《国家工作人员公共医疗预防实施办法》，机关事业单位建立了公费医疗体系。1955年，一些地方开始探索实行“医社结合”，逐步在20世纪60年代普遍建成覆盖农村的合作医疗制度。劳保医疗制度由劳动部门管理，公费医疗和农村合作医疗制度则由卫生部门进行管理。虽然当时各项医疗保障制度覆盖人群少、保障范围窄，业务经办主要依靠单位或集体经济组织进行实施，医保相关政策和规划相当分散，但是在当时统收统支的财政体制下，国家对包括医疗保障在内的社会事业进行计划管理，从总体上确保了医保制度、政策的统一性。

第二阶段（1978～1998年）：各地分散试点决策到中央统一决策。改革开放以后，随着经济体制改革的不断深化、所有制结构的调整，旧的医疗保障所依赖的经济基础与体制基础也随之瓦解。20 世纪 80 年代开始，针对各地医保制度面临的突出问题，医保决策重心逐步下移，许多地方的劳动保险和医疗系统开始尝试引入社会统筹、费用分担和医疗费用控制机制，表现出了良好的效果，呈现不同的制度模式。1993 年，党的十四届三中全会通过了《关于建立社会主义市场经济体制若干问题的决定》，将城镇职工基本医疗保险制度的模式确定为社会统筹与个人账户相结合。此后，各地开始有组织地进行试点。其中，以江苏镇江和江西九江两地的试点项目尤为突出。两江试点是医保低重心决策体制的一个典型案例。在医保决策体制进一步发展和不断成熟的过程中，两江试点有着特殊的意义。试点是在中央政府统一领导下进行的，统一政策，公费、劳保医疗同步改革，国务院由一位领导同志召集和主持医疗制度改革办公会议，讨论决定试点的重大问题，卫生、劳动部门分工负责试点的具体组织工作，体改、财政等部门协调、配合，试点方案经省人民政府审核后，报国务院医疗制度改革小组，获批准后组织实施。在总结和评估试点经验的基础上，1998 年国务院颁布了《关于建立城镇职工基本医疗保险制度的决定》，正式建立了统一账户的医疗保险制度模式和政策框架。这一时期，农村合作医疗制度迅速瓦解，主要原因是改革开放以后实行的家庭联产承包责任制，使得家庭作为基本生产单位，取代了原来以农业生产队为基础的集体经济组织，导致农村公共积累下降，合作保健站（村卫生室）失去资金来源，虽然一些经济比较发达的地区的农村合作医疗卫生服务有所恢复，但由于国家层面缺乏及时的决策，许多农民沦为自费群体，医疗卫生服务的公平性大大弱化。[①] 根据世界卫生组织在 2000 年的评估，中国在卫生筹资和分配公平方面的排名位于第 188 位，在 191 个成员国中位列倒数第四。

第三阶段（1998～2018 年）：中央分部门决策与地方试点决策相结合。

---

① 王延中、单大圣：《中国农村合作医疗制度三十年：经验、教训、前景》，《中国社会科学内刊》2008 年第 4 期，第 112～124 页。

这一时期，中央政府从社会公平的理念出发，自上而下极大地推动了医疗保障事业的发展，各主干制度相继建立和完善，具体的决策主体是中央政府的各个部门。1998 年，国家在机构改革中决定在劳动部的基础上设立劳动和社会保障部，统一行使原劳动部管理城镇职工基本医疗保险、卫生部管理公费医疗等职能，由原国务院医改领导小组办公室承担医疗保险制度改革，成立医疗保险司，实现医疗保障的集中统一管理。但是，卫生部仍然承担农村卫生事务管理的职能，并从 2003 年开始承担新型农村合作医疗试点的决策职能，民政部作为社会救助的主管部门，从 2003 年开始承担城乡医疗救助的决策职能，2008 年，劳动保障部又承担了城镇居民基本医疗保险试点的决策职能，从而在中央层面形成分部门决策的体制。同时各项制度均采取地方分散试点先行、再由部门决策在全国范围内统一实施的改革路径，这大大节省了机会成本，缩短了在人才匮乏和“赶超”模式这一特定历史条件下改革的试错过程，相当于用空间换时间。[①] 当然，这种体制既带来了活力与创新[②]，也存在历史局限性。特别是分部门决策体制将参保人群、险种人为分割，既不适应建设统一人力资源市场的要求，还产生了各种矛盾和问题，比如性质完全相同的新型农村合作医疗、城镇居民基本医疗保险就因部门分散决策造成长期无法统一。2008 年国家“大部制”改革曾经提出要最大限度地避免政府职能交叉、政出多门、多头管理，有效减少职能机构重叠。2013 年，国家机构改革时曾提出城镇职工基本医疗保险、城镇居民基本医疗保险和新型农村合作医疗的管理责任，应该由一个部门来进行整合，但这个提议没有得到很好的落实。2003 年以来，我国医疗卫生体系的决策体制的变化过程是自上而下由中央政府推动的。

第四阶段（2018 年至今）：医疗保障行政部门集中决策与各级政府分级决策相结合。直到 2018 年，国务院直属的国家医疗保障局成立，整合了人

---

① 郑秉文：《中国社会保障 40 年：经验总结与改革取向》，《中国人口科学》2018 年第 4 期，第 2 ~ 7 页。

② 宋云鹏：《试点引致政策创新机制研究——以医保和卫生政策为例》，《社会保障评论》2020 年第 3 期，第 141 ~ 155 页。

力资源和社会保障部对城镇职工和城镇居民的基本医疗保险和生育保险责任、国家卫生计生委的新型农村合作医疗责任、民政部的医疗救助责任，实现了医疗保障决策体制在中央部门层面的集中统一，克服了分割体制下的揽权卸责、推诿扯皮等问题。与此同时，地方政府在设定和调整制度、政策方面具有很大的自由裁量权，从而形成分级决策的体制，即国务院医疗保障行政部门会同有关部门统一拟定、调整和发布医疗保障基本政策，各省制定具体筹资及待遇政策并根据国家有关要求动态调整，各统筹地区制订实施细则，组织落实。

（二）我国医疗保障决策体制的现状

在法律法规层面，2010 年制定的《社会保险法》对职工基本医疗保险、新型农村合作医疗和城镇居民基本医疗保险这三方面的制度进行了框架性、原则性规制，是我国医疗保障制度的基本法律依据。2021 年 2 月国务院颁布的《医疗保障基金使用监督管理条例》是新时代医疗保障法制建设的重要进展，该条例确定了医疗保障基金使用的监督管理原则，明确了基金使用相关主体的职责，构建了系统的基金使用监督管理体制机制，规制了对违法行为的惩处力度。[①] 此外，1999 年 1 月国务院颁布的《社会保险费征缴暂行条例》、2014 年 2 月国务院制定的《社会救助暂行办法》对医疗保障的有关环节进行了规制。国务院主管部门发布的部门规章特别是 2018 年国家医疗保障局成立后先后发布的《基本医疗保险用药管理暂行办法》《医疗机构医疗保障定点管理暂行办法》《零售药店医疗保障定点管理暂行办法》等，对规范医保制度运行发挥了积极作用。[②] 但是，对医疗保障制度实施起决定作用的是各类政策性文件，比如 2020 年 2 月中共中央、国务院发布的《关于深化医疗保障制度改革的意见》，以及 1998 年发布的《关于建立城镇职工基本医疗保险制度的决定》、2003 年发布的《关于建立新型农村合作

① 《医疗保障基金使用监督管理条例》，2021。

② 郑功成：《从政策性文件主导走向法治化：中国特色医疗保障制度建设的必由之路》，《学术研究》2021 年第 6 期，第 80 ~ 88 页。

医疗制度的意见》、2007 年发布的《关于开展城镇居民基本医疗保险试点的指导意见》，还有 2012 年卫生部、保监会、财政部、国务院医改办发布的《关于商业保险机构参与新型农村合作医疗经办服务的指导意见》，2014 年人社部发布的《关于进一步加强基本医疗保险医疗服务监管的意见》《关于印发城乡居民基本养老保险经办规程的通知》，2016 年人社部、财政部发布的《关于做好基本医疗保险跨省异地就医住院医疗费用直接结算工作的通知》，2019 年国家医疗保障局发布的《关于印发医疗保障标准化工作指导意见的通知》等。

国家医疗保障局作为医疗保障行政管理部门，在医疗保障决策中的职能包括：拟订医疗保障制度的法律法规草案、政策、规划和标准，制定部门规章并组织实施；组织制定医疗保障基金监督管理办法、医疗保障筹资和待遇政策；统筹城乡医疗保障待遇标准；组织制定城乡统一的药品、医用耗材、医疗服务项目、医疗服务设施等医保目录和支付标准；制定医保目录准入谈判规则；组织制定药品、医用耗材价格和医疗服务项目、医疗服务设施收费等政策；制定药品、医用耗材的招标采购政策，制定定点医药机构协议和支付管理办法等。①

根据上述法律、法规和政策文件，省级和地方政府也将结合当地实际情况发布有关地方法规和政策文件。事实上，省级以下各级政府及其部门发布了数量难于统计的社会保险政策文件，这些政策文件主要用于弥补中央层级的法律法规政策规定不足的部分，成为当地医疗保障体系的重要基础。

当前，我国医保制度法治化程度不高并采取分级决策的体制，究其原因有以下三方面。一是由于医疗保障改革的复杂性。基于新旧制度此消彼长的背景，特别是在循序渐进的改革过程中，现有的决策体制要用比较灵活的方式来突破限制，同时为进一步的改革探索预留足够的空间，这使得以政策性

① 《国家医疗保障局职能配置、内设机构和人员编制规定》，http：//www.gov.cn/zhengce/2018－09/11/content_ 5320980.htm。

文件主导制度变革具有一定的历史必然性与合理性。① 经济体制改革使企业成为自负盈亏的市场主体，导致传统的劳保医疗制度难以为继，但未来的改革方向又看不清或者拿不准，这种不确定性往往会带来制度变革的不成熟并形成相应的路径依赖，因此改革必然要经历从单项局部试验再到总结经验、逐步推广的过程。二是制度平稳转型的需要。我国的医疗保障改革是根本性的制度变革，也就是说，传统劳动保险制度在整体转型向现代社会保险制度的发展道路上，不可避免地需要打破旧的法律制度。然而，新的系统永远也不会是“一蹴而就”的，而是在“摸着石头过河”中逐渐确立起来。以往立法先行、以法定制、依法实施的普遍规则执行起来确有现实难度。而相比之下，自上而下、先破后立、边破边立的制度变革成为更为合理的演进策略。其最终的表现呈现为双轨制，即传统的劳动保险制度与新型的医疗保险制度并行，并经由相当长时间的此消彼长而最终实现整体意义上的转型。中国的改革实践也很好地证明了这种改革策略与中国的具体国情相适应，它避免了医疗保障制度深刻及过于快速的变革可能带来的巨大社会风险，同时也较好地保障了参保者的合法权益。三是我国区域发展不平衡的国情约束。我国人口众多，区域发发展很不平衡，在医疗消费需求、卫生服务成本、财务能力和医疗保障工作基础等方面，各个地区差异较大，在全国设计整齐划一的制度、政策难度很大。而医疗保障业务直接面向基层，赋予基层政府适当的决策权力，有利于减少决策中的信息不对称，增强政策对现实需求的反应能力，使医疗保障政策更贴近实际，保证制度平稳运行、稳定参保预期。

二　中国医疗保障决策体制面临的问题

总的来看，改革开放以来，随着我国医疗保障决策体制不断完善，医疗保障决策的科学化、精细化程度不断提升，为完善医疗保障制度、提高医疗

---

① 郑功成：《从政策性文件主导走向法治化：中国特色医疗保障制度建设的必由之路》，《学术研究》2021 年第 6 期，第 80～88 页。

保障治理水平提供了可靠的体制保障。但是，我国医疗保障决策体制还没有改革到位，存在不少问题，还有进一步完善的空间。

（一）法治化程度较低，不利于稳定预期、规范管理

目前，我国与医疗保障相关的法律仅有《社会保险法》。该法对医疗保障的制度类型、制度模式、参保范围、待遇支付办法作了原则性规定，使医疗保障做到了有法可依。但是，该法有关规定过于具有原则性，在完备性、可操作性、规范性等方面都有欠缺[①]，不仅对医疗保障领域违法行为缺乏约束力，对地方政府突破基本制度框架、自行其是的决策行为缺乏规制，而且该法有的规定带有明显的过渡性特征，已经远远滞后于发展实践，比如仍然分开讨论新型农村合作医疗制度、城镇居民基本医疗保险制度，而这两项制度已经合并为城乡居民基本医疗保险制度。事实上，我国医疗保障运行长期以来由规章和规范性文件主导。相对于其他社会保障制度，医疗保障的法治化程度较低。当前，医疗保障制度已经覆盖全民，且涉及用人单位、参保者、医疗保险经办机构、卫生服务机构、医药机构、政府等诸多主体，资金筹集、资金运营、待遇给付、服务标准和监管等诸多环节已进入制度运行的规范化阶段，如果没有强有力的法律规范，将对医疗保障制度正常运行及有效监管造成困难。国家医疗保障局成立以来，将很大的精力投入到打击欺诈骗保行为上，即反映出这方面的监管困境。当然，医疗保障立法要基于成熟的制度实践和全社会的广泛共识，不能超越发展阶段和社会各方面的可承受能力。如前所述，当前医疗保障法治化程度低，这与医疗保障制度尚处于探索、完善、定型过程有关。医疗保障领域还有很多重大问题没有得到解决。比如基本医保中的大病医保、医疗救助的功能定位[②]，职工医保个人账户的改革模式，退休职工医疗承担缴费责任，居民医保个人合理分担机制，基本医保制度对新业态就业人员和灵活就业人员的覆盖等。不用法律的形式过早

---

① 栗燕杰：《基本医疗保险的法治之道》，《中国医疗保险》2018 年第 10 期，第 10 ~ 13 页。

② 乌日图：《基本医疗保险要回归保基本的制度功能》，《中国医疗保险》2018 年第 6 期，第 4 ~ 7 页。

将制度固化下来，可以为进一步优化调整制度留有余地和空间。对于中国这样一个具有14亿人口、地区间发展很不平衡、经济社会转型尚未完成的国家来说，一步到位制定能够全面规制医疗保险制度的专项法律尚不现实，但是也不能消极等待，要加强政策研究，充分凝聚社会最大公约数，及时将被实践证明的、成熟的、科学的做法以法律的形式确定下来，以更好地指导和规范医保实践。

（二）单个部门主导医保决策，不适应从整体上推进医改需要

在医疗保障立法条件尚不成熟的情况下，行政部门在我国医疗保障决策中无疑发挥着重要作用，成为事实上的决策主体。党的十八大以来特别是2018年国家机构改革对医疗保障管理体制进行调整后，围绕医疗保障事务，在中央政府层面基本形成以国家医疗保障局为主，财政、发改、卫健等部门参与医疗保障制度和政策制定的体制。医疗保障的行政决策主体相对集中，有利于克服过去政出多门、责任不明、推诿扯皮等问题，避免被“经验积累过程中形成的部门利益所限制”，无疑是巨大的历史进步。[①] 这就保证了主要决策部门可以心无旁骛、集中精力完善医疗保障制度和政策体系。国家医疗保障局自2018年成立以来，的确在拟定医疗保障政策、规划、标准等方面做了大量工作，成效是显著的。不过，主要决策部门在守土有责、守土尽责的同时，也容易形成决策的局限，即主要从医疗保障这个局部出发考虑问题，尤其是无法推动解决医药卫生体制改革中跨部门、跨区域、跨行业的重大问题，决策的边际效用正在递减，这是由医疗保障的复杂性和特殊性以及医疗保障与卫生服务密不可分的关系决定的。随着我国医疗保障制度不断完善，医疗保障逐渐成为卫生服务筹资的主渠道，医疗保障制度自身的发展绩效越来越取决于医药卫生体制改革的整体进展，特别是药品供应保障体系、公立医院制度、基层医疗服务体系的改革，也可以说是医疗保障的配套

① 贝弗里奇：《贝弗里奇报告——社会保险和相关服务》，何平等译，中国劳动社会保障出版社，2004，第3页。

改革。相对于医疗保障制度改革来说，医疗保障的诸多配套改革更为复杂、难度更大。在总体分工负责、地方局部推进的医改体系中，各个部门的改革措施主要围绕其承担的局部绩效指标来实施。随着行政问责的日益严格，这种部门利益的约束可能导致医改整体目标实现的失败。比如，作为医改中心环节的公立医院改革长期处于试点阶段，缺乏大规模系统改革的思路，以医院为主体的医疗服务体系结构没有发生根本改变，社区和农村医疗服务薄弱，没有形成分级诊疗的局面，医院粗放式的发展、医生的逐利性和不合理诊疗行为频发等问题没有得到根本扭转①，这极大地限制了医疗保障改革的有效性。因此，医保、医疗、医药的制度、政策之间的统筹协调和综合配套越来越紧迫，在这方面，单个部门主导的医保决策越来越有局限性，医疗保障重大决策亟待更高层次的顶层设计。

（三）决策重心偏低，对现代国家治理形成多方面制约

我国医疗保障基本制度依法设立、分级管理。由于医疗保障基金在大部分地区仍处于实质性的区县级统筹层次，医疗保障具体政策主要由统筹地区政府制定。统筹地区政府在医保决策方面的实际权力往往较大，导致各地基本制度执行情况千差万别，有的地方自行设立超出基本制度框架范围的其他医疗保障制度，导致制度叠床架屋。各地参保、缴费、待遇支付政策以及标准差异很大，政策的制定也缺乏制约，一些地方随意突破政策，提高待遇，减免费用，但是另外一些地方正在削减待遇。政策不统一直接导致区域、城乡、人群之间医保待遇不均衡，容易引起制度间、地区间、人群间的攀比，不利于生产要素在全国范围内的流动、实现资源优化配置和经济规模的扩大，同时不能满足常态化人口流动、区域协同发展和新型城镇化、新经济发展的需要。在中央政府顶层规范缺位、地方政府决策权力不受约束的体制下，医疗保障制度有可能蜕变为仅仅是地方政府的施政目标，其后果就是将国民身份认同从计划经济时期的工作单位转向了地方政府，民众认为中央政

---

① 单大圣：《中国医改十年及未来展望》，《黑龙江社会科学》2020 年第 6 期，第 82 ~ 88 页。

府并未提供任何医保公共服务，使国民缺少对国家这个抽象概念的具体感知，并最终危害社会公正与国家安全。①

（四）决策、经办、监督的职能关系尚未理顺，弱化政策公正性和公信力

医疗保障的决策、经办、监督是三项既有联系又有区别的职能。当前，由于医疗保障法治化程度较低，行政管理体制改革和事业单位改革相对滞后，医疗保障决策、经办和监督三大职能在实践中基本是交织和纠缠在一起，没有做到科学合理的区分，形成以医疗保障行政部门为主的管理闭环。医疗保障行政部门既拟定政策，也直接介入医保经办管理，同时又负有监督医保基金、纳入医保支出范围内的医疗服务行为和医疗费用界定等职能。比如，2018 年国家医疗保障局组建后，各地逐步将原隶属于人力资源和社会保障部门的城镇职工和居民基本医疗保险经办机构、隶属于卫生部门的农村合作医疗经办机构、隶属于民政部门的医疗救助经办机构、隶属于工会部门的工会经办机构划转到医疗保障部门。应该说，在医疗保障制度建设初期，当时的体制有利于发挥行政部门的组织动员能力强、统筹协调力度大的优势，在扩面、强化基金征缴、协调利益关系等工作中起到了重要作用。但是从长远看，这种体制不利于形成科学、公正的医保决策。我国医疗保障经办机构并未像许多实行社会医疗保险模式的国家一样，是依法组织实施医保业务的独立机构，而是隶属医疗保障行政部门（有的隶属人社部门或直接隶属当地政府）、由财政保障运行的事业单位。医保基金以及围绕医保经办的人、财、物等资源很容易固化为部门利益，医疗保障行政部门在出台政策时自觉或不自觉地要求尽可能扩大部门的各种权力，尽可能减轻或避免部门应承担的责任，这就很难保证政策的公正性和公信力，这也是前些年医疗保障决策体制迟迟不能理顺的重要原因。在这

① 贡森：《社会政策力促国家现代化》，《中国经济报告》2018 年第 4 期，第 47 ~ 51 页。郑功成、郭林：《中国社会保障推进国家治理现代化的基本思路与主要方向》，《社会保障评论》2017 年第 3 期，第 3 ~ 16 页。

种体制下，医疗保障行政部门的决策具有局限性，而且难以对医保经办机构实施有效的监督管理。

（五）社会参与程度不够充分，影响决策质量和政策执行力

当前，我国医疗保障正处在制度成熟定型、体制改革创新的关键时期，决策的复杂性和难度不断上升，一些重大制度和政策问题面临艰难的选择，正确的决策不仅要依靠决策者的历史经验和主观判断，还要通过专业第三方机构的深入研究和历史性的系统评价，需要集中全社会的智慧从多个方面进行全面考虑。同时，医疗保障领域许多问题涉及人民群众切身利益，对医药产业也有很大影响，社会关注度高，一些重大政策建议从倡导到成为政策，需要先在社会上充分凝聚共识；政策制定出台以后，能否得到有效执行和实施，取得预期政策效果，既取决于执行部门能否准确理解政策，也受社会公众能够理解、接受和配合的影响，这就需要加强面向全社会的政策宣传与解读。总而言之，在利益群体和诉求多元化的环境下，医疗保障从设置重要政策议程、形成完整政策方案、引导社会政策讨论，到政策说明解读，都需要充分的社会参与。但是，从各地医疗保障行政部门的现实情况看，医疗保障决策前的预研究不够充分，专家咨询制度普遍未建立，政策解读也有欠缺。随着大数据、云计算、区块链等技术的广泛运用，一些专业机构在医保费用智能监控、协议机构管理、支付方式改革以及医疗保障数据挖掘等方面发挥了重要作用。但从治理结构上看，行政部门大多仍采取委托或购买服务的方式，让社会力量参与医疗保障服务，并未真正通过赋权使社会力量成为医疗保障决策中的平等参与者①，这不能不说是医疗保障决策体制中的一个薄弱环节。

（六）决策实施效果的专业评估不足，不利于政策自我调整和完善

对医疗保障决策实施效果进行专业、独立的评估，是改善医疗保障决策

① 鲁全：《中国医疗保障管理体制变革与发展研究》，《中国人民大学学报》2020 年第 5 期，第 33 页。

和管理的基础性工作，也是决策科学化的具体体现，在现行决策、经办、监督闭环管理的体制下尤为重要。专业、独立的评估能够提供全面、准确的信息，发现医保政策制定和实施过程中的问题，发挥对医保决策的诊断、激励与约束作用，推动决策改进，提高决策质量，同时促进公共政策制定者和执行者能力与水平的提升。目前，广义上的医疗保障政策评估也不是没有，比如医疗保障行政部门每年都会公布医疗保障事业的基本数据，但这些数据信息比较粗放，主要还是事实描述，难以为调整完善医疗保障政策提供支撑。目前，针对医疗保障政策的专业、客观、独立的第三方评估还比较少，因为这不是一个简单的技术投入，而是一个体系建设，包括机构建设、经费投入、队伍培养培训、工具开发、能力建设等，在这方面还有很大的发展空间。

三　完善医疗保障决策体制的政策建议

（一）加快医疗保障法治化进程

推动医疗保障制度在法治轨道上运行是完善医疗保障决策体制的重要目标。2021 年 7 月，国家医疗保障局对十三届全国人大四次会议上相关建议的答复明确指出，修改《社会保险法》、推进医疗保障单独立法势在必行。当前，我国医疗保障的主干制度已初步定型，经办服务网络逐步健全，医疗保障发展整体已进入系统集成、协同高效的阶段。制定《医疗保障法》十分必要，且有一定的基础，条件初步具备。当然，在这方面还有大量的理论和政策问题需要研究，比如应尽快明确不同制度的功能定位，推进多层次医疗保障体系发展，明确医疗保障行政管理、业务经办等机构的权利义务关系，确定各级政府的决策权限等。

（二）合理划分各级政府医疗保障决策权限

医疗保障法治化的前提是提高制度、政策的科学性以及统一性。首先要改变目前高度分散、地方化的决策体制，对各级政府的决策权限进行限定。当前要在巩固完善医保基金地市级统筹（坚决废止县级统筹）的基础上，创造条件积极推进省级调剂性统筹和完整意义上的省级统筹。随之提高决策重心，在统筹区域内实现制度、政策的统一，大力推进跨区域医保协作。加强省级政府的宏观管理，对医疗保障重大决策采取备案制或者审批制，避免不当决策、分散决策产生的问题。加强中央政府的顶层设计，积极推进医疗保障待遇清单制度，进一步明确医疗保障基本制度、政策及基金支付标准。需要注意的是，我国地区发展很不平衡，医保筹资水平受地方政府财政能力约束，各地居民医疗需求和可承受能力也有差异。要在遵循国家统一制度、政策框架的前提下，针对可调项目因地制宜、因地施策，也就是在强化制度公平的基础上，应统筹考虑不同地区经济发展阶段、疾病谱、民众看病就医习惯等差异，将地方病防治、民族医药发展、重点人群保障、脱贫攻坚成果常态化维持等合理诉求纳入政策框架，确保改革平稳推进。

（三）强化医疗保障跨部门综合决策

我国医疗保障制度改革的目标是通过建立社会化的医疗保险制度，形成具有强大购买力的医保基金，由医疗保障经办机构代表参保者与医疗机构进行集体谈判协商，购买最适宜的医疗服务，以解决医疗卫生领域的信息不对称、供方诱导需求等难题。其中的关键环节是要合理设计医疗保障的支出范围、支付方式，这是医疗保障决策的重要内容。2009 年以来的新一轮医改将医疗保障支付方式改革作为深化医改的重要措施，说明医保支出决策已不单单关系到医疗保障自身发展，而是与卫生服务体系以及整个医药卫生体制高度相关。这意味着医疗保障决策必须避免片面追求局部、中间绩效的倾向，加强部门间的综合协调，更加注重总体绩效和制度可持续发展，积极发挥经办机构的主体作用，引入社会化谈判，多方协商进行听证，形成一套运作规范的调整机制。

（四）完善医疗保障决策的支撑体系

医疗保障决策涉及复杂的利益调整，技术性、专业性较强，科学的医疗保障决策，离不开强有力的技术和人才支撑以及社会公众的充分参与。一是加强智库机构的咨询研究支撑。医疗保障决策的优化完善，需要对社会医疗保障的一般规律进行持久而深入的研究，对变化中的医疗保障状况及时进行分析研判，提出科学建议。医疗保障行政部门难以胜任以上诸多工作，必须充分发挥智库机构和专业机构的作用，完善咨询研究对医疗保障决策的支撑作用。二是扩大社会参与。医疗保障决策要充分听取参保者、医疗机构和社会各界的意见、建议，将公众参与、专家论证、风险评估、合法性审查作为医保决策法定程序。三是加强第三方评估体系建设。加快建设医保基础信息数据库，引导专业机构、行业协会等对医疗保障决策及运行情况进行评价，发挥第三方评价的诊断、导向和激励作用，促进医疗保障决策的不断优化。

（五）合理把握医疗保障决策集中与分散的调整节奏

医疗保障在制度、政策方面的决策调整，对医保机构、医疗机构、药品供应体系，都有直接的影响。医疗保障决策体制涉及机构、职能的重大调整，对现行行政管理体制具有很强的路径依赖。这些因素决定了在完善医疗保障决策体制以及统一政策方面，要坚持分类指导、稳妥推进，特别是要妥善处理好政策统一与尊重地方差异的关系。对于存量消化的问题，不能采用一刀切的方式，要分步骤、分人群、分地域地推进，切实防止改革中参保人员获得感下降。比如在环节上，可将阻力较小的待遇支付先行统一起来，实现清单管理，再逐渐过渡到筹资层面；在人群上，注意职工与公务员之间的差距、贫困户与普通居民之间待遇支付的平衡，要坚持既不过度保障也要避免保障不足，提高医保待遇的公平性，注重协调不同社会群体之间的矛盾；在地域上，要深入听取地方困难和建议，结合地方经济发展和社会状况，因地制宜，求同存异，稳妥推进。

案例报告

G.13

河北省罕见病综合保障机制研究

河北省罕见病医疗保障研究课题组*

摘　要： 本研究报告在了解国内外罕见病医疗保障现状的基础之上，采用专家访谈、问卷调查等形式，以河北省为样本，对罕见病患病群体进行调查分析，发现罕见病具有病种繁多、诊疗难度较大且患病群体城乡差异明显等特征，同时，医疗保障机制存在整体保障水平不足、可及性差等问题，这些情况给罕见病患者及家庭成员带来经济和心理上的双重压力。本报告以《"十四五"全民医疗保障规划》为指导，基于对河北省罕见病医疗费用分担情况的实地调研，并借鉴国内外已有经验，从管理体制、法律机制、服务机制、技术提升机制和医疗保障机制五个方面为构建罕见病综合保障机制提出建议。

---

* 河北省罕见病医疗保障研究课题组成员包括朱振波、张建伟、宋海、朱坤、艾静云、李定国，报告由宋海执笔完成。

关键词： 罕见病 医疗保障 综合保障

罕见病并不是一种具体的疾病，而是一类散落在各个疾病系统中的不同疾病的总称。目前全球没有关于罕见病的统一定义，不同国家或地区，在不同时期，关于罕见病的界定标准有所不同。大多数学者认为，罕见病是指患病人数占总人口 0.65‰～1‰的疾病。2003～2013 年，山东省罕见疾病防治协会联合全国 7 个省份的科研机构，在全国近 100 家三级甲等医院开展住院病例的罕见病流行病学调查。结果显示，在确诊的 952 种罕见病中，以先天性畸形、变形和染色体异常，内分泌、营养、代谢疾病，以及神经系统疾病为主。2013 年，北京医学会罕见病分会对北京市三级甲等医院五年的住院病历进行研究，以欧洲罕见病网站涵盖的罕见病为标准进行筛检统计，发现上述病例中共有 1423 种罕见病。病例数量排名前六位的罕见病依次为先天畸形、神经系统疾病、感染、内分泌和营养代谢障碍性疾病、循环系统疾病、骨骼肌肉和结缔组织病。① 2017～2018 年，唐山临床医生罕见病认知现状调研课题组对河北省唐山市 14 个区县共 14 家公立综合医院进行调研，发现在 351 位医生治疗的 600 例罕见病患者中，共有 272 种罕见病。患者数量方面，神经系统疾病居首，其次为循环系统疾病、皮肤和皮下组织疾病、肌骨及结缔组织病。2018 年 5 月，《第一批罕见病目录》发布。同年 6 月，《中国罕见病研究报告（2018）》出版。2019 年 2 月，《罕见病诊疗指南（2019 年版）》出版，为罕见病的进一步治疗提供相关指导。罕见病的种类繁多，欧美国家和地区的罕见病约有 6000～8000 种。在我国，较为熟知的罕见病有：渐冻症、戈谢病、黏多糖贮积症、脊髓性肌萎缩症、苯丙酮尿症、成骨不成症（瓷娃娃）、运动神经元病、特发性肺动脉高压、血友病、肢端肥大症、多发性硬化、白化病等。

---

① 王朝霞：《基于北京市三级甲等医院住院患者数据的罕见病调查研究》，《第四届北京市罕见病学术会议暨 2016 京津冀罕见病学术大会》，2016 年 3 月。

一　河北省罕见病患者医疗保障现状

（一）河北省罕见病诊疗及医疗保障状况

1. 河北省罕见病诊疗及研究状况

河北省2016年启动针对医生的罕见病知识培训，2017年组织针对社会大众的罕见病科普宣传，同年，对医生展开罕见病诊疗及认知调研，2018年成立河北省药学会罕见病药物专业委员会，2019年开始组织罕见病多学科诊疗研讨及会诊，2020年针对河北罕见病群体生存状况、诊疗及医疗保障进行调研，2019～2021年连续三年组织“多方协力推进罕见病诊疗及医疗保障专家研讨”等。

2. 河北省罕见病医疗保障简况

多年来，河北省不断探索建立罕见病用药保障机制。血友病、特发性肺纤维化、肌萎缩侧索硬化症、原发性肉碱缺乏症、青年帕金森、肺动脉高压和C型尼曼匹克氏病等罕见病用药已被纳入医保目录；苯丙酮尿症、血友病和特发性肺动脉高压等部分病种的治疗费用已被纳入门诊特殊疾病支付范围；2020年河北省又将戈谢病、庞贝氏病纳入大病保险保障范围。随着经济社会的发展，罕见病的保障范围在不断扩大，患病者保障待遇也在逐步提高。

尽管如此，从现阶段医保制度整体发展状况、群众疾病治疗需求以及医疗保险基金支撑能力来看，基本医疗保险主要满足了人民群众的基本医疗需求，对医疗费用年均数百万元的罕见病患者而言，尚不能满足其保障需求。

（二）河北省罕见病患者调查

为深入了解罕见病患者综合保障情况，本课题组发挥与本地医疗机构、医疗保障部门密切联系的便利，对河北省罕见病患者综合保障现状进行了实地调研。2020年7～12月，课题组通过罕见病病友微信群招募确诊为罕见病的患者，利用自制问卷进行横断面调查。本次调查共收回有效问卷676份，被调查群体涵盖石家庄、唐山、廊坊、保定、沧州、邯郸、邢台、衡水、承德、秦皇岛和张家口11个地级市。

其中，女性患者多于男性，平均年龄为21.9岁，农村户籍患者人数为452人（66.9%）。所患罕见病种类共计54种（罕见病确定标准参照orphanet网站罕见病名录）。此处列举患病人数位居前五的病种情况：结节性硬化症66人（9.8%）、肺动脉高压64人（9.5%）、甲基丙二酸血症58人（8.6%）、视神经脊髓炎50人（7.4%）和血友病44人（6.5%）。其中，在《第一批罕见病目录》中的有25种，覆盖516人（76.3%），目录外的有29种，覆盖160人（23.7%）。所用药品在医保目录中的有8个，覆盖163人（24.1%），非医保目录的有12个，覆盖234人（34.6%）。调查显示，在出现罕见病相关症状至确诊前（不包括确诊），1/5以上的患者的就医次数达10次及以上，所有被调查者平均就诊次数约为8.6次。其中，有506人（74.9%）通过他人介绍找到可治疗所患罕见病的医生，有493人（72.9%）选择去外阜医院就医（其中，北京地区医院占87.6%，上海、天津等其他地区医院占12.4%）。有309人（45.7%）明确表示遭受歧视。

总体而言，河北省罕见病患病群体呈现出病种较多、诊疗难度大、患病群体城乡差异较大的特征，医疗保障机制存在整体医疗水平不足以及可及性差等问题，以上情况给罕见病患者及家庭成员带来了经济上和心理上的双重压力。

（三）河北省罕见病患者费用支付情况

从河北省医保数据来看，2019年罕见病患者平均支付治疗总费用为5.1万元，最高支付治疗总费用达100万元；而2019年个人平均支付费用为3.9万元，个人平均支付比例约为76.5%（见表1）。可见，医保报销比例较低，高额的罕见病治疗费用给患者家庭带来沉重负担。

表 1　2019 年河北省罕见病患者治疗费用支付情况

单位：万元

分类	总费用	个人支付费用	医保支付费用
平均值	5.1	3.9	1.2
最大值	100.0	90.0	10.0

本次调研显示，罕见病患者家庭支出要超出其家庭收入的 39.5%，医疗费用个人支付额占总医疗费用的 88.9%（见表 2）。可见，对于大多数罕见病患者而言，医疗费用支出是一项灾难性支出，沉重的医疗负担使其家庭经济陷入困境。

表 2　正在进行治疗的罕见病患者家庭医疗负担情况（$n=338$）

单位：万元，%

家庭收入	家庭支出	家庭支出超出收入比例	医疗费用	个人支付	个人支付占比
4.3	6.0	39.5	4.5	4.0	88.9

（四）河北省罕见病患者高值药物医疗负担情况

本课题组重点对河北省目前已经发现并确诊的五种需要用高值药物的罕见病——戈谢病、庞贝氏病（糖原累积病Ⅱ型）、脊髓性肌萎缩症、黏多糖贮积症（Ⅰ型）、法布雷病的患者状况、医疗费用及其家庭经济情况进行系统分析（见表 3），并以戈谢病患者为例作一介绍。

表 3　河北省五种高值药物罕见病患者人均年治疗费用

单位：人，万元

药物通用名称	适应症	参加调查的患者人数	人均年治疗费用
伊米苷酶	戈谢病	8	94.4
拉罗尼酶	黏多糖贮积症(Ⅰ型)	6	138.8
诺西那生钠	脊髓性肌萎缩症	7	55.0
阿糖苷酶 α	糖原累积病Ⅱ型	5	136.4
阿加糖酶 β	法布雷病	12	142.4

戈谢病是一种常染色体隐性遗传的罕见疾病，该病会导致患者的血液、器官及骨骼等受累，并发生进行性恶化，多见于儿科和血液科。对于特殊患者群体来说病情尤为严重，例如备孕/怀孕期女性、生长发育阶段的儿童、存在严重并发症（肺动脉高压、病理性骨折、脾梗死/切除等）人群。因患者人数极少，故治疗戈谢病的特效药伊米苷酶的价格非常昂贵，患者每年人均治疗费用支出已逾 100 万元。几乎没有患者家庭可以承受如此高昂的治疗费用，这也是很多罕见病患者共同面临的困境。

在参加调研的 8 位戈谢病患者中，有 7 位参加城乡居民基本医疗保险，1 位参加城镇职工基本医疗保险；5 位患者享受城乡居民最低生活保障；均无商业保险（现有商业保险对戈谢病拒保）。

病情及家庭经济情况：4 位患者家庭的支出大于收入；由于治疗费用太高，4 位患者从未治疗或处理过，4 位患者仅是对症处理；患者主要去北京医院看病；2019 年平均就诊 7.1 次，只能对症治疗；在治疗费用方面，有 1 位获得民政医疗救助，2 位获得慈善机构及其他社会捐助，其余全部由个人支付；2019 年个人支付医疗费用最高的达 47 万元，家庭完全不能负担治疗费用；患者健康状况非常差，7 位患者表示受到歧视；在获得社会支持情况方面，6 位表示“基本没有”，2 位表示“完全不够”；目前家庭主要面临的困难包括：高额药品和治疗费用负担、疾病带来的痛苦与不便、社会大众的忽视与误解、父母朋友的操劳与担忧以及学习或工作方面受到的歧视；8 位患者家庭每年最多愿意为罕见病治疗支付的医疗费用为 0.2 ~ 3.5 万元不等；有 1 位患者家里还有戈谢病患者。

预计用药及费用：药品伊米苷酶，静脉滴注，45U/KG/2 周，该药（400U/瓶）市场零售价为 2.1 万元。以上 8 位戈谢病患者在获得河北省现有的大病医疗保障后，平均年治疗费用支出为 94.4 万元。

二　罕见病医疗保障的境外经验

鉴于罕见病的特殊性，在现行医疗保障机制之下，罕见病患者医疗费用无法得到有效分摊，因此医疗费用支出是罕见病患者家庭的一大重担。在此背景下，我们需要深入分析其原因，在了解国外以及国内已有保障措施的基础上，探索构建针对罕见病患者这一特殊群体的可行性医疗保障方案。

（一）罕见病医疗保障的国际经验

越来越多的国家和地区将罕见病纳入公共治理范筹，并通过政府干预来解决罕见病患者药物可及性问题。考虑到罕见病背后的社会公平、医学发展和药物研发等问题，大多数国家和地区制定了“罕见病国家战略计划”（见表4）。

表4　其他国家或地区“罕见病国家战略计划”实施情况

国家或地区	“罕见病国家战略计划”实施情况
欧盟	于2009年建议其成员国在2013年前出台“罕见病计划”或“罕见病国家战略”
法国	于2004年出台“罕见病国家计划”
英国	于2013年出台“英国罕见病国家战略”
德国	于2013年出台“国家罕见病行动计划”
意大利	于2013年出台“意大利罕见病国家计划”
巴西	于2014年出台“对罕见病患者的整体关注政策”
印度	于2017年颁布“罕见病治疗国家政策”
澳大利亚	于2018年出台“澳大利亚首个国家罕见病框架”

从国际上看，许多国家在解决罕见病患者的医疗费用问题方面已有明确的制度安排。在俄罗斯，包括戈谢病在内的7种危及生命的罕见病患者可以获得免费的集中治疗；在澳大利亚，救生药品基金计划（LSDP）保障用于治疗酶缺乏症的“孤儿药”；在意大利，政府投入3000万欧元建立罕见病治疗基金；在美国，几乎全部罕见病患者可以得到治疗。以下将介绍部分国家和地区的罕见病医疗保障机制。[1]

① 张煜：“山西省罕见病患者用药现状和医疗保障”课题研究，山西省康健重特大疾病帮扶中心，2021年。

1. 欧盟

欧盟将患病率低于总人口5/10000的疾病定义为罕见病，并且强调是严重的、危及生命的疾病，或慢性退化性的，或目前没有可替代疗法的疾病。欧盟自1999年起就将罕见病纳入公共健康计划，并建立了专项基金等。

尽管欧盟针对罕见病的相关立法较晚，但鉴于良好的社会保险传统，主要国家对于罕见病及其医疗保障方面的工作力度、系统性、细致性和成效都较强。

欧盟主要国家关于罕见病及其医疗保障的制度实践稍有差异。德国和法国主要是将罕见病纳入社会保险；意大利是建立罕见病治疗基金；比利时针对罕见病是建立的“特别团结基金”；波兰和匈牙利是通过国家健康保险基金支付罕见病治疗费用。

2. 美国

美国是最早对罕见病医疗及其所需的“孤儿药”进行立法的国家。美国各州建立了关于罕见病的相关法案，约99%的罕见疾病患者可以通过政府提供或支持的医疗保险计划（医疗保险、医疗补助、退伍军人补助等）、互助合作型保险（蓝盾计划、蓝十字计划等）、商业保险和健康维护组织（HMOs）等获得治疗。

3. 其他国家

巴西除将罕见病纳入联邦报销目录外，患者还可以申请新药，也包括还没通过药检部门批准的新药。在澳大利亚，罕见病费用主要由药品福利计划支付，不能纳入福利计划的特殊药品则被纳入“救命药项目”特殊保障计划。韩国罕见病药费可通过国民健康保险报销80%，患者还可以申请医疗救助。日本则是由国家健康保险支付罕见病费用。

（二）中国台湾地区罕见病医疗保障的经验

我国台湾地区的医疗保障制度以社会保险——全民健康保险制度为主体，其罕见病医疗保障机制在健全性和先进性方面均居世界前列。当前，台湾地区除其通过《健康保障法》将罕见病纳入重大疾病保障范围外，还颁布了《罕见疾病防治及药物法》《罕见疾病医疗补助办法》等多个法律文件，为台湾地区的罕见病患者提供了医疗和福利方面的法律保障。

根据《罕见疾病医疗补助办法》规定，台湾地区对于罕见病患者医疗费用，按实际发生额的70%予以支付，并对未能支付的、用于维持罕见病患者生命的特殊营养食品费用给予补助，对低收入的罕见病患者使用的药物以及维持生命所需的特殊营养品费用施行全额报销。

上述国家和地区的共同做法有以下几个特点：第一，越来越多的国家和地区开始重视罕见病诊疗用药的科研攻关和医疗保障，并将罕见病防治问题上升到国家层面。如许多国家制定了“罕见病国家战略计划”，将罕见病纳入公共治理的范畴，以通过政府干预来解决罕见病患者诊疗困境及药物可及性、医疗负担沉重等问题。第二，对罕见病患者的诊疗和保障普遍通过立法形式加以明确。比如建立和完善罕见病临床研究、药物审批、专利市场保护、医疗保障、监测管理体系等方面的制度和机制。第三，政府均不同程度地将罕见病保障纳入本国或本地区的医疗保障体系，积极分担罕见病患者的经济负担。

三　罕见病医疗保障的国内实践

（一）国家层面罕见病医疗保障状况

近年来，我们国家的党和政府高度重视罕见病的防治工作。国家层面不断出台政策要求国家相关部门和地方积极研究和探索罕见病防治和进行医疗保障试点。确立了罕见病目录，搭建诊疗协作网络，对疾病筛查和诊疗规范进行推广；加速新药审评审批，提供税收优惠，让患者有药可用；在国家医保目录调整过程中持续关注罕见病用药，以减轻患者用药负担；国家积极倡导、专业组织支持、地方迅速组建罕见病组织等。总体来看，我国在罕见病医疗保障机制建设方面发展较快。

据国家医疗保障局消息，50多种目前已在我国上市且有罕见病适应症的药品中，40 多种已被纳入国家医保药品目录。目前，如血友病、特发性肺纤维化、肌萎缩侧索硬化症等许多罕见病用药已在医保目录中。2019 年，在国家医保目录调整中重点考虑了罕见病等重特大疾病治疗用药，并将青年帕金森、原发性肉碱缺乏症等罕见病用药纳入了医保目录。同时，通过准入谈判的方式将 C 型尼曼匹克氏病、肺动脉高压等 7 种罕见病用药大幅降价后纳入国家医保目录。对于那些价格极其昂贵的特殊罕见病用药，由于其远超基金和患者承受能力，尚未纳入医保目录中。同时，社会各界为陷入贫困的罕见病患者提供了医疗救助、慈善帮扶等多方医疗费用解决渠道。

（二）部分省市罕见病医疗保障状况

政府的引导是罕见病医疗保障的核心。近年来，我国逐渐将罕见病用药纳入医保目录，但对于罕见病高值药物而言，将其纳入基本医保面临诸多困难；且大病保险的保障范围也仅局限于医保目录内药品；医疗救助适用对象范围偏小且救助金额较低，很难满足相关患者用药需求。同时，基本医保、大病保险和医疗救助难以完全承担高值药物罕见病保障的艰巨任务。那些使用高值药物的罕见病患者无法得到相应保障。因此，高值药物保障问题有必要进一步探索。

我国罕见病药物的医疗保障探索始于 2005 年，山东、浙江、上海等地相继推出了具有地方特色的罕见病药物保障模式，可谓探索罕见病地方医疗保障的先驱。近年来，各地已逐渐形成差异化的保障模式。2020 年 2 月 25 日《中共中央国务院关于深化医疗保障制度改革的意见》中提出了“探索罕见病用药保障机制”。部分省市结合本地实际锐意改革、大胆探索、勇于创新，如浙江、上海、佛山、山西、山东、四川、河北、陕西、江苏等省市率先探索罕见病医疗保障模式，针对部分罕见病病种，建立了基本医保门诊保障机制、大病保险机制、高值药品专项医疗保障机制、医疗救助制度和政策普惠性商业健康保险补充机制以及社会公益慈善援助机制。目前，我国各地针对高值药物罕见病医疗保障的创新实践可概括为以下几种模式：财政资金补助模式、专项基金模式、大病谈判模式以及政策型商业保险模式。[①] 这些模式为从国家层面促进罕见病医疗保障提供了经验、奠定了基础、创造了条件。

1. 财政资金补助模式

该模式的资金主要来源于财政方面的投入，主要用于医保目录范围外药品的保障。该模式也鼓励慈善组织和制药企业、社会组织为罕见病患者捐赠、募集药品，形成多主体共同分担医疗费用的机制，并以特药谈判的方式确定保障范围，同时设定定点医疗机构并要求其参与患者医疗评估、资质认定、信息管理等全过程的风险管控。在我国采用这一模式的典型代表城市为山东省青岛市，该市自 2005 年开始对包括戈谢病、血友病等罕见病药物保障进行探索，逐渐形成了以门诊大病保险为基础、大病救助制度为主体的财政资金保障模式。

2. 专项基金模式

该模式的资金来源主要是大病保险基金，具有基金种类较多、资金来源较广、覆盖疾病种类较多、罕见病保障待遇水平较高等特点。采用这一模式的代表地区为浙江省和上海市。浙江省以极低的个人年缴费建立了罕见病医疗保障专项基金，即要求各统筹区在每年的 1 月底前根据上一年度的基本医保参保人数，按照每人每年 2 元的标准一次性从本统筹区大病保险基金中直接划转保费至浙江省罕见病医疗保障基金账户中。该基金由浙江省医疗保障局集中管理，实行财政专户专账管理、独立核算方式。因此，浙江省建立的是省级统筹、多层次、高水平的罕见病保障模式。上海市通过设立上海少儿住院互助基金等多种罕见病专项基金、出台上海市罕见病名录，从具体罕见病病种出发，建立起罕见病保障模式。

3. 大病谈判模式

该模式是近年来全国各地最为广泛的罕见病保障实践模式，其模式的核

① 史录文：《我国罕见病用药保障创新模式研究》，《中国医疗保障》2021 年第 3 期，第 29 ~ 33 页。

心是将那些需要价格高昂的治疗药物的罕见病作为重大疾病或特殊疾病纳入本地的大病保险支付范围内、医保通过与药品生产企业谈判的方式将罕见病药物或特殊治疗食品纳入报销范围，并结合本地的实际情况设置不同的报销比例。目前，包括浙江、山东、山西、陕西、湖南、河北在内的多个省份采用大病谈判模式。

4. 政策型商业保险模式

我国采用这一模式的典型代表城市为佛山、成都等。2019 年 12 月，佛山市医疗保障局推出了“平安佛”，该保险要求参保者每人每年缴费 185 元，最高报销额可达 239.6 万元。该保险对个人自付费用超过 2.5 万元的部分报销 60%，年度报销限额为 100 万元。2020 年 5 月，由四川省医疗保障局、成都市医疗保障局指导的成都市民专属普惠式商业健康保险“惠蓉保”面世，该产品对高值药物给予保障，比如治疗四氢生物蝶呤缺乏症的药物。该保险要求参保者每人每年缴费 59 元，报销起付线为 2 万元，赔付比例为 75%，年度补偿限额为 100 万元。

四　构建罕见病患者综合保障机制的建议

（一）管理体制——成立罕见病防治管理机构

为了使罕见病防治工作适时有序地进行，建议在省级范围内设立一个专门的罕见病管理机构。该管理机构可下设于人社厅或医疗保障局，并由社会保障基金管理中心的一个部门为主、若干部门协助来承担职责，旨在代表辖区内所有罕见病患者的利益和需求来开展各项工作。该机构应本着多元共治的理念，综合利用患者组织、医疗机构以及社会慈善等多方力量，一起开展本辖区内的罕见病防治相关工作。同时，应鼓励相关罕见病患者成立患者组织，罕见病管理机构应对该组织的日常运作提供有效指导。此外，该罕见病管理机构可以对政府财政投入的罕见病专项救助基金进行管理，同时邀请红十字会和慈善机构加入，以充实基金实力，合理减轻财政负担。罕见病管理机构成立的最终目的是及时发现罕见病患者的问题与需求并提供有效的解决方案。

罕见病管理机构的职责还包括对罕见病患者进行登记和跟踪，建立罕见病相关信息数据库，并动态更新罕见病患者的治疗和生存等情况，使救助更具有针对性等，同时保持与各相关方的密切联系与合作。

（二）法律机制——制定相应的法规与政策

我国尚无完善和系统的罕见病及相关药物管理方面的法律法规，多数罕见病药物尚未纳入医疗保障体系，一些罕见病患者的高额治疗费用无法得到有效分担。罕见病保障机制的缺失，使得罕见病患者面临药品短缺、国内“无药可用”、依靠进口药品、治疗费用高等一系列困境。因此，在开展罕见病相关防治工作时，应配备较为完善的相关法律条款与措施。

各省市可以根据本地的实际情况，出台本地的罕见病相关政策法规，从罕见病认定、罕见病研究、罕见病防治、罕见病用药管理、罕见病保障、罕见病药物研发与生产等方面入手，在理论研究和政策实施上进行探索，为其他省市乃至国家相关部门提供借鉴。

可以立足于罕见病患者的特殊需求，融入现行的政策理论框架，对目前现有卫生资源、公共卫生服务以及相关政策进行补充，制定地方性的罕见病防治规划。同时在罕见病防治规划的实施过程中，加大公众对规划实施的监督和监测，定期组织患者代表、医护人员以及公众媒体等对规划实施进展进行定期评估与反馈。

（三）服务机制——提升罕见病诊疗便捷性

1. 构建罕见病防治网络

可借鉴德国构建的罕见病防治网络经验，构建适合本地区的罕见病防治网络，并对该网络进行 A、B、C 型的三级网络分级。[①] 如此分级不仅可以

① 张煜：“山西省罕见病患者用药现状和医疗保障”课题研究，山西省康健重特大疾病帮扶中心，2021。

使罕见病防治网络更具有层级性和有序性，也使罕见病患者更容易获得罕见病相关信息资源，提升罕见病患者就医的便捷性。具体而言，A 型中心可以由国家卫健委罕见病诊疗协作网中的省级牵头医院或其他省级医疗机构来担任，B 型中心可以从各地级市中分别选择一家三甲医院来担任，C 型中心可以由县级或区级医疗机构来担任。

在整个防治网络中，A 型中心应关联到所有的 B 型中心和 C 型中心，并整合 B 型中心的罕见病专业知识资源，同时研究 C 型中心的罕见病诊疗服务情况，努力将罕见病的误诊、误治比例降到最低。此外，构建三个级别中心的监督和管理机制，指定相关机构建立刚性标准，如建立防治中心的现场检查和履行标准，以保证罕见病防治网络运行有条不紊，从而更好地服务于罕见病患者。

2. 编写罕见病用药名录

编写省级罕见病用药名录可以极大提升本地罕见病患者治疗药物的可及性。用药名录编写可遵从以下两种思路：一是先对美国、欧盟和中国台湾地区的罕见病用药目录进行对比分析，选取出现频次相对较高的罕见病，再结合中国罕见病的具体情况编写出首批省级罕见病名录。在具体操作上，可以先将美国与欧盟罕见病目录中重合的病种进行筛选，再将该目录与中国台湾地区罕见病目录进行对比，再次选取重合的病种，并结合中国罕见病定义确定省级罕见病名录。二是选择目前省内患病人数相对较少的罕见病进行试点，或者选取目前省内治疗费用相对较高的罕见病病种进行试点。确定罕见病名录时，应进行多方位评估，将罕见病发病情况、患者生存状况、省医疗保险基金运行情况、慈善机构、社会捐赠、企业赠药以及本地宏观经济状况等因素都纳入考虑范围。

随着医疗技术水平的提高和社会经济的发展，可对确定后的罕见病用药名录进行动态调整。为保证该名录的合理性和医保基金的可持续性，在费用支付过程中要注意罕见病药物的适应症是否符合相关报销范围。对其可以设置一些相应的政策限定。例如，只要罕见病治疗药物是在规定的适应症范围内，药品费用可以支付；但如果罕见病治疗药物不在规定的适应症范围内，那该药品费用无法支付。

（四）技术提升机制——提高罕见病认知与诊疗水平

本课题组调查发现，临床医生对罕见病的认知度仅为39.8%。[①] 医生对罕见病的认知度低，致使罕见病误诊与漏诊现象非常严重。提高医生对罕见病的认知、提升医生对罕见病的诊治水平，是减少罕见病误诊与漏诊的重要举措。当前，提升对罕见病的认知和诊疗水平可采取的措施有：（1）充分利用网络资源传播罕见病相关知识，增进公众对罕见病的了解，以消除公众对罕见病患者的歧视；（2）将罕见病纳入医师继续教育的培训内容，除对医师尤其基层医师进行罕见病知识的培训外，还要对医生进行罕见病标准化临床诊疗路径的培训，提高医师对罕见病的认知度和诊疗水平；（3）增强医师罕见病诊治意识，对疑难病例要考虑是否为罕见病，并及时咨询或转诊到上级医院或罕见病诊疗中心；（4）在构建罕见病协作网的基础上，充分利用各地优质医疗资源，共享罕见病信息；（5）与国内外罕见病组织及社会团体广泛合作，广泛开展罕见病的信息交流，提升罕见病诊疗水平；（6）政府相关部门、医疗机构及企业以经费资助、政策支持等方式鼓励罕见病相关研究，以提升罕见病的诊疗能力。

（五）医疗保障机制——推行罕见病医疗保障制度

1. 建立专门的罕见病诊疗机制

大多数罕见病患者需前往北上广等中心城市的权威医院或省级医院进行诊断和治疗。就医地点相对较远，再加上需要频繁就医，患者就医极为不便，并增加了患者的经济负担。由于罕见病发病的特殊性，患者往往处于医疗体系的边缘，其难以及时获得有效的医疗服务进而延误疾病的诊断和治疗。欧盟的做法是集中不同学科的专家建立诊疗罕见病专家中心，对一种或多种罕见病开展联合诊疗工作，使罕见病患者尽可能得到及时的诊断和后续

---

① 宋海等：《唐山市综合医院临床医生罕见病认知度调查》，《临床药物治疗杂志》2020年第1期，第59～62页。

治疗，并提高了医疗服务的连续性。我们可借鉴这一经验，在各地市建立罕见病诊治中心，并定期开展交流活动，对特殊病例的诊治方案进行研究讨论，以提高罕见病的诊治水平。同时提高市、县级基层医疗机构的医务人员的首诊能力，及时提醒其将难于诊断的可疑罕见病患者转诊至上级医院或专业医疗机构，以降低罕见病的误诊率。

2. 加强罕见病医疗费用保障机制建设

本次调查发现，罕见病患者医疗费用个人负担仍然很重。究其主要原因，限于我国社会经济发展水平和医保基金的支撑能力，部分价格非常昂贵的罕见病治疗药物尚未纳入医保用药范围。

要减轻罕见病患者的个人医疗费用负担，应主要解决罕见病高值药物医保支付问题，省级相关部门可采取如下措施：（1）通过药品集中采购的方式，降低药品价格；（2）汲取青岛、上海等国内先行城市的罕见病保障经验，通过医保管理机构与治疗罕见病药物的生产商或供应商进行谈判，采取直接降价或先购买、后赠药的方式，将治疗罕见病的药物纳入基本医疗保障报销范围；（3）完善大病保险制度，通过将治疗罕见病的价格高昂的医药费用纳入大病保险范围，来提高报销比例；（4）推进罕见病纳入商业保险范围，填补目前罕见病商业保险的缺失。该保险也可以在孕妇孕产期推广，以减少因出生罕见病患儿给家庭带来的医疗负担；（5）建立健全社会医疗救助制度，对家庭困难的罕见病患者给予进一步的救助；（6）动员全社会力量，引导慈善机构和社会对生活困难和医疗负担重的罕见病患者及家庭提供有效救助；（7）加快推进医保全国联网结算管理，减轻罕见病患者异地就医因需个人垫付高额医药费而带来的经济负担。

3. 完善农村罕见病医疗保障机制

当前，我国城镇和农村地区的医疗保障制度尚存在较大差异，农村地区罕见病医疗保障制度远落后于城镇地区，即农村地区尚未建立基本的罕见病医疗保障体系，涉及罕见病医疗保障的政策制度相当少。本课题调研结果显示，农村籍罕见病患者占67%。为保障农村地区罕见病患者及家庭的合法权益，减轻其经济负担，应扩大罕见病、门诊大病的覆盖范围，大力改善农村地区罕见病的医疗保障机制，提高其医疗保障待遇水平。在条件具备时，可以将农村地区和城镇地区罕见病的医疗保障制度并轨运行，甚至实现统筹管理等，从而建成更加完善的、无差别的罕见病医疗保障制度，并助力城乡均衡发展。

4. 建立多方共付的罕见病保障机制

戈谢病、庞贝氏病、脊髓性肌萎缩症、黏多糖贮积症、法布雷病等这些罕见病治疗费用较高，若由政府全额承担会给财政带来沉重负担。对此，可尝试引入多方力量，建立多方共付机制。即积极调动政府部门、企业、社会捐赠、慈善机构以及患者的积极性，合力分担医药费用，减轻患者的经济负担，实现罕见病保障制度的良性运行。

其中，医保基金主要用于国家基本药品目录内的罕见病特效药品的医疗保障；财政专项资金主要用于基本药品目录外特效药物的医疗保障；引导商业保险进入，引入慈善机构、社会捐赠、药品生产企业及供应商等，形成合力，提升救助能力与水平。医保基金和财政资金的投入，以及政府主导的商业保险，既体现出政府的社会责任，也为制度的平稳运行提供有效保障。商业保险的补充，慈善机构、社会捐赠、药品生产企业及供应商等对费用的合理分担，在大大减轻罕见病患者医药费用负担的同时，既防止了自身负担过重导致援助作用甚微，又避免了负担过轻导致救助福利化。多方共付机制的建立，为罕见病医疗保障制度进入良性循环提供了重要保障，有效提升了罕见病患者就医的可及性。

G.14

北京市异地就医住院费用即时结算的实践

——以北京某三甲医院为例

龙玉其　杜会征*

摘　要： 本研究选取北京某三甲医院作为调查对象，分析异地就医直接结算政策实施效果、存在的主要问题，并提出相关建议。存在的主要问题包括：参保人对异地就医结算政策知晓率较低，医保属地化管理导致“待遇差”引发的公平性问题，医保基金监管难度加大，医院结算管理压力增加，结算平台性能不稳定，信息系统兼容性较差，参保地与就医地之间的协调机制不健全。主要原因包括：各统筹区域医保政策的碎片化，异地就医直接结算系统平台接入标准不一，优质医疗资源配置分布不均衡，缺乏全国联网、信息共享的管理平台。政府层面的建议：提高基本医疗保险统筹层次，尽快实现省级统筹；加强信息系统平台建设，搭建统一的信息化网络服务平台；强化分级诊疗体系建设，引导异地患者合理有序就医；政府主导医疗、医保、医药三方联动改革，切实减轻异地就医患者负担。经办机构层面的建议：加强异地就医直接结算政策的宣传引导，搭建异地就医“省—市—县”三级沟通协调机制，提升经办机构服务水平，多渠道办理备案审批，优化异地就医备案手续，制定规范合理的转诊规定，积极探索支付方式改革。医疗机构层面的建议：加强对患者及医务人员政策

* 龙玉其，首都师范大学管理学院副教授；杜会征，宣武医院医保办。

方面的宣传、培训，建立“医保—专管员—临床科室”三级培训体系，重视医疗机构审核部门压力与结算效率之间的平衡，搭建“医—保—患”之间良好的沟通协调机制。

关键词： 异地就医　住院费用　即时结算

2016 年 3 月，李克强总理在全国两会上明确提出政府要把推进基本医疗保险全国联网工作作为这两年的重点民生项目。两年内要建立全国统一的基本医疗保险结算管理平台，初步实现参保人跨省异地就医住院费用可以直接报销，保证参保人合情、合理的异地就医结算需求，减轻“垫资、跑腿”的负担。北京市于 2017 年 3 月完成了异地就医直接结算系统的改造工作，成功接入国家结算平台。本研究以北京市为例，对政策实施以来，2017 ~ 2019 年异地医保患者出院结算的整体情况进行分析，并基于对北京某三甲医院的调查，深入分析异地就医结算人群及类别特征、医院结算管理的工作现状以及患者对政策实施的满意度等，找出政策实施过程中存在的问题，深入剖析问题产生的原因，为更好地完善异地就医直接结算政策实施及工作的开展提出可行性建议。

一　异地就医住院费用即时结算工作现状及效果

2016 年 12 月 8 日，人社部和财政部联合印发了《人力资源社会保障部财政部关于做好基本医疗保险异地就医住院医疗费用直接结算工作的通知》，标志着异地就医直接结算工作正式启动。文件明确规范了参保人异地就医的流程，加速推进国家及省级异地就医平台建设，进一步加强异地就医管理服务工作。适用异地就医直接结算的人员包括异地安置退休人员、异地长期居住人员、常驻异地工作人员、异地转诊人员四类。这四类人员如有异地就医需求可以向参保地医保经办机构申请办理登记备案手续，手续办理成功后异地住院治疗可以持社保卡实时结算。参保人异地就医按照“就医地报销目录，参保地报销政策”的原则来执行。即住院期间使用的药品、耗材、诊疗项目等都参照就医地的目录进行分类，而具体的报销政策包括起付金、报销比例、封顶线等标准按照参保地的政策执行。为进一步做好异地参保人员来京住院医疗费用的结算工作，2017 年 2 月，北京市人社局印发了《关于北京市基本医疗保险异地就医住院医疗费用直接结算有关问题的通知》，进一步规范明确了异地参保人来京就医的管理流程。文件规定参保人需提前在参保地医保经办机构办理备案登记手续。参保人来京就医，需遵守实名制就医管理规定，办理住院登记手续时，应主动出示本人的社会保障卡，由住院处为参保人办理住院登记手续。参保人出院结算只需支付医保基金报销完后需个人负担的部分费用。异地住院报销按照“北京市报销目录，参保地报销政策”的原则来执行。如遇特殊情况无法直接结算的，此次住院费用由参保人全额垫付，参保人出院后可持相关材料回参保地进行人工报销。

（一）异地就医住院费用即时结算工作状况

1. 总体情况

异地就医直接结算政策实施以来，国家全力支持此项工作，全国范围内不同级别和类型直接结算定点医疗机构数量不断增加，扩大了参保人异地就医选择范围，保证了异地就医的可及性和便利性。国家异地就医直接结算平台系统自上线以来总体运行平稳，全国出院结算人次数量、结算总金额持续增长。

截至 2019 年年底，全国 31 个省（自治区、直辖市）和新疆生产建设兵团开通异地就医直接结算业务的定点医疗机构有 27608 家，较 2018 年增长 79. 14%。其中开通的二级及以下医疗机构数量增速明显，较 2018 年增长 93. 08%。全年共完成参保人异地住院结算 272 万人次，较 2018 年增长 106. 37%。发生医疗费用总金额 648. 2 亿元，较 2018 年增长 102. 94%。越来越多的参保人异地就医时可以享受直接报销待遇。

2018～2019 年，异地住院直接结算的基金支付占比为 59% 左右（见表 1）。

表 1　2018～2019 年全国异地就医直接结算情况

项目	2018 年	2019 年
医疗机构总量（家）	15411	27608
二级及以下医疗机构（家）	12803	24720
异地就医直接结算人次（万人次）	131.8	272
医疗费用总金额（亿元）	319.4	648.2
基金支付（亿元）	188.5	383.2
基金支付占比（%）	59.0	59.1
日均结算人次（人次）	3612	7452

参保人异地住院人次从 2017 年的 59107 人次增长至 2019 年的 642863 人次。异地住院直接结算人次从 2017 年的 38548 人次增长至 2019 年的 641375 人次，结算人次占比从 2017 年的 65.22% 上升至 2019 年的 99.69%，基本实现了符合条件的异地参保人住院费用直接报销全覆盖。2017 年 2 月 24 日，北京市顺利完成首笔异地参保人的住院费用结算。政策实施三年来，整体运行平稳，实现了全国 390 余个统筹地区的参保人在北京住院直接报销。

政策的实施真正给异地参保人带来了实惠和便利，异地就医直接结算这种报销模式替代了手续繁琐的传统人工报销方式。但是，参保人异地就医结算人次的增加会给医保基金带来新的挑战。2019 年北京市异地参保人就医结算费用总金额为 1988847 万元，较 2017 年增长了数十倍，医疗保险基金支出也相应增长了数十倍。2017～2019 年，参保人在北京住院的费用的平均报销比例为 55% 左右（见表 2）。

北京某三甲医院是一所以神经科学和老年医学为重点，以治疗心脑血管疾患为主要特色，承担着医疗、教育、科研、预防、保健和康复任务的大型综合医院，每年吸引全国大量的异地患者前来治疗。

表 2　2017～2019 年北京市异地就医住院费用直接结算情况

项目	2017 年	2018 年	2019 年
就诊人次(万人)	5.9	37.4	64.3
结算人次(万人)	3.9	36.1	64.1
结算人次占比(%)	66.10	96.52	99.69
医疗费用总金额(亿元)	12.1	112.1	198.9
基金支付金额(亿元)	7.1	60.6	111.1
基金支付占比(%)	58.68	54.06	55.86

政策实施以来，每天到该院咨询医保政策的人群中约有一半是咨询异地医保报销及手续流程问题的。通过对在该院住院治疗并办理完出院结算手续的患者或家属进行调查发现，政策的普及性和参保人对政策的认知情况不容乐观。被调查的 200 名异地参保人中，5 人（2.50%）认为自己对异地就医直接结算政策很了解，25 人（12.50%）认为自己对政策的整体情况比较了解，68 人（34.00%）认为自己对政策了解程度不够，40 人（20.00%）认为自己对政策基本不了解。此外，仅有 60 人（30.00%）能准确说出此次异地就医的报销比例。

2. 异地医保患者来源及管理

自异地就医直接结算政策文件颁布以来，北京某三甲医院根据国家和北京市相关文件要求，积极配合异地结算工作改造医院信息系统接口规范，并于 2017 年 3 月顺利完成改造，成功通过国家异地平台信息系统测试，正式接入国家基本医疗保险异地就医结算系统，医院全面启动直接结算工作。异地参保人来该院住院治疗可以享受直接报销待遇。目前该院已经与全国 31 个省（自治区、直辖市）和新疆生产建设兵团的 390 多个统筹地区开展直接结算工作。

2017～2019 年，河北省（36.05%）、山东省（10.17%）、山西省（9.71%）、内蒙古自治区（9.52%）的参保人在该院出院结算占比较高。险种范围包括城镇职工基本医疗保险（66.41%）和城乡居民基本医疗保险（33.59%）两大类。患者年龄分布在 1～97 岁，平均年龄为 54 岁。总体来看，年龄在51岁以上的参保人（74.75%）是异地就医的主力军。异地医保患者出院结算的科室涉及神经外科（28.82%）、神经内科（18.57%）、普通外科（8.23%）等23个临床科室。

参保人异地就医之前，需提前到参保地医保经办机构办理备案登记手续，并持本人社保卡来京就医。异地住院时，需主动将社保卡交至该院的住院处进行异地医保身份登记。目前，异地患者来北京住院治疗发生的医疗费用执行双轨并行的结算方式，即手续办理成功的参保人出院结算时可以享受直接报销待遇；若参保人因故此次不能享受直接报销待遇，可按照传统人工报销的方式，先由参保人全额垫付，再持相关材料回参保地按规定进行人工报销。

3. 患者报销情况

参保人异地住院发生的医疗费用需先由个人负担一部分门槛费，也就是俗称的“起付线”。基本医疗保险基金只支付参保人在住院治疗期间实际发生的超出医保“起付线”的部分且属于“基本医疗保险目录库”范围内的药品、诊疗项目、耗材等的费用。由于我国的医疗保险政策实行属地化管理原则，各统筹地区的经济发展水平不一导致报销待遇层次不齐，呈现各地的起付线、报销比例高低不一。

2017～2019年，北京某三甲医院异地参保人出院结算的平均起付金额为804.31元，平均起付金额较高的省份分别为甘肃省（1460.00元）、河北省（1359.67元）、湖南省（1163.33元）、宁夏回族自治区（1088.67元）。

异地患者住院报销比例=［医保范围内总费用－（起付线+个人按比例负担的费用）］/医保范围内总费用。2017～2019年异地患者住院结算的平均报销比例约为65.28%，平均报销比例较高的分别为上海市（76.19%）、海南省（75.95%）、贵州省（73.96%）、陕西省（73.47%）。

异地参保人在北京住院治疗参照北京市的医保报销目录库和政策规定来执行。2017年异地患者的平均医保外目录费用占比约为13.85%，2018年占比为16.94%，2019年占比为16.20%。总体来看，并未出现患者个人负担部分显著增长的现象。

4. 结算管理与基金审核支付情况

政策实施以来，医院各相关部门高度重视此项工作，不断改进和优化院内工作流程。通过优化配置结算人员的比例等手段，减少患者的出院结算等待时间。通过采取有效措施，异地参保人的平均出院结算时间从 2017 年的 5.50 天缩短至 2019 年的 1.62 天，出院结算等待时间明显缩短，进一步减轻了患者因病所造成的经济负担。

系统的三方对账时间是指参保人在异地就医过程中涉及的就医地、参保地和国家异地结算平台三个环节的系统对异地参保人的住院费用信息进行确认完成的时间。随着异地患者结算人次和费用总金额的大幅增加，涉及全国 390 多个统筹地区的三方对账时间在 2017 年平均需要 2.08 天，在 2019 年平均需要 3 天完成。政策的实施虽然带来了结算工作量的大幅增加，但对三方对账的时间并未产生直接影响。

目前，全国各统筹地区的参保人异地就医直接结算费用发生后，回款时间参差不齐。对大型三级综合医院来说，随着异地就医人群范围的扩大和数量的增长，资金垫付压力也会随之增大，长时间大量的资金垫付也给医疗机构的运营管理增加了压力。2017 ~ 2019 年，全国 31 个省（自治区、直辖市）和新疆生产建设兵团中，国家异地就医直接结算平台系统确认的平均回款时间约为 1 个月，2017 年为平均回款时间约 29.64 天，到 2019 年平均需要 34.41 天，系统确认回款的时间略有延长（见表 3）。

表 3　2017 ~ 2019 年北京某三甲医院异地医保患者结算管理情况

单位：天

年份	结算时间	三方对账时间	系统确认回款时间
2017 年	5.50	2.08	29.64
2018 年	3.31	2.33	33.76
2019 年	1.62	3.00	34.41

政策实施为参保人异地就医提供更多的便利性，参保人对异地就医的需求也随之攀升。近年来，越来越多的参保人从参保地流出，流入就医地寻求

更好的医疗资源和服务。随之而来的是，医保基金也会加倍从参保地流出，流入医疗水平更高、医疗资源更丰富的地区。医保基金作为老百姓的救命钱，确保基金的安全、高效、合理使用是保证异地就医直接结算政策公平公正、可持续发展的重要前提。

以北京某三甲医院为例，政策实施以来，运行愈加平稳。2017～2019年，异地患者住院费用总金额和基金支付金额呈逐年上升趋势，而拒付费用总金额和拒付金额占比呈现逐年下降的趋势。异地参保人的住院费用总金额从2017年的3162.05万元增长至2019年的43028.27万元，医保基金支付金额从2017年的1802.90万元增长至2019年的18826.86万元。而2017年被拒付费用金额为5.21万元，2019年被拒付费用金额降低为2.12万元（见表4）。

表4　2017～2019年北京某三甲医院异地医保患者基金审核支付情况

单位：万元

项目	2017年	2018年	2019年
总金额	3162.05	20567.47	43028.27
基金支付	1802.90	11003.06	18826.86
拒付总金额	5.21	6.34	2.12

（二）实施效果

1.适应了当前人口流动日益常态化的趋势

异地就医直接结算政策的实施适应了当前人口流动日益常态化的趋势，有效缓解了过去传统人工报销模式下参保人资金垫付压力大、报销周期长等问题。政策实施以来，全国31个省（自治区、直辖市）和新疆生产建设兵团的390多个统筹地区符合直接结算条件的定点医疗机构数量在逐渐增多，三级、二级以及一级各个级别的定点医疗机构范围覆盖面不断扩大。国家平台完成备案的参保人数量连年增长，参保人异地就医的选择范围也更加广泛，异地就医的可及性不断提高。

截至2019年年底，开通直接结算业务的二级及以下定点医疗机构数量占比为89.54%，基层定点医疗机构覆盖率逐年提高。政策实施引导参保人根据实际需求合理利用医疗资源，参保人员主动或被动到参保地以外的统筹地区就医也更加方便，更多的参保人切实享受到基本医疗保障服务带来的便利性。

2. 减轻群众经济负担，促进社会公平公正

政策实施促进了我国基本医疗保障服务的公平性，显著减轻了参保人的经济负担，保障了参保人对优质医疗服务利用的可及性和可支付性，提升了参保人异地就医的获得感。通过改变异地就医传统人工报销模式，从根本上解决了参保人因垫资、报销难等导致经济负担增加的问题。政策实施减轻了参保人资金垫付的压力，参保人单次异地就医住院费用平均减少资金垫付1.41万元。

通过对200名异地参保人进行问卷调查，针对“您对此次疾病的治疗效果是否满意”这一问题，52人（26.00%）对此次疾病的治疗效果表示“满意”，75人（37.50%）表示“较满意”，53人（26.50%）表示“一般满意”，16人（8.00%）表示“较不满意”，4人（2.00%）表示“不满意”。针对“您对此次的就医流程是否满意”这个问题，60人（30.00%）对就医流程表示“满意”，71人（35.50%）表示“较满意”，51人（25.50%）表示“一般满意”，8人（4.00%）表示“较不满意”，10人（5.00%）表示“不满意”。调查发现参保人对异地就医的报销比例、疾病治疗效果以及就医流程的整体满意度相对较高。政策实施切实减轻了参保人的就医负担，尤其保证了真正有医疗服务需求但因没钱垫付、病情紧急需转外就医的参保人能够平等的利用医疗卫生资源，享受基本医疗保障服务。

为了更好地方便异地参保人就医，减轻患者疾病经济负担，2018年北京某三甲医院住院处设专人结算异地医保患者的费用。改革后该院已基本实现异地医保住院费用出院当天结算，最多不超过2个工作日。通过不断缩短异地参保人出院结算等待时间，进一步减轻了参保人的间接经济负担。

3. 有效缓解异地就医缺乏管理的问题

传统人工报销模式下，异地参保人住院治疗按照“自费患者”的身份对待，这种模式下医疗机构难以对异地参保人进行事前、事中监管。只能依靠参保地对重点费用进行核查的事后监管模式。由于监管不足，因此异地就医这一领域是孳生过度医疗和骗保问题的温床。政策实施明确了异地就医属地化管理的原则，有利于更好地监管医保基金是否合理、高效使用。参保人到统筹地区以外的定点医疗机构住院治疗时，需提前由参保地医保经办机构进行备案审核，就医地定点医疗机构会对参保人身份进行核实并按就医地医保规定进行统一管理。政策实施实现了对参保人异地就医的事前、事中、事后的一体化监管，减少了传统人工报销模式下参保地审核报销导致医保监管的“盲区”问题，同时也减轻了参保地医保经办机构审核监管压力。

2017 年以来，北京某三甲医院严格按照北京市基本医疗保险患者相关管理规定对异地参保人进行管理，由医院相关部门工作人员对异地患者住院费用进行实时规范化监控管理。经过三年的规范化管理，医院在异地参保人就诊人次、费用总金额均以及基金支付金额均呈现大幅增长的情况下，因不符合北京市医保报销政策规定被拒付的项目金额逐年降低，进一步保障了医保基金的安全、高效使用。

4. 提升参保人就医获得感和幸福感

通过对 200 名异地参保人进行问卷调查，针对“您对异地就医直接结算政策的实施是否满意”这一问题，59 人（29.50%）对政策实施表示“满意”，113 人（56.50%）表示对政策实施“较满意”，28 人（14.00%）表示对政策实施“一般满意”。总体而言，大家对异地就医直接结算政策实施持积极态度，认为这是一项利民惠民的医疗保障服务。这一政策实施切实解决了参保人异地就医“报销难”的问题，保证参保人能够均等的享受到基本医疗保障服务的权利，既能够看得起病，同时又能够享受到更好的医疗服务。

此外，传统人工报销模式下，由于转外就医人员拿回参保地报销的医疗费用单据数量较多且涉及金额较大，给参保地医保经办机构的审核工作增加了难度。如果参保人提供的资料不齐全，可能导致其多次往返两地补齐手续材料，无形中增加了参保人交通、食宿等费用。政策实施确保了参保人住院费用可以享受直接报销待遇，与传统人工报销方式相比进一步减轻了资金垫付的压力，同时减少了跑腿负担，更加便民、利民和惠民，切实提高了参保人的就医获得感和幸福感。

二　异地就医住院费用直接结算工作存在的问题及原因

（一）主要问题

1. 参保人对异地就医结算政策知晓率较低

通过对200名异地参保人进行问卷调查，针对“您对政策实施的手续办理流程是否满意”这一问题，28人（14.00%）对手续办理流程表示“满意”，59人（29.50%）表示“较满意”，93人（46.50%）表示“一般满意”，15人（7.50%）对手续办理流程“较不满意”，5人（2.50%）对手续办理流程“不满意”。此次调查中，约60%的患者是通过到社保大厅或医疗机构办理备案登记手续。虽然个别省份开通了线上备案途径，但参保人缺乏了解。

参保地医保经办机构、医疗机构、基层街道社保所对参保人异地就医政策的宣传和流程告知起到关键作用。由于前期政策宣传不到位，异地就医信息的公开性和透明度不高，不少参保人对异地就医备案流程、手续、规定了解不充分，导致参保人异地就医因未办理备案登记手续或手续办理不成功等问题，最终无法享受直接报销待遇。政策实施过程中参保人对政策了解不充分等原因也给报销增加了困难，报销的时间成本和经济负担增加。同时也会将矛盾集中在就医地的定点医疗机构，增加了医疗机构医保管理工作的难度。

2. 医保属地化管理导致“待遇差”引发的公平性问题

由于我国的基本医疗保险政策实行属地化管理原则，参保人异地就医直接结算按照“就医地目录、参保地政策”的原则报销。目前，全国390多个统筹地区由于筹资水平和标准不统一，导致医保报销目录库、报销比例等均不统一。因此，参保人异地结算可能存在报销“待遇差”问题。

此外，政策实施产生的“待遇差”问题也会影响社会公平性。通过对200名异地参保人进行问卷调查，针对“您对异地就医直接结算政策实施的报销比例是否满意”这一问题，13人（6.50%）在此次就医结束后表示对报销比例“满意”，88人（44.00%）表示“较满意”。此次被调查的200名参保人住院费用的平均报销比例约为60%。调查中有一些患者反映符合转诊规定转外就医的报销比例会比在当地同样级别的医院治疗报销比例低10个百分点左右。如果未到当地医院进行转诊转院审批，参保人直接到医保经办机构办理备案登记外出就医，报销比例会低20个百分点甚至更多。报销比例的降低会明显增加患者转外就医的经济负担。

3. 医保基金监管难度加大，医院结算管理压力增加

随着异地就医人群数量的增多，医保基金的支出金额也会大幅增加，随之而来的是基金使用安全和监管难度的增大。政策实施以来，异地来京就医人群数量逐年攀升，直接结算人次数量从2017年的3.9万人次增长至2019年的64.1万人次。医疗机构对参保人异地就医的规范化管理显得尤为重要。医疗机构既要方便参保人，减少患者出院结算等待时间，又要避免因审核纰漏带来医疗费用拒付风险，医院结算管理难度及压力增大。

此外，政策实施给就医地医疗机构带来巨大的资金垫付压力。目前，就医地医疗机构将异地结算患者信息上传至国家平台，由于参保地回传数据信息时间较长，影响异地就医费用的监管和审核时效。部分参保人会利用监管和审核的时效性滞后这一问题骗取医疗保险基金，给医保基金监管工作带来挑战。

4. 结算平台性能不稳定，信息系统兼容性较差

由于部分统筹地区信息系统平台的功能及稳定性较差，经常会出现参保人住院登记时社保卡信息报错的现象，主要有：读取患者社保卡信息和国家平台信息不一致；外省信息系统升级、年底封账导致无法结算；各统筹地区参数不一致、存在对照错误。另外，还存在部分参保人在办理住院登记时信息获取成功，但出院结算无法识别社保卡中信息的情况，导致此次住院费用无法实时结算报销。由于各统筹地区的结算平台系统反馈形式不同，报错提示的内容不明确，导致就医地定点医疗机构无法及时、准确地判断参保人社保卡信息故障原因，信息反馈和排除渠道不顺畅。出现上述情况，参保人只能按照传统人工报销方式，先全额垫付住院费用，再持相关材料回参保地报销。

此外，由于各统筹地区接入国家异地就医服务平台的接口标准不一，地方平台信息系统稳定性、兼容性较差，经常会出现服务器故障等问题，导致无法正常办理住院登记及出院结算，这种情况会降低结算效率甚至无法直接结算，影响患者享受基本医疗保障服务的公平性。

5. 参保地与就医地之间的协调机制不健全

政策实施需要各统筹地区之间的多部门协调合作。直接结算工作纵向涉及国家平台、省（自治区、直辖市）平台和各统筹地区之间的多个层次和多个环节的沟通和协调，横向涉及各统筹地区医保经办机构和医疗机构之间的沟通和协调。因此，异地就医过程中遇到问题如不能及时解决，将会直接影响参保人享受待遇的公平性和可及性。

基于对北京某三甲医院的调查，一些参保人因社保卡信息无法读取、备案信息有误、外省信息系统问题导致无法直接结算时，医疗机构在和参保地经办机构进行沟通时，经常会遇到部分参保地医保经办机构的工作人员不作为情况。部分参保地医保经办人员存在对业务流程不熟悉、给患者交待不清晰等问题，多次让患者往返医院咨询并要求开具非常规报销材料，影响异地就医直接结算工作的有序开展，容易引发医患矛盾。

（二）原因分析

造成以上问题的原因主要包括：人员责任心不强，制度建设不完善等。

1. 各统筹区域医保政策的碎片化

全国 31 个省（自治区、直辖市）和新疆生产建设兵团，大多数地区已经实现了市级统筹，但还有部分地区停留在县级统筹的层面。目前，全国 390 多个统筹地区因各地区筹资水平、经济发展水平不同等导致各统筹地区的医保政策呈现碎片化状态，没有统一的医保筹资标准和管理机制。具体表现如下：首先，各统筹地区的经济发展水平参差不齐导致医保基金的筹资水平会随着职工工资总额的不同而产生差异，直接影响到各地区医疗保险费用的筹资水平。其次，由于各个统筹地区的医保待遇水平受当地的经济发展、筹资水平等因素的影响，因此各地区参保人异地就医的起付线、报销比例、医保封顶线也都存在差异。最后，全国尚未实现统一管理的医保报销目录库，这会直接影响到参保人异地就医的报销待遇，带来医保属地化管理差异性和报销“待遇差”问题。

2. 异地就医直接结算系统平台接入标准不一

异地就医直接结算工作涉及国家平台、省级平台和地市级平台三级平台面的信息交互。国家平台是所有省级平台的节点中心、交易中心和清算中心，参保人就医结束后，就医地将参保人的就诊明细、备案信息上传至国家平台，并通过国家平台反馈给省级平台，进而实现基本医疗保险费用的直接结算。

为方便各统筹地区尽快与国家平台建立统一的对接机制，国家制定了接口技术规范标准。国家在设计接口标准时界定了原则性的准入指标，并未对各项细化的指标进行界定。由各统筹地区按照国家提供的接口标准和规范要求，进行系统改造，实现与国家平台结算系统的业务对接功能。我国有 390 多个统筹地区，统筹区域的碎片化导致各个统筹地区在系统建设过程中存在对接口标准的理解不一致、平台改造水平参差不齐的问题，导致直接结算工作开展后平台不兼容、不稳定，经常会出现参数、对照错误等问题而导致无法结算。

3. 优质医疗资源配置分布不均衡

目前，我国优质的医疗资源仍存在地域之间分布不合理、不均衡的问题，这也是产生异地就医现象的直接原因。参保人因主观或客观原因为了得到更好的治疗、享受到均等的医疗保障服务，导致异地就医现象越来越普遍。

2018 年年底，我国每千人口对应的医疗卫生机构床位数为 6.03 张，每千人口对应的卫生技术人员数为6.8人，医护比为1∶1.15，远低于很多发达国家医疗资源配置情况，且资源要素之间配置结构失衡。2018年，城市每千人口对应的卫生技术人员、执业（助理）医师、注册护士人数分别是农村的2.37倍、2.22倍、2.83倍（见表5）。此外，城市中的每千人口对应的医疗卫生机构床位数是农村的1.9倍。

地域间医疗资源配置的差异性使经济发展水平较落后地区的参保人有更高的医疗需求时，只能选择到参保地以外的其他统筹地区就医。尤其是异地就医成本逐渐降低、报销越来越方便，参保人为了保证疾病的治疗效果以及寻求更好的医疗服务，会选择到大城市就医。随之而来的是大城市的医疗资源供求关系愈发紧张。

表5　2016～2018年城市、农村每千人口医疗资源配置情况

单位：人/千人

年份	卫生技术人员			执业(助理)医师			注册护士		
	全国	城市	农村	全国	城市	农村	全国	城市	农村
2016	6.1	10.8	4	2.3	3.9	1.6	2.5	4.9	1.5
2017	6.5	10.9	4.3	2.4	4	1.7	2.7	5	1.6
2018	6.8	10.9	4.6	2.6	4	1.8	2.9	5.1	1.8

全国中、东、西部地区的经济发展水平不一，北京、上海等经济发展水平较好的一线城市的每千人口对应的卫生技术人员数普遍高于8人。相反，中、西部地区每千人口对应的卫生技术人员配置数量大多低于8人（见表6）。

表6　2018年部分地区每千人口对应的卫生技术人员数

单位：人/千人

省(市)	卫生技术人员	执业(助理)医师	注册护士
北京	11.9	4.6	5
上海	8.1	3	3.6
江西	5.3	1.9	2.4
贵州	6.8	2.3	3
安徽	5.3	2	2.4

4. 缺乏全国联网、信息共享的管理平台

政策实施应保障每一位参保人能高效、便利地享受到公平的医疗保障服务。目前，由于平台系统稳定性不足，参保人在异地就医期间遇到的社保卡状态异常、信息无法读取等问题，直接影响其住院费用结算。异地就医直接结算政策作为医疗保障制度中一项基本的公共服务，理应体现出基本公共服务均等化的概念。由于缺乏全国统一的沟通管理信息平台处理异地就医问题，也就产生了就医地、参保地及相关机构各个环节的沟通衔接机制不顺畅问题。涉及多个部门之间的沟通协调时，往往耗时过长，有时会存在推诿的现象，导致参保人的问题迟迟得不到解决，进而影响异地就医直接结算工作的完成效果。

三　异地就医住院费用即时结算的完善对策

（一）政府层面

1. 提高基本医疗保险统筹层次，尽快实现省级统筹

随着参保人异地就医需求的增加，政府部门应尽快提高基本医疗保险统筹层次，努力缩小“待遇差”问题。

基于现有的状况，实现全国一体化的医保统筹难度较大。因此，建议经济发展水平较好的地区尽快全面实现省级统筹，保证全省实施统一的医保目录、规范标准、筹资待遇和报销比例。针对目前仍处于县级统筹的6个省份，国家应加大对这些经济较落后省份的帮扶力度，使其尽快实现市级统筹，争取早日全面实现省级统筹。基本医疗保险统筹层次的提高有助于规范地方医保管理制度和政策、缩小各地医保“三大目录”范围的差异、切实解决“待遇差”问题。

2. 加强信息系统平台建设，搭建统一的信息化网络服务平台

信息化网络服务平台系统建设是为参保人提供更加方便的医疗保障服务、解决参保人异地就医结算模式下报销问题的基础。

首先，国家应提供有力的资金保障，督促各省市加强信息系统平台建设与改造。异地就医结算系统是保证政策实施平稳运行的关键，因此应针对异地就医问题及时优化信息系统，加强信息系统平台功能的建设和完善，提高信息系统结算管理的稳定性、安全性，降低系统结算报错概率，进一步提高异地就医结算效率。

其次，充分利用“互联网 +”医保服务模式，尽快搭建全国统一的异地医疗保险网络服务平台，提高经办机构服务效率，同时增强医保信息的共享性。开发平台的政策宣传、备案登记、信息查询、线上审批等一体化功能，对提高参保人政策知晓率、精简业务办理流程以及医保信息和数据的全国互联互通共享起到促进作用。

3. 强化分级诊疗体系建设，引导异地患者合理有序就医

基于对北京某三甲医院的调查研究，来北京就医的异地参保人多来自河北、山东、山西、内蒙古、贵州、甘肃等地区。各地区医疗服务水平不一致导致异地就医人员流动性增加。

首先，政府应加大财政投入，提升各统筹地区医疗机构的服务水平，适当缩小各统筹地区间医疗水平的差异性。应优先在省内重点培养建设几家知名度高、技术性强的医疗机构，同时加强对区县级医疗机构的建设，增强省内在重大疾病救治方面的医疗服务能力，保证参保人患病能够在当地得到及时、有效的治疗，降低参保人非必要转外就医的需求。

其次，积极推进分级诊疗制度，完善异地参保人转诊转院制度。倡导就诊人首诊在社区，积极响应分级诊疗制度。经过参保地分级诊疗并办理转诊手续的参保人，异地就医时可适当提高报销比例。对于自行外出就医的参保人，可相应地降低报销比例。避免不合理人员流出造成医疗资源浪费。

最后，加强区域内统筹规划工作，合理优化配置区域内医疗资源。应依托大城市优质医疗资源，组建京津冀、长三角、珠三角等区域医疗联合体，协同区域一体化治理，优化区域医疗资源配置，辐射带动周边区域医疗发展。

4. 政府主导医疗、医保、医药三方联动改革，切实减轻异地就医患者负担

2018 年 5 月，国家医疗保障局正式挂牌成立，标志着国家通过机构整合的方式真正实现了“三医”联动的管理方式。

应积极推广参保人异地结算以按病种付费为主体的医保支付方式，减少异地就医人群增多而导致医保基金不合理使用行为的发生，并通过支付方式改革为医疗机构带来正向的激励作用，维护国家医保基金健康发展，切实保障异地参保人的利益。

建议以国家医疗保障局为主，协调医疗、医药相关职能部门，共同减轻异地就医患者的经济负担。目前，国家医疗保障局已经开展了部分药品和耗材集中带量采购的工作，初见成效。建议国家尽快建立统一、常态化的药品集中采购和价格谈判机制，强化医药价格管理，进一步规范医疗行业的诊疗行为。

（二）经办机构层面

1. 加强异地就医直接结算政策的宣传引导

通过访谈和问卷调查分析，我们发现大部分异地参保人对异地就医直接结算政策的具体报销方式、手续办理流程等的了解不清晰。

首先，经办机构应积极拓宽线上宣传渠道，加强“点对点”的政策宣传力度。建议各统筹区医保经办机构在政策宣传上应加强针对性、指导性，重点针对异地就医痛点、难点问题进行宣传。同时，开通异地就医线上咨询问答平台，对参保人异地就医常见问题进行“点对点”线上解答，增加政策透明度。

此外，经办机构应探索高效、广泛的线下宣传渠道。将政策宣传工作下沉到基层社区、单位、街道、养老服务机构等，对相关报销规定、办理渠道、转诊转院规定、异地就医注意事项等进行普及，切实服务好真正有需求的参保人。

2. 搭建异地就医“省—市—县（区）”三级沟通协调机制，提升经办机构服务水平

基于对北京某三甲医院的调查，结合专家访谈以及笔者实际工作，研究

发现全国各统筹地区医保政策碎片化且就医地、参保地之间医保经办机构、医疗机构及参保人的沟通协调机制还不够顺畅，影响患者直接结算。

首先，建议由国家医疗保障局牵头，按照“省—市—县（区）”自上而下建立一个高效的异地就医三级沟通机制。依托此机制进一步规范异地结算标准，对信息系统问题进行分析归纳并及时改进，及时进行信息披露并建立有效的评估监管机制。

其次，参保地医保经办机构应进一步加强对经办人员的培训力度，不断提高其解决问题的业务能力。尤其要对其进行异地医保报销政策、业务流程操作、信息系统平台使用等方面的业务培训，以此促进经办机构的业务水平更加专业化。

最后，建议各地搭建异地结算沟通工作群，并充分利用工作群有效沟通解决问题，搭建“医—保—患”三方顺畅的沟通渠道。参保人在就医地能否顺利完成结算与其在参保地的沟通协调环节密不可分。因此，工作群中应有专人及时、高效地处理问题。

3. 多渠道办理备案审批，优化异地就医备案手续

我国异地就医患者多为由农村流向城市。以北京为例，许多前来就医的异地患者来自于河北、山西、山东、内蒙古等北京周边经济及医疗水平相对欠发达的地区。规范、合理的转诊转院审批流程对保证参保人异地就医时的切身利益至关重要。

建议各统筹区域开通多渠道的异地备案途径，简化备案登记手续。针对异地安置、异地转诊转院等不同类型的参保人，建议各统筹地区应尽快升级备案系统并加入国家医疗保障局统一的异地就医备案平台系统中，同时积极开通微信公众号、小程序、手机 App 等多种形式的备案办理途径，方便参保人多渠道办理备案手续。

此外，应建立一套完备的异地就医备案审批事中、事后调控机制，优化经办机构业务办理流程。针对患者异地就医的需求，各统筹地区应积极开通线上办理途径，简化审批流程。对于因特殊原因无法直接结算费用的参保人，经办机构应积极协调处理，减少参保人人工报销时不必要的往返。

4. 制定规范合理的转诊规定，积极探索支付方式改革

目前，异地参保人住院治疗实行“就医地目录，参保地政策”的报销原则。各统筹地区经济发展水平和医保报销政策的差异导致了异地就医产生“待遇差”问题。

首先，建议经济发展水平相近的统筹区要协同构建统一的医保报销目录库。国家医疗保障局自 2018 年成立以来，不断开展药品及耗材谈判和准入工作，并对国家医保药品目录进行更新调整。各统筹区应结合国家医保目录库，不断完善更新地方目录。逐步建立相对统一的药品、诊疗及服务设施、耗材医保目录库。

其次，严格制定转诊转院审批标准，合理规定转外就医报销比例。建议各统筹区尽快建立统一的转诊规范标准，根据分级诊疗制度原则逐级转诊，并根据是否必要转外就医为审批标准制定差异化异地报销待遇。针对病情符合异地就医条件的参保人，可与参保地就医享受相同报销待遇，而对非必要外出就医的参保人，可适当降低报销比例。

最后，探索多种医保支付方式相结合的异地就医管理模式。建议医保部门积极探索异地就医结算医保支付新方式，鼓励试点地区推行异地就医结算以按病种支付方式为主、多种支付方式并行的医保支付方式。不断探索更适合医保控费、高效利用医保基金的支付方式，规范医疗服务行为。

（三）医疗机构层面

1. 加强政策的宣传与培训，建立“医保—专管员—临床科室”三级培训体系

医疗机构作为医疗服务的提供者、异地结算的直接操作者和相关费用的审核者，是异地就医直接结算工作的前沿阵地和关键环节。加强对异地就医患者的政策宣教。医疗机构应强化政策的事中宣传。院内应开展多渠道宣传模式，如设置异地咨询窗口，在院内张贴宣传海报，电子显示屏滚动播放异

地就医宣传视频，印制宣传材料手册等。利用信息化手段包括微信公众号、网页、小程序等开展线上线下相结合的多渠道异地就医宣传工作。加强对本院职工政策的宣传培训，搭建“医保—专管员—临床科室”院内三级培训体系。医疗机构应推行临床科室网格化管理（设立医保专管员）制度，通过建立微信群对专管员开展政策宣传培训，并采用线上线下相结合的培训方式由医保办定期对专管员进行培训，由专管员再将培训内容传达给临床科室，方便临床医务人员更好地执行政策。

2. 重视医疗机构审核部门压力与结算效率之间的平衡

政策实施以来，为减轻患者经济负担，医疗机构尽量减少患者出院等待时间，但这给医院医保审核及结算管理工作带来挑战。医疗机构应不断优化审核结算流程，提高医保审核人员配比。随着异地就医直接结算患者人数的增多，医疗机构应提高对直接结算工作的重视程度，适当提高医保审核人员配比，不断优化审核结算流程，减轻审核结算部门压力。医疗机构应重视对医保审核及结算部门的人员的培训，及时更新审核结算工作中应重点关注的问题，避免因异地结算工作失误造成医保拒付后果的出现。

3. 搭建“医—保—患”之间良好的沟通协调机制

政策实施和良好运行离不开医疗机构、医保经办机构、患者之间的有效沟通和配合。医疗机构应积极寻找并建立与参保地之间高效、快捷的沟通渠道。遇到问题积极与异地参保人沟通，必要时主动联系参保地医保经办机构相关负责人进行沟通协调。如遇特殊原因患者需全额垫付的情况，医疗机构应协助患者做好人工报销的材料准备，避免患者人工报销多次往返两地导致经济负担增加。医疗机构应加强与医保经办机构之间的沟通协调。遇到异地结算问题和困难应及时反馈到上级医保经办机构，以便快速解决问题，避免因医疗机构端原因引发资金垫付、信息泄露以及医保拒付等风险。

G.15
参考文献

[1] Charlotte F. Muller. Economic Costs of Illness and Health Policy, American Journal of Public Health, 1980, 12 (70).

[2] Christopher J. L. Murray, David B. Evans ed. Health Systems Performance Assessment: Debates, Methods and Empiricism. WHO: Geneva, 2003.

[3] Hai Song, etal. 12th Annual ICORD Conference 6th China Rare Disease Summit. 2017, 09.

[4] ISSA & SSA. Social Security Programs Throughout the World: Asia and the Pacific, 2018. Washington D. C., 2019.

[5] Ke Xu, David B. Evans, Kei Kawabata, et al. Understanding Household Catastrophic Health Expenditures: A Multi-country Analysis. Christopher J. L. Murray, David B. Evans ed. Health Systems Performance Assessment: Debates, Methods and Empiricism. Geneva: WHO, 2003.

[6] Ke Xu. Distribution of Health Payments and Catastrophic Expenditures Methodology. WHO Discussion Paper EIP/HSF/DP. 05. 2. Geneva: WHO, 2005.

[7] Newhouse, J. P. Medical Care Expenditure: A Cross-national Surver, Human Resources, 1997. 12 (1).

[8] Richter Sophie, Winzeck Stefan, Kornaropoulos Evgenios, et al. 93 Acute Magnetic Resonance Imaging for Mild Traumatic Brain Injury. 2020, 37 (12).

[9] Sheng-wen Zhao, Xiao-yan Zhang, Wei Dai, etc. Effect of the Catastrophic Medical Insurance on Household Catastrophic Health Expenditure: Evidence

from China. Gac Sanit. https：//doi. org/10. 1016/j. gaceta，2018.

[10] United Nations. Beyond pandemics：A Whole-of-Society Approach to Disaster Preparedness，Toward a Safer World Initiative，2011，69 –84.

[11] Weiskotten，H. G.，M. E. Alfenderfor. An Analysis of The Distribution and Characteristics of Medical College Graduates，Academic medicine，1956（1）：1 –92.

[12] WHO. The World Health Report 2010：Health Systems Financing：The Path to Universal Coverage. WHO，2010.

[13] Yang Zhao，Brian Oldenburg，Ajay Mahal，et al. Trends and Socio-Economic Disparities in Catastrophic Health Expenditure and Health Impoverishment in China：2010 to 2016. Tropical Medicine and International Health，2020，25（2）.

[14] Yao-Chiang Kan，Kai-Hong Chen，Hsueh-Chun Lin. Developing a Ubiquitous Health Management System with Healthy Diet Control for Metabolic Syndrome Healthcare in Taiwan，2017，144.

[15] Yazhou Cui and Jinxiang Han. A Proposed Definition of Rare Diseases for China：From the Perspective of Return on Investment in New Orphan Drugs. Orphanet Journal of Rare Diseases，2015，10.

[16] Ye Li，Qunhong Wu，Ling Xu，et al. Factors Affecting Catastrophic Health Expenditure and Impoverishment from Medical Expenses in China：Policy Implications of Universal Health Insurance. Bulletin of WHO，2012，（90）.

[17] 白晨、顾昕：《找回“中间层”：省级支出责任与医疗救助均等化》，《中国行政管理》2020 年第 1 期。

[18] 包涵川：《“属地动员”：一个理解中国疫情防控模式的分析视角》，《理论月刊》2020 年第 6 期。

[19] 陈丹沛：《何妨他乡似故乡——异地就医实时结算需求分析与解决路径探讨》，《中国社会保障》2014 年第 4 期。

[20] 陈浩、马艳良:《如何让异地就医直接结算更好落地》,《中国社会保障》2018 年第 8 期。

[21] 陈静姝:《商业健康保险对社会医疗保险的补充作用探究》,《经济研究导刊》2016 年第 30 期。

[22] 陈利芳:《我国医疗保险异地结算的制度优化探讨》,《重庆交通大学学报》2017 年第 5 期。

[23] 陈美华:《基层医疗机构信息化建设现状调查分析》,《大家健康》(上旬版) 2017 年第 9 期。

[24] 陈涛、罗强强:《韧性治理: 城市社区应急管理的因应与调适——基于 W 市 J 社区新冠肺炎疫情防控的个案研究》,《求实》2021 年第 6 期。

[25] 陈天雄、黎东生、龙文磊、伍珏、张露遥:《广东省“十三五”期间各级医疗机构总诊疗量预测》,《中国卫生资源》2017 年第 4 期。

[26] 陈文辉等:《我国城乡居民大病保险发展模式研究》,中国经济出版社,2013。

[27] 陈小嫦:《基层医疗卫生机构医疗设备短缺解决方案探析》,《中国卫生事业管理》2011 年第 7 期。

[28] 陈笑玉:《健康保险中大数据的应用与风险》,《市场研究》2020 年第 5 期。

[29] 程沛然、陈澍:《医疗保险异地就医管理政策的案例分析》,《中国卫生资源》2015 年第 1 期。

[30] 程熙:《“运动式治理”日常化的困境——以 L 县基层纠纷化解活动为例》,《社会主义研究》2013 年第 4 期。

[31] 池方方、蔡滨欣:《我国公共卫生人才队伍现状及发展研究》,《中国公共卫生管理》2021 年第 3 期。

[32] 仇雨临、王昭茜:《我国医疗保险制度发展四十年: 进程、经验与展望》,《华中师范大学学报》(人文社会科学版) 2019 年第 1 期。

[33] 仇雨临、王昭茜:《守正、发展与创新:“十四五”时期医疗保障的完

善思路》,《行政管理改革》2021 年第 4 期。

[34] 崔瑛:《我国公共卫生队伍建设存在的问题与对策探讨》,《现代商贸工业》2021 年第 16 期。

[35] 戴伟:《政策精准治理视角下我国大病保险定位与发展研究——基于四省大病保险试点运行数据的分析》,《社会保障研究》2019 年第 5 期。

[36] 戴卫东、徐谷雄:《农村医疗救助的扶贫效果及其制约因素的实证研究——基于“国家扶贫改革试验区”丽水市的调查》,《中国软科学》2020 年第 4 期。

[37] 单大圣:《中国医改十年及未来展望》,《黑龙江社会科学》2020 年第 6 期。

[38] 丁海霞、万彬:《医疗机构如何做好异地就医直接结算》,《中国社会保障》2018 年第 1 期。

[39] 丁洁、王琳:《中国罕见病研究报告(2018)》,中国医药科技出版社,2018。

[40] 董屹、王晨、李娜、彭迎春、刘兰秋:《村卫生室基本医疗卫生服务现状研究——基于对北京市两区县的实地研究》,《中国医学伦理学》2016 年第 5 期。

[41] 董幼鸿:《精细化治理与特大城市社区疫情防控机制建设——以上海基层社区疫情防控为例》,《社会科学辑刊》2020 年第 3 期。

[42] 杜亚男:《我国公共卫生服务体系建设的背景分析》,《社会科学》2017 年第 2 期。

[43] 段政明:《浅谈〈医疗保障基金使用监督管理条例〉》,《中国医疗保险》2021 年第 6 期。

[44] 冯俊剑、陈凯、刘智勇、籍文雪、王珺、杨颖:《我国乡镇卫生院信息化建设现状分析》,《中国卫生事业管理》2016 年第 2 期。

[45] 傅卫、张植晟、王秀峰、张毓辉:《新中国 70 年卫生改革发展的道路与展望》,《中国卫生政策研究》2019 年第 9 期。

[46] 贡森：《社会政策力促国家现代化》，《中国经济报告》2018 年第 4 期。

[47] 关信平：《五方面入手 完善医疗救助对象动态认定机制》，《中国医疗保险》2021 年第 11 期。

[48] 归纯漪、孙梅：《我国医疗风险及其影响因素研究现状综述》，《中国卫生资源》2017 年第 3 期。

[49] 郭芬芬、刘冬梅：《基于灰色 RSR 法的基层医疗卫生机构服务能力评价》，《中国卫生统计》2014 年第 6 期。

[50] 郭锋、张毓辉、万泉、李岩、翟铁民、柴培培、王荣荣、黄云霞、陈春梅、李涛：《党的十八大以来我国政府卫生投入分析》，《中国卫生经济》2019 年第 4 期。

[51] 郭珉江、郭琳：《流动人口异地就医即时结算现状与问题研究》，《中国卫生经济》2014 年第 1 期。

[52] 国家人口与计划生育委员会：《中国流动人口发展报告 2019》，中国人口出版社，2018。

[53] 何鸿、屈伟、廖礼奎、刘毅：《新形势下基层公共卫生人才发展现状与对策研究》，《中国卫生事业管理》2021 年第 5 期。

[54] 贝弗里奇：《贝弗里奇报告——社会保险和相关服务》，何平等译，中国劳动社会保障出版社，2004。

[55] 何其慧、吕佩源：《公立医疗机构视角下异地就医即时结算现状及建议》，《现代医疗机构管理》2019 年第 2 期。

[56] 何为东、袁海霞、张淼、周逸昕：《湖北省公卫健康人才队伍建设政策建构研究》，《黄冈师范学院学报》2021 年第 3 期。

[57] 何文炯、杨一心：《医疗保障治理与健康中国建设》，《公共管理学报》2017 年第 2 期。

[58] 何文炯：《建设更加公平可持续的医疗保障制度》，《中国行政管理》2014 年第 7 期。

[59] 何运臻、侯志远：《基本医疗保险异地结算政策对卫生服务利用的影

响研究》,《中国卫生政策研究》2016 年第 5 期。
[60] 华山:《全面推动健康保险高质量发展》,《中国金融》2020 年第 16 期。
[61] 华颖:《中国医疗保险经办机制:现状评估与未来展望》,《西北大学学报》(哲学社会科学版)2020 年第 3 期。
[62] 黄国武:《我国医疗保障从“无感增长”到“有感发展”的路径研究》,《社会保障研究》2014 年第 2 期。
[63] 黄华波:《跨省就医即时结算:风险与监管》,《中国医疗保险》2014 年第 10 期。
[64] 黄华波:《立足新起点 迎接新挑战 推进基金监管工作新跨越》,《中国医疗保险》2021 年第 4 期。
[65] 黄建元:《江苏城乡社会保障发展研究报告》,南京大学出版社,2017。
[66] 黄瑞芹、谈睿:《基于知识图谱可视化分析的医疗救助制度研究》,《社会保障研究》2021 年第 2 期。
[67] 江帆:《健康险稳居保险市场“帆位”》,《经济日报》2020 年 6 月 17 日,第 7 版。
[68] 靳月:《北京市某三级甲等医疗机构异地医保实时结算数据分析》,《中华医疗机构管理杂志》2018 年第 4 期。
[69] 柯思琼:《新疆贫困县三级医疗机构医务人员服务能力现状研究》,新疆医科大学,2013。
[70] 雷咸胜:《我国医保基金监管现存问题与对策》,《中国卫生经济》2019 年第 8 期。
[71] 李定国:《罕见病防治:不仅仅是知识和技术》,《诊断学理论与实践》2014 年第 1 期。
[72] 李海明、徐颢毓:《医保政策能否促进分级诊疗的实现:基于医疗需求行为的实证分析》,《经济社会体制比较》2018 年第 1 期。
[73] 李辉、王晓华:《推动医保基金监管提质增效的威海实践》,《中国医

疗保险》2021 年第 8 期。
[74] 李慧、徐玲、孙晓杰、孔鹏、王海鹏、姜小峰、孟庆跃：《2010 年我国基层卫生机构服务功能现状分析》，《中国卫生信息管理杂志》2012 年第 1 期。
[75] 李乐乐、杨燕绥：《人口老龄化对医疗费用的影响研究——基于北京市的实证分析》，《社会保障研究》2017 年第 3 期。
[76] 李磊、邵建祥：《医疗保险异地就医即时结算存在的问题及对策》，《现代医疗机构》2017 年第 3 期。
[77] 李倩、贾瑶瑶、张光鹏、田立启：《公立医院薪酬制度改革存在的问题及思考》，《中国医院》2020 年第 3 期。
[78] 李庆堂、王公明：《奋力开创职工互助保障事业创新发展新局面》，《中国工运》2020 年第 6 期。
[79] 李新辉、蒋佩、胡良志、邓立新、艾景涵、陈江芸、韩林俐：《北疆牧区基层医疗机构基本医疗服务能力现状调查》，《中国全科医学》2016 年第 11 期。
[80] 李秀丽、金今花、张美丽、黄国武、李婷婷、徐楠、赵东辉、顾雪非、马杰、赵娜：《我国医疗救助制度的功能受限困境及其优化建议》，《中国卫生经济》2021 年第 5 期。
[81] 李言平、林华军：《跨省异地就医直接结算给三甲专科医疗机构带来的挑战与思考》，《中国卫生产业》2018 年第 36 期。
[82] 李艺钊、吴维民、庞家玲、谌晓勤、龙彩媛：《基于分级诊疗的视角对基层医疗机构服务能力调查》，《卫生软科学》2016 年第 11 期。
[83] 李玉华：《我国商业健康保险：发展现状、问题及对策》，《山西财政税务专科学校学报》2015 年第 17 期。
[84] 李钊：《复杂事态中的社区合作治理模式再造——基于疫情防控的分析视角》，《甘肃社会科学》2020 年第 3 期。
[85] 李志昌、张克石：《关于中国异地就医存在的问题及对策研究》，《世界最新医学信息文摘》2016 年第 7 期。

[86] 李志建、方秉华：《异地就医即时结算现状及问题探讨》，《中国医院管理》2015 年第 7 期。

[87] 栗燕杰：《基本医疗保险的法治之道》，《中国医疗保险》2018 年第 10 期。

[88] 林喆、谢琦、乔乐：《消费型商业健康保险市场趋势》，《保险理论与实践》2020 年第 9 期。

[89] 刘红、史卫红、乔学斌：《江苏省基层全科医生岗位胜任力研究》，《中国全科医学》2017 年第 25 期。

[90] 刘讳讳、贾洪波：《基本医疗保险中异地就医管理研究》，《中国卫生经济》2011 年第 6 期。

[91] 刘利、秦晓明、胡小琦、刘志勇、杨勇、张天禄、杨忠、卿培东：《四川秦巴山区县乡医疗卫生机构信息化建设基本配置情况调查》，《卫生职业教育》2020 年第 18 期。

[92] 刘润秋：《抗疫"中国经验"的一大亮点　疫情防控社区治理机制的探索、反思与优化》，《人民论坛》2020 年第 15 期。

[93] 刘小青、王超群、高小春：《大病保险制度的建制目的、预期效果及未来发展》，《中国劳动保障报》2014 年 6 月 24 日，第 3 版。

[94] 刘晓娜、张华、赵根明等：《我国慢性病预防与控制发展历程》，《公共卫生与预防医学》2015 年第 2 期。

[95] 刘昕：《论新时期我国公共卫生队伍的建设问题》，《湖南大学学报》（社会科学版）2020 年第 5 期。

[96] 刘云华、贺伟：《跨省就医直接结算 行稳致远的思考——基于北京市的实践》，《中国医疗保险》2018 年第 7 期。

[97] 龙玉其、王延中、宁亚芳：《"十四五"时期社会保障发展的目标思路与关键举措》，《经济学动态》2020 年第 8 期。

[98] 隆国强：《建设中国特色新型智库，促进国家治理体系现代化》，《中国发展观察》2020 年第 3 期。

[99] 鲁全：《中国医疗保障管理体制变革与发展研究》，《中国人民大学学

报》2020 年第 5 期。
[100] 吕德文:《社区疫情防控模式及其运作机制》,《暨南学报(哲学社会科学版)》2020 年第 11 期。
[101] 吕国营、周万里、王超群:《人口老龄化、临近死亡时间与医疗费用支出——基于中国老年人健康影响因素跟踪调查的实证分析》,《中国卫生政策研究》2020 年第 5 期。
[102] 吕国营:《新时代中国医疗保障制度如何定型?》,《社会保障评论》2020 年第 3 期。
[103] 吕果、冀杨、袁克虹、刘庭芳:《当前分级诊疗的现状、困境及对策分析》,《中国医院》2020 年第 10 期。
[104] 吕欣航、陈荃、雷行云、高星、陈庆锟、张爱超、胡红濮:《基层卫生信息化建设现状分析及思考》,《中国数字医学》2019 年第 4 期。
[105] 马家奇、赵自雄:《"十三五"时期中国疾病控制信息化建设成效与展望》,《中国卫生信息管理杂志》2021 年第 3 期。
[106] 马丽平、陈晔、杨威、梅雨欣、张硕、王巍:《我国二级及以上医疗机构开展公共卫生工作现况分析》,《中国医院管理》2017 年第 4 期。
[107] 马悦:《浅析健康保险与健康管理融合发展中的问题及建议》,《上海保险》2020 年第 10 期。
[108] 毛振兴、黄旭礼:《温州市基层公共卫生服务体系建设现状与对策》,《中国卫生监督杂志》2014 年第 5 期。
[109] 宁永鑫、段晓川:《福建省基层卫生人才队伍建设现状、问题及对策建议》,《中国人事科学》2020 年第 7 期。
[110] 潘多拉:《加强公共卫生应急人才队伍建设刻不容缓》,《中国卫生人才》2020 年第 5 期。
[111] 彭颖、吴莹、彭宏伟、胡小和:《长沙市基层卫生人才队伍建设现状与建议》,《中国医药导报》2019 年第 26 期。
[112] 瞿婷婷、解乃琪、易沛:《医疗保险支付方式改革与医药费用控制》,

《南开经济研究》2019 年第 5 期。
[113] 冉利梅、刘智勇、姚岚、黄李凤、冯友梅:《发达国家不同管理体制下医师薪酬模式分析及趋势探讨》,《中国卫生经济》2012 年第 5 期。
[114] 任涛、吕筠、余灿清、李立明:《疫情后时代我国公共卫生教育和人才队伍建设的思考》,《中华预防医学杂志》2020 年第 5 期。
[115] 任翔、陈永成、李银才:《医疗供给侧视域下分级诊疗改革建议》,《卫生软科学》2020 年第 9 期。
[116] 容志、秦浩:《再组织化与社会治理现代化:重大公共卫生事件中社区“整体网格”的运行逻辑及其启示》,《上海行政学院学报》2020 年第 6 期。
[117] 商瑞平、韩琼、牛雪梅、刘慧娟、渠力强、周延勇:《公立医院薪酬制度改革下绩效考核评价指标体系研究——基于平衡计分卡与医院公益性关联分析》,《中国总会计师》2018 年第 9 期。
[118] 沈世勇、李全伦:《我国医保基金收支中的公平性分析:基于制度可持续的视角》,《求实》2014 年第 10 期。
[119] 盛春宁、侯海龙:《贺兰县基本公共卫生服务项目现状与对策》,《健康必读》2020 年第 33 期。
[120] 施建华、顾慧、钱梦岑、蒋虹丽:《基层医疗卫生机构公共卫生服务工作量趋势变化与分析》,《中国全科医学》2020 年第 34 期。
[121] 施若:《贵州省基层医疗机构信息化发展对策及建议》,《黔南民族医专学报》2013 年第 4 期。
[122] 史洁、张苏:《医保跨省异地结算的问题》,《解放军医院管理杂志》2019 年第 3 期。
[123] 史园园、代涛、陈瑶、杨肖光:《安徽省乡镇卫生院服务能力影响因素研究》,《医学与社会》2013 年第 6 期。
[124] 宋海、康琦、袁妮、李定国、刘金红:《唐山市综合医院临床医师罕见病认知度调查》,《临床药物治疗杂志》2020 年第 1 期。

［125］宋云鹏：《试点引致政策创新机制研究——以医保和卫生政策为例》，《社会保障评论》2020年第3期。

［126］孙祁祥：《从风险管理看长寿时代》，《中国银行保险报》2020年7月30日，第6版。

［127］孙雪玲、朱小余：《异地就诊医保核算监督机制的完善对于医保体系高效化管理的意义》，《现代预防医学》2012年第20期。

［128］孙永浩：《医疗保险异地就医结算道德风险问题研究》，《经济研究导刊》2018年第28期。

［129］唐皇凤：《常态社会与运动式治理——中国社会治安治理中的“严打”政策研究》，《开放时代》2007年第3期。

［130］陶四海、赵郁馨、万泉、张毓辉、黄结平、王丽、杜乐勋：《灾难性卫生支出分析方法研究》，《中国卫生经济》2004年第23期。

［131］田毅鹏：《建构“超级网格”打好抗“疫”人民战争》，《中国社会报》2020年4月27日，第8版。

［132］仝树旭、韦樟清：《“疫”考之下我国基层医疗卫生机构应急治理能力建设》，《岳阳职业技术学院学报》2020年第3期。

［133］童翎、洪业应：《从“碎片化”困境看农村医疗救助扶贫的政策调整》，《山东社会科学》2017年第9期。

［134］汪东霞：《医疗保险基金监管分析》，《中国总会计师》2021年第2期。

［135］汪瑾：《我国商业健康险发展现状及对策建议》，《经济视角》2017年第5期。

［136］汪书怡、刘宝：《基本医疗保险异地就医结算和管理的思考》，《中国卫生资源》2018年第4期。

［137］汪志强：《基层医院卫生财政投入的调查与思考——以湖北省X市为例》，《党政干部论坛》2012年第12期。

［138］王安琪、唐昌海、王婉晨、范成鑫、尹文强：《协同优势视角下突发公共卫生事件社区网格化治理研究》，《中国卫生政策研究》2021年

第 7 期。

[139] 王朝霞：《基于北京市三级甲等医院住院患者数据的罕见病调查研究》，第四届北京市罕见病学术会议暨 2016 京津冀罕见病学术大会，2016。

[140] 王橙、张蕾、喻雪双、高莹、赵莉、刘毅：《成都市基层医疗卫生机构服务能力现状研究——基于基本医疗服务提供视角》，《卫生经济研究》2018 年第 4 期。

[141] 王芳琳：《在增强大病保险保障能力上下功夫》，《学习时报》2019 年 11 月 25 日，第 6 版。

[142] 王赫：《商业税优健康保险市场发展现状与思考》，《中国保险》2020 年第 9 期。

[143] 王虎峰：《城镇职工基本医疗保险异地就医管理服务研究》，中国人民大学医改研究中心，2008。

[144] 王家合、赵喆、和经纬：《中国医疗卫生政策变迁的过程，逻辑与走向——基于 1949 ~2019 年政策文本的分析》，《经济社会体制比较》2020 年第 5 期。

[145] 王健、周绿林：《异地就医管理理论与政策研究》，《中国卫生事业管理》2009 年第 12 期。

[146] 王坤、毛阿燕、孟月莉、杨玉洁、董佩、邱五七：《我国公共卫生体系建设发展历程、现状、问题与策略》，《中国公共卫生》2019 年第 7 期。

[147] 王培玉、袁聚祥、马骏：《预防医学》，北京大学医学出版社，2019。

[148] 王三秀：《健康贫困风险治理与医疗救助策略创新》，《中国医疗保险》2020 年第 6 期。

[149] 王珊珊：《浅析公立医院改革财政补偿机制存在的问题及对策》，《商讯》2019 年第 7 期。

[150] 王绍光：《中国公共卫生的危机与转机（上）》，《国情报告》第六卷 2003 年（下），党建读物出版社、社会科学文献出版社，2012。

[151] 王绍光:《中国公共卫生的危机与转机(下)》,《国情报告》第六卷 2003 年(下),党建读物出版社、社会科学文献出版社,2012。

[152] 王延中、龙玉其、宁亚芳:《“十四五”时期中国社会保障建设的目标任务与政策建议》,《社会保障评论》2020 年第 3 期。

[153] 王延中、单大圣:《中国农村合作医疗制度三十年:经验、教训、前景》,《中国社会科学内刊》2008 年第 4 期。

[154] 王延中:《建立农村基本医疗保障制度》,《经济与管理研究》2001 年第 3 期。

[155] 王艳霞、刘雪辰:《健康中国视角下省域医疗卫生人才队伍建设的问题与对策——以河北省为例》,《中国人事科学》2021 年第 6 期。

[156] 王洋、赖新梅、宋素彩、徐云浩、李灿东:《基层医疗卫生机构在新型冠状病毒肺炎疫情防控中的定位思考》,《福建中医药》2021 年第 1 期。

[157] 王勇:《使社区运转起来:重塑后疫情时代的基层治理》,《中国矿业大学学报(社会科学版)》2021 年第 5 期。

[158] 卫生部新型农村合作医疗研究中心:《新农合大病保险评估报告》,2014。

[159] 魏子柠:《建立符合公立医院特点的医务人员薪酬制度——对福建省三明市公立医院年薪制的调研与思考》,《中国研究型医院》2016 年第 3 期。

[160] 乌日图:《基本医疗保险要回归保基本的制度功能》,《中国医疗保险》2018 年第 6 期。

[161] 吴嘉祺:《国内外公共卫生服务体系疾病监测发展现状及启示》,《卷宗》2018 年第 16 期。

[162] 吴明、张里程:《医疗保险与医院改革第三讲:医疗保险费测算》,《中国医院管理》2000 年第 20 期。

[163] 吴清军、张艺园、周广肃:《互联网平台用工与劳动政策未来发展趋势——以劳动者身份判定为基础的分析》,《中国行政管理》2019 年

第 4 期。

[164] 吴宗友、丁京：《空间重组背景下城市社区疫情防控的挑战与策略——以安徽省 Y 县城 C 社区为例》，《城市问题》2020 年第 2 期。

[165] 武汉市社区疫情防控工作课题调研组：《筑牢防护屏障 守护共同家园——武汉社区疫情防控模式的实践探索》，《光明日报》2020 年 5 月 8 日，第 5 版。

[166] 习近平：《全面提高依法防控依法治理能力，健全国家公共卫生应急管理体系》，《中国民政》2020 年第 5 期。

[167] 习近平：《完善重大疫情防控体制机制，健全国家公共卫生应急管理体系》，《求是》2020 年第 5 期。

[168] 席晓宇：《我国城乡居民基本医保基金可持续性研究——以北京、上海、新疆、青海、湖北、湖南为例》，《中国医疗保险》2020 年第 3 期。

[169] 向国春、陈运山、李婷婷、顾雪非：《健康扶贫与医疗救助衔接的挑战及探索》，《卫生经济研究》2019 年第 4 期。

[170] 邢春国：《江苏省基层医疗机构信息化调查研究》，《中华医学图书情报杂志》2020 年第 10 期。

[171] 熊季霞、吕艳霞：《全面深化医改背景下医务人员对公立医院体制改革的认知分析》，《医学争鸣》2020 年第 4 期。

[172] 徐明、郭磊、任韬：《疫情防控中基层应急社会动员的逻辑、机制与优化策略》，《河海大学学报（哲学社会科学版）》2020 年第 3 期。

[173] 徐阅、刘黎明、于哲、满晓玮、程薇：《公立医院改革视角下北京市公立医院财政补助收入研究》，《中国卫生经济》2020 年第 7 期。

[174] 许飞琼：《中国多层次医疗保障体系建设现状与政策选择》，《中国人民大学学报》2020 年第 5 期。

[175] 许可心、万昊：《信息化管理在医保异地就医住院费用直接结算中的应用》，《中国医疗机构》2018 年第 10 期。

[176] 薛秋霁、孙菊、姚强：《全民医保下的医疗救助模式研究——英国、

澳大利亚、德国的经验及启示》，《卫生经济研究》2017 年第 2 期。
[177] 杨皓斌、胡向科、史千山、黄铁牛、杨土保：《湖南省公共卫生人才队伍建设现状与建议》，《中国感染控制杂志》2020 年第 5 期。
[178] 杨雪、陈晓彤：《风险超载、治理“辖区化”限度与善治的空间路径》，《治理研究》2021 年第 3 期。
[179] 杨燕绥、常焙筌：《我国卫生总费用的国际比较与绩效研究》，《中国国情国力》2020 年第 10 期。
[180] 杨玉洁、邱五七、孟月莉、汪楠、董佩、严晓玲、胡广宇、丁晗玥、毛阿燕：《2011－2016 年北京市公共卫生机构财政投入状况分析》，《中国卫生经济》2019 年第 1 期。
[181] 叶凌之：《区域公共卫生发展水平评价研究》，浙江大学硕士学位论文，2012。
[182] 尹航、林闽钢：《弱势群体医疗救助实施效果评估——基于“城乡困难家庭社会政策支持系统建设项目”调查数据的分析》，《社会保障研究》2017 年第 1 期。
[183] 于海泉、张炎冰、王淑慧：《新医改形势下基层卫生人才队伍建设研究》，《中国当代医药》2012 年第 7 期。
[184] 余畅：《重庆市公立医院医务人员对编制改革的态度及影响因素的研究》，重庆医科大学硕士学位论文，2018。
[185] 袁成、刘舒亭：《空气污染、居民风险认知与我国商业健康保险消费》，《保险研究》2020 年第 8 期。
[186] 原媛：《关于新时期基层医疗卫生信息化人才队伍建设的现状与分析》，《饮食保健》2019 年第 28 期。
[187] 张春瑜：《中国三级公立医院医生薪酬、期望薪酬和薪酬满意度的多水平空间分析》，北京协和医学院博士学位论文，2019。
[188] 张翠萍、郉龙飞、岳林琳、邢洁、郭健美：《分级诊疗制度下居民首诊就医选择及影响因素分析——以潍坊市为例》，《中国医疗保险》2020 年第 2 期。

[189] 张检、何艳玲、唐贵忠：《重大传染病疫情社区综合干预：问题与改进》，《辽宁行政学院学报》2020 年第 2 期。

[190] 张建刚、孙艳芳：《新形势下基层公共卫生服务体系建设中的问题及对策》，《中国公共卫生管理》2009 年第 3 期。

[191] 张军、刘雨：《新冠肺炎疫情防控中的“志愿者 + 社区社会组织”模式服务效力及其反思》，《天津行政学院学报》2020 年第 3 期。

[192] 张瑞华、刘志会、何思长、赵大仁、窦丰满：《成都市基层医疗机构服务能力综合评价》，《现代医院管理》2017 年第 6 期。

[193] 张霄艳、杨诗雨：《基层卫生组织在突发公共卫生事件中存在的问题及对策》，《医学与社会》2020 年第 10 期。

[194] 张学、李定国：《中国罕见病定义研究报告（2021）》，2021。

[195] 张雅清：《关于我国医疗保险异地就医问题的研究》，《北方经贸》2016 年第 4 期。

[196] 张颖熙：《疫情下的中国公共卫生服务体系：严峻挑战与改革路径》，《黑龙江社会科学》2020 年第 5 期。

[197] 张永凯、杨春月：《我国城乡居民因病返贫风险的动态变化及其影响因素》，《福建农林大学学报》（哲学社会科学版）2021 年第 4 期。

[198] 张煜：《山西省罕见病患者用药现状和医疗保障课题研究》，山西省康健重特大疾病帮扶中心，2021。

[199] 章兴鸣、原新园：《健康治理视域下基层医疗卫生服务战“疫”考察》，《行政与法》2020 年第 12 期。

[200] 赵波：《城乡居民基本医疗保险基金监管现状与机制创新研究》，《中外企业家》2019 年第 29 期。

[201] 赵嘉、马睿、赵自雄、苏雪梅：《我国公共卫生信息化研究热点透视及问题分析》，《中国数字医学》2021 年第 5 期。

[202] 赵蕴、文光慧：《天津市医疗机构接收异地就医患者现状调查》，《中华医院管理杂志》2019 年第 9 期。

[203] 赵自雄、苏雪梅、戚晓鹏：《我国公共卫生信息化进展与展望》，《中

国数字医学》2012 年第 10 期。
［204］郑秉文：《“多层次”医疗保障体系三大亮点与三大挑战——抗击疫情中学习解读〈中共中央国务院关于深化医疗保障制度改革的意见〉》，《中国医疗保险》2020 年第 4 期。
［205］郑秉文：《“十四五”时期医疗保障可持续性改革的三项任务》，《社会保障研究》2021 年第 2 期。
［206］郑秉文：《中国社会保障 40 年：经验总结与改革取向》，《中国人口科学》2018 年第 4 期。
［207］郑功成：《从政策性文件主导走向法治化：中国特色医疗保障制度建设的必由之路》，《学术研究》2021 年第 6 期。
［208］郑功成：《“十四五”时期中国医疗保障制度的发展思路与重点任务》，《中国人民大学学报》2020 年第 5 期。
［219］郑功成：《从政策性文件主导走向法治化：中国特色医疗保障制度建设的必由之路》，《学术研究》2021 年第 6 期。
［210］郑功成：《多层次社会保障体系建设：现状评估与政策思路》，《社会保障评论》2019 年第 3 期。
［211］郑功成：《健康中国建设与全民医保制度的完善》，《学术研究》2018 年第 1 期。
［212］郑功成：《以第三次分配助推共同富裕》，《中国社会科学报》2021 年 11 月 25 日，第 1 版。
［213］郑莉莉、范文轩：《流动性约束、商业健康保险与家庭消费》，《保险研究》2020 年第 8 期。
［214］郑功成、郭林：《中国社会保障推进国家治理现代化的基本思路与主要方向》，《社会保障评论》2017 年第 3 期。
［215］中国医疗保险学会：《城镇居民大病保险评估报告》，2014。
［216］中华人民共和国卫生健康委员会医政医管局：《关于公布第一批罕见病目录的通知（国卫医发〔2018〕10 号）》，2018。
［217］周乐明、吴开明：《当前基层医疗卫生机构信息化建设难点及对策》，

《中国卫生信息管理杂志》2014 年第 4 期。

[218] 周延礼：《着力加强健康保险交易平台建设》，《联合时报》2020 年 8 月 25 日，第 6 版。

[219] 周燕：《城市基层医疗卫生机构分级诊疗实施效果评价研究——以武汉市为例》，华中科技大学硕士学位论文，2019。

[220] 朱玲：《政府与农村基本医疗保健保障制度选择》，《中国社会科学》2000 年第 4 期。

[221] 朱铭来、胡祁、赵轶群：《关于实现基本医疗保险全民参保的若干思考》，《中国卫生经济》2021 年第 1 期。

[222] 朱铭来、胡祁：《中国医疗救助的对象认定与资金需求测算》，《社会保障评论》2019 年第 3 期。

[223] 朱艳玲、张青、王安安、陈俊畅、包品红、张瑛、范阳东：《广州市社区卫生服务机构服务能力的调查》，《中国初级卫生保健》2017 年第 7 期。

皮书

智库成果出版与传播平台

皮书定义

皮书是对中国与世界发展状况和热点问题进行年度监测，以专业的角度、专家的视野和实证研究方法，针对某一领域或区域现状与发展态势展开分析和预测，具备前沿性、原创性、实证性、连续性、时效性等特点的公开出版物，由一系列权威研究报告组成。

皮书作者

皮书系列报告作者以国内外一流研究机构、知名高校等重点智库的研究人员为主，多为相关领域一流专家学者，他们的观点代表了当下学界对中国与世界的现实和未来最高水平的解读与分析。截至 2021 年底，皮书研创机构逾千家，报告作者累计超过 10 万人。

皮书荣誉

皮书作为中国社会科学院基础理论研究与应用对策研究融合发展的代表性成果，不仅是哲学社会科学工作者服务中国特色社会主义现代化建设的重要成果，更是助力中国特色新型智库建设、构建中国特色哲学社会科学“三大体系”的重要平台。皮书系列先后被列入“十二五”“十三五”“十四五”时期国家重点出版物出版专项规划项目；2013~2022 年，重点皮书列入中国社会科学院国家哲学社会科学创新工程项目。

皮书网

（网址：www.pishu.cn）

发布皮书研创资讯，传播皮书精彩内容
引领皮书出版潮流，打造皮书服务平台

栏目设置

◆ 关于皮书

何谓皮书、皮书分类、皮书大事记、
皮书荣誉、皮书出版第一人、皮书编辑部

◆ 最新资讯

通知公告、新闻动态、媒体聚焦、
网站专题、视频直播、下载专区

◆ 皮书研创

皮书规范、皮书选题、皮书出版、
皮书研究、研创团队

◆ 皮书评奖评价

指标体系、皮书评价、皮书评奖

◆ 皮书研究院理事会

理事会章程、理事单位、个人理事、高级
研究员、理事会秘书处、入会指南

所获荣誉

◆ 2008 年、2011 年、2014 年，皮书网均在全国新闻出版业网站荣誉评选中获得“最具商业价值网站”称号；

◆ 2012 年，获得“出版业网站百强”称号。

网库合一

2014年，皮书网与皮书数据库端口合一，实现资源共享，搭建智库成果融合创新平台。

皮书网

“皮书说”
微信公众号

皮书微博

S 基本子库

SUB DATABASE

中国社会发展数据库（下设 12 个专题子库）

紧扣人口、政治、外交、法律、教育、医疗卫生、资源环境等 12 个社会发展领域的前沿和热点，全面整合专业著作、智库报告、学术资讯、调研数据等类型资源，帮助用户追踪中国社会发展动态、研究社会发展战略与政策、了解社会热点问题、分析社会发展趋势。

中国经济发展数据库（下设 12 专题子库）

内容涵盖宏观经济、产业经济、工业经济、农业经济、财政金融、房地产经济、城市经济、商业贸易等12个重点经济领域，为把握经济运行态势、洞察经济发展规律、研判经济发展趋势、进行经济调控决策提供参考和依据。

中国行业发展数据库（下设 17 个专题子库）

以中国国民经济行业分类为依据，覆盖金融业、旅游业、交通运输业、能源矿产业、制造业等 100 多个行业，跟踪分析国民经济相关行业市场运行状况和政策导向，汇集行业发展前沿资讯，为投资、从业及各种经济决策提供理论支撑和实践指导。

中国区域发展数据库（下设 4 个专题子库）

对中国特定区域内的经济、社会、文化等领域现状与发展情况进行深度分析和预测，涉及省级行政区、城市群、城市、农村等不同维度，研究层级至县及县以下行政区，为学者研究地方经济社会宏观态势、经验模式、发展案例提供支撑，为地方政府决策提供参考。

中国文化传媒数据库（下设 18 个专题子库）

内容覆盖文化产业、新闻传播、电影娱乐、文学艺术、群众文化、图书情报等 18 个重点研究领域，聚焦文化传媒领域发展前沿、热点话题、行业实践，服务用户的教学科研、文化投资、企业规划等需要。

世界经济与国际关系数据库（下设 6 个专题子库）

整合世界经济、国际政治、世界文化与科技、全球性问题、国际组织与国际法、区域研究 6 大领域研究成果，对世界经济形势、国际形势进行连续性深度分析，对年度热点问题进行专题解读，为研判全球发展趋势提供事实和数据支持。

法律声明